Jenseits der Ironie
Dialoge der Barmherzigkeit

Jenseits der Ironie

Dialoge der Barmherzigkeit

Herausgegeben von
Martin W. Ramb und
Holger Zaborowski

WALLSTEIN VERLAG

Inhalt

Vorwort

Barmherzigkeit ist ein wenig aus der Mode gekommen. Zu altmodisch klingt allein schon das Wort. Zu sehr scheint ein Zeitalter der Ironie in Spannung zum Ernst der Barmherzigkeit zu stehen. Zu schwer ist es, genau zu definieren, was damit gemeint ist. Wäre es nicht einfacher, nur von Gerechtigkeit, Solidarität oder von Empathie zu sprechen? Nicht selten verbinden sich sogar schlechte Erinnerungen an eine Barmherzigkeit, die »von oben« kommt und die Freiheit eines anderen Menschen nicht achtet. Doch möchte zugleich niemand unbarmherzig sein. Und immer wieder – nicht zuletzt in der gegenwärtigen weltpolitischen und gesellschaftlichen Situation – zeigt sich die Notwendigkeit, barmherzig zu handeln: aus vollem Herzen, aber auch mit Verstand und tatkräftigem Willen.

Die Grafik, die Volker Schlecht für das Cover dieses Buches geschaffen hat, zeigt das menschliche Herz, umspielt von Neuronen, und verweist auf die Einheit von Kopf und Gefühl, von Einsicht, Wollen und Fühlen, die sich dort findet, wo barmherzig gehandelt wird. Und sie zeigt, dass Barmherzigkeit keine abstrakte Tugend ist, sondern dass sie zutiefst auf die Leiblichkeit des Menschen bezogen ist. Gerade als leibliche, endliche und begrenzte Menschen bedürfen Menschen der Barmherzigkeit. Was also bedeutet Barmherzigkeit –

heute, in einer säkularen Gesellschaft und angesichts der konkreten Herausforderungen der Gegenwart in Politik, Wirtschaft, Gesellschaft, Medien, Wissenschaft, Kirche oder Kultur? Diesen Fragen wendet sich der vorliegende Band aus verschiedenen Perspektiven zu – und zeigt dabei den Anstoß, aber auch die bleibende Aktualität der Barmherzigkeit.

Für die großzügige Unterstützung bei der Verwirklichung dieses Buches danken wir neben den Autorinnen und Autoren insbesondere dem Bonifatiuswerk der deutschen Katholiken, namentlich seinem Generalsekretär Msgr. Georg Austen und Herrn Matthias Micheel, der Philosophisch-Theologischen Hochschule Vallendar, Frau Anne Szczodrowski, Herrn Timo Michael Kessler und dem Bistum Limburg. Für die Gestaltung des Covers möchten wir Herrn Volker Schlecht unseren herzlichen Dank aussprechen. Herrn Thorsten Ahrend und Herrn Florian Grundei vom Wallstein Verlag danken wir sehr herzlich für die sehr angenehme und vertrauensvolle Zusammenarbeit.

Höhr-Grenzhausen und Vallendar, im Juni 2016
Martin W. Ramb und Holger Zaborowski

Martin Walser

Letzte Wahrnehmung

Unter den Großwörtern unserer Geistesgeschichte ist Barmherzigkeit eines der größten. Aber wenn ich nicht gerade jetzt eine Erfahrung gemacht hätte, und ich hätte mich zu diesem Wort verhalten sollen, dann hätte ich versucht zu gestehen, dass dieses Wort zu den großen Wörtern gehört, die vom Erlöschen bedroht sind. Ich hätte gestehen müssen, dass ich nicht geeignet sei, eine diesbezügliche Mobilisierung meiner Bildungsreserven zu versuchen. Dass es Menschen gibt, die so religiös sind, dass Barmherzigkeit für sie eine noch praktizierbare Tugend ist, kann nicht bezweifelt werden. Was in mir religiös ist, darf aber nicht so tun, als gehöre Barmherzigkeit noch ganz von selbst zu meinen Empfindungen. Und einen bloß bildungsmäßigen Umgang möchte ich mit diesem Wort nicht haben. Dazu ist es ein viel zu reiches, viel zu inniges Wort. Das weiß ich noch, wenn ich auch nicht mehr zu denen gehöre, die von sich sagen dürfen, sie seien selber barmherzig. Und die das mit Beispielen belegen können.

Für mich war es also bis neulich das edelste unter den erlöschenden Wörtern. Dann aber erfuhr ich, wie das ist, wenn ich selber jemand bin, dem Barmherzigkeit gespendet wird. Und das ganz konkret. Mit dem Wort selbst. Mir war plötzlich, als wäre ich in ein neues Klima versetzt, in ein Klima sozusagen bestürzender

Annehmlichkeit. Zuerst nur diese Empfindung, einem Schwall des reinen Wohlgefühls ausgesetzt zu sein. Wärme ist zu wenig gesagt; weder als Berührung noch als Rührung lässt sich ausdrücken, wie das ist, wenn du auf einmal von Barmherzigkeit überströmt wirst. Aber überströmt, das stimmt auch nicht, weil diese Barmherzigkeit gar nicht agierte, sondern dir einfach mitgeteilt wurde. Aber eben doch mit diesem Wort, das keiner Inszenierung bedarf.

Dass ich das jetzt gestehen kann, heißt, dass ich nach und nach zu begreifen versucht habe, was mir passiert war. Ich begriff: Das Wort Liebe war nicht mehr brauchbar in diesem Zusammenhang. Liebe ist ein Hin und Her, ist vielleicht sogar ein lohnender Austausch von Gefühlen. Barmherzigkeit ist eine Einbahnstraße, aber eine grandiose. Du wirst beschenkt, ohne dass gefragt wird, ob du es verdienst, ob du es wert bist. Barmherzigkeit ist – das wurde mir gefühlsklar – die edelste, weil ganz und gar selbstlose Zuwendung eines Menschen zu einem anderen.

Offenbar war mir in meinem langen Leben noch nie Barmherzigkeit gespendet worden. Du weißt, du fühlst jetzt, dass eben auch Liebe alles andere als selbstlos ist. Und dieses Erlebnis, dass du rücksichtslos beschenkt wirst, dass es das gibt, dass Barmherzigkeit nicht bloß ein Legendending ist, sondern eine Gefühlsdeutlichkeit ohnegleichen, das machte mich so verlegen wie hilflos. Ich konnte nicht reagieren. Lächerlich, sich dafür zu bedanken, dass jemand dir Barmherzigkeit erweist, ja eben: spendet. Alle Arten, gewohnheitsmäßig zu reagieren, kamen nicht in Frage, eben weil Barmherzigkeit noch nie vorgekommen war. Aber auch diese Erfahrung, nicht reagieren zu können, gehört dazu. Eine Hilflosigkeit, die mich nicht nervös machte. Das drückt vielleicht den Rang des Wortes Barmherzigkeit am deutlichsten aus, dass man sie sich gern gefallen lässt. Wenn es, solange man noch lebt, so etwas wie Erlösung gibt, dann dadurch, dass dich jemand mit Barmherzigkeit beschenkt. Die Welt, in der du nur durch Leistung giltst, gibt es nicht mehr. So lange du Barmherzigkeit erfährst.

Jetzt muss aber doch noch das andere große Wort erwähnt werden: Mitleid. Was damit gemeint ist, hat mit Barmherzigkeit nichts zu tun. Das fühle ich. Nietzsche hat durch seinen Zarathustra ausdrücken lassen, was mit uns, wenn wir mitleidig sind, passiert, und hat daraus scharfe Konsequenzen gezogen: »Muss ich mitleidig sein, so will ich's doch nicht heißen, und wenn ich's bin, aus der Ferne.« Und: »Denn dass ich den Leidenden leiden sah, dessen schämte ich mich um seiner Scham willen, und als ich ihm half, da verging ich mich hart an seinem Stolze.«

Das sagt alles. Das sagt nämlich, dass der gloriose Nietzsche von Barmherzigkeit nichts wusste. »Scham, Scham, Scham … vor allem Leidenden.« Feinfühliger kann man nicht sein. Und es ist trotzdem eine Psychologisierung der Beziehung zum anderen. Der Teilnehmende nimmt sich wichtiger als den, an dem er teilnimmt. All das kommt bei Barmherzigkeit nicht vor. Barmherzigkeit ist von anderer Art. Und sei sie christlich. Ein Christliches, übergegangen ins rein Menschliche. Ein Menschliches, das von seiner Herkunft nichts mehr weiß. Und so weiter.

Mehr kann ich über die Wirkung nicht sagen. Es gibt

einen Egoismus, der zur Diskretion zwingt. Aber, dass mir dieses mir fast schon nicht mehr bekannte Wort so spürbar zurückgerufen wurde und dass ich dann eine Wirkung erlebte, die aus der Fülle einer wunderwirkenden Tradition stammen muss, das wollte ich, musste ich doch gestehen.

Herbert Meier

Gedichte

Vom Kriegsgott Vertriebene

Vom Kriegsgott Vertriebene,
hoffnungsvoll gejagt,
auf endlosen Straßen, westwärts.
Einsam ist ihre Sprache,
groß die Augen, aufgerissen
nach dem Ersehnten.

In den Lagern für Aufgefangene,
übt man das vergessene Mitleid.
Da liegen sie nun, tagelang,
und hoffend noch immer.

Das Elend wird ferngesehen.

Jenes Kind, tot
kopfunter im Sand,
von der Ebbe bespült.
Es wollte vor Durst
das Meer austrinken.

Erfindungsreich ist er

Erfindungsreich ist er,
der neue Kriegsgott,
auferstanden im Orient.

Er hängt seine Opfer
in Käfigen auf,
um dann die Väter
vor ihren Kindern
lustvoll zu köpfen,
strömendes Blut
für Allah vergossen.

Wo man für einen Gott tötet,
bleibt alles Erbarmen machtlos.

Ein Erbarmen ist herabgefallen

Ein Erbarmen ist herabgefallen,
über Nacht.
Es leuchtet in abertausend Augen,
die doch erblindet schienen
für die Opfer und Verfolgten
der jagenden Kriegsherren.
Und jetzt auf einmal DAS –!

In Scharen kommen sie Tag für Tag
mit weinend hoffenden Kindern,
übersteigen die Stacheldrähte des Wohlstands,
um jenseits ein anderes Leben zu finden.

Doch menschenmöglich ist nicht mehr vieles,
sobald das brennende Erbarmen erlischt.

Verirrt im Wald der Vertriebenen

Verirrt im Wald der Vertriebenen
schreiend ein Kind.
Die Bäume ragen ins Wolkenlose,
sie nehmen ihm die Aussicht zum Himmel.

An Stacheldrähten blieben tot sie hängen,
die Seinen. Es aber entwich, kriechend
hinüber, nun schreiend verzweifelt ins Leere.

Da erbarmt sich seiner jene Frau dort
und nimmt es schwesterlich bei der Hand.
Voll Zuversicht leuchtet sein Gesicht.

Ich war schon immer bei dir,
du kennst mich nicht wieder?
Da staunt das Kind zu ihr auf:
Noch gibt es dich, sag,
einen Engel, der mich beschützt?

Patrick Roth

Abrahams Erbarmen

Man hat das Lachen der hochbetagten Sara noch im Ohr, dasselbe Lachen, an das der Name ihres gerade verheißenen Sohns »Jizchak« erinnern wird, da bahnt sich das Grauen schon an. Auch klingt, als Sara ihr Lachen dem HERRN gegenüber leugnet, jenes »Denn sie fürchtete sich« nach, ein unheimlich-rätselhafter Ton, der die Brücke schlägt zu: Abrahams Fürbitte für Sodom.

Es ist eine Geschichte, in der es, wie wir wissen, für den Ort kein Erbarmen gibt, Sodom und Gomorra werden vernichtet. Lot und seine Familie sind zuvor aus der Stadt geführt worden, das ist wahr, vielleicht sogar »gerecht«, entspricht aber nicht dem ungeheueren Ziel der Fürsprache Abrahams: Verschonung aller, der Frevler wie der Bewährten, der Gerechten wie der Gottlosen, Verschonung der Stadt – die ebenso gut für die Welt stehen könnte.

Immer wieder, ich erinnere mich vergangener Lektüren, ging ich mit Abraham die Stufen Bitte um Bitte hinab. Sie erinnern sich: Zu Gott spricht Abraham: »Willst du denn den Gerechten mit dem Gottlosen umbringen? Es könnten vielleicht 50 Gerechte in der Stadt sein; wolltest du die umbringen und dem Ort nicht vergeben um 50 Gerechter willen, die darin wären? Das sei ferne von dir, dass du das tust und tötest den

Gerechten mit dem Gottlosen, so dass der Gerechte wäre gleich wie der Gottlose! Das sei ferne von dir! Sollte der Richter aller Welt nicht gerecht richten?« Der HERR sprach: »Finde ich 50 Gerechte zu Sodom in der Stadt, so will ich um ihretwillen dem ganzen Ort vergeben.«

Auch die folgenden Stufen kennen Sie: Abraham verhandelt mit Gott, fast wie ein Verhandlungsführer bei Geiselnahmen. Nach den 50 geht er auf 45 hinab, mindert die Zahl nochmals um 5 auf 40, geht tiefer noch: auf 30, mutig auf 20, auf 10 ... Oft habe ich mich, in der Sekunde davor, beim Hoffen ertappt, *diesmal*, bei *diesem* Lesen, ginge es anders aus. Plötzlich stünde, nach den angesprochenen 10, die Forderung nach dem *einen* im Raum. Und Gott, der jeder Forderung Abrahams doch immer wieder zugestimmt hatte, als verlange Ihn mehr nach Erbarmen als nach Zerstörung, würde auch diesmal antworten: »Ich will Sodom nicht verderben um des einen willen.«

Es ist dieses Hoffen wider besseres Wissen – wir wissen ja, wie die Geschichte ausgeht –, dieses Hoffen, das sich zwischen die Zeilen schleicht, als würde bei beherztem Weiterlesen-wider-das-Wissen das Noch-nie-Gewusste eintreten, das Un-erhörte sich Wirklichkeit verschaffen, die Katastrophe noch abgewendet:

> Und Abraham sprach: Ach, zürne nicht, Herr, daß ich ein letztes Mal mich unterwinde, mit Dir zu reden. Man könnte vielleicht nur *einen* darin finden. Er aber sprach: Ich will sie nicht verderben um des einen willen.

Dieser Vers fehlt uns sehr.

Das Hoffen-wider-Wissen, vor ein paar Tagen tauchte es nochmals auf, nicht beim Lesen, sondern beim Sehen. Nicht Abraham war es, der für die Welt *sprach*. Nur einer, der wie zufällig seinen mythischen Namen trug und der Welt, wie zufällig, etwas *zeigte*:

Jedes Mal hoffe ich, daß Kennedy, dessen Limousine Abraham Zapruder Sekunden vor dem Attentat am 22. November 1963 bei der Wende auf Elm Street zu filmen begann … dass Kennedy, dessen offener Wagen sich uns nähert … in letzter Sekunde doch noch unbeschadet passiert. So hofft man wider Wissen. Als müsste es diesen Film doch geben, als könnte er sich beim Zusehen, bei rechtem Zusehen *ereignen*. Es sind nur 486 Einzelbilder, die in 26 Sekunden wie oft schon an mir vorbeigezogen sind. Und doch ertappe ich mich manchmal dabei, daß ich um jede verstreichende Sekunde, um halbe, um Viertelsekunden hadere, im Innern um die Zahl der noch kommenden, noch anstehenden Einzelbilder verhandle – verhandle *mit wem*? –, höre, während sich Kennedys Wagen der Filmkamera nähert, das kaum hörbare: noch nicht … noch nicht … noch nicht … noch nicht … noch nicht …, das nur Erbarmen will, es beschwört: »Noch ist er am Leben … Hier grüßt er noch, hebt noch die Hand«, höre das rastlose Eleison-Geflirre, das wimmelt hinter den Bildern, nur um die folgenden, die nie gesehenen Bilder *jetzt* zu gebären, JETZT, da Hoffnung sich aufbäumt: Er wird am Leben bleiben! Und sofort einknickt, zerbirst.

Wie kann ich die eine Sequenz – die der Fürbitten Abrahams für Sodom –, die uns in mythisch hinabreichende Jahrtausende versetzt, mit der anderen vergleichen, die kaum mehr als 50 Jahre zurückliegt? Das menschliche Gefühl verfährt so. Die Seele – ist die Sequenz einmal ernst genommen – zählt mit, egal welcher Zeit die Bilder angehören, *jetzt* gehören sie ihr. Sie zählt und hält ihren zeitlosen Atem an, haucht ihn den nie gesehenen Bildern ein, die zwischen den Zeilen ins Leben gelangen. So erbarmt sich etwas in der Seele – erbarmt sich unser und der bis dahin ungesehenen Bilder –, das vom Verstand nicht ignoriert oder als bloße Fantasie abgetan werden darf.

Nochmals zum Anfang zurück: Was macht Abrahams Erbarmen, was macht die Ungeheuerlichkeit seiner Fürsprache für Sodom aus? Er will doch lediglich, daß der Gerechte nicht mit dem Ungerechten umkomme. Könnte man meinen. Abraham spricht aber nicht zu Gott: »Also sondere aus die Gerechten, führe sie aus der Stadt und zerstöre den Rest!« Er unterscheidet zwischen Gerechten und Gottlosen einzig mit dem Ziel, für die ganze Stadt *un-unterschiedenes* Überleben zu erlangen. Es ist, als wüßte Abraham um die heilige Unschärfe der Gerechtigkeit Gottes und nutzte sie hier als Mittel, *auch* den Gottlosen das Überleben zu sichern. Nicht nur kündigt sein Handeln hier wesentlich die jüdisch-legendär erhoffte Szene am Ende aller Zeiten an, von der noch die Rede sein wird. Abraham scheint mir in seinem Erbarmen auch »göttlich« – wie Jesus, der vom Vater im Himmel spricht: »Denn er läßt seine Sonne aufgehen über die Bösen und über die Guten und läßt regnen über Gerechte und Ungerechte.« Mit derselben göttlichen Unschärfe. Ist es doch, als habe Gott hier, in Urzeiten, *den* schon gefunden, den Er später vergeblich herbeisehnt, wenn Er spricht: »Ich suchte unter ihnen, ob jemand eine Mauer ziehen und in die Bresche vor mir treten würde für das Land, damit ich's nicht vernichten müßte; aber ich fand keinen.«

Gut, da ist der eine, Abraham, er steht »in der Bresche« vor Gott, so »göttlich« darin, daß die *New Jerusalem Bible* die Stelle (Genesis 18,22) »Aber Abraham blieb stehen vor dem HERRN« gemäß anderer Lesart sogar umkehrt und übersetzt: »Yahweh remained in Abraham's presence«, »Jahwe verblieb in Abrahams Gegenwart«. Und Abraham redet, er verhandelt mit Gott, Zahl um Menschenzahl. So beredt, wie er später unberedt war, still blieb – still *gemacht*? – und kein Wort sprach, als es um den einzig verheißenen Sohn, um Isaaks Leben ging. Wie wäre das zu erklären? Und nochmals: Warum blieb Abraham stehen bei »10« – warum scheute er sich vor dem letzten Schritt?

Ich habe es mir einmal so erklärt: Die »10« wird im Hebräischen mit dem Buchstaben Jod bezeichnet, dem kleinsten Buchstaben, der »die Hand« – Hand Gottes – symbolisiert. Abraham kann es belassen bei »10«, die in Sodom gefunden werden müssen, weil sie bereits »vorhanden« sind, »eingezeichnet in die Hand Gottes« (Jes 49,16), aus der sie einst kamen, von ihr geformt. Als ende Abraham mit »10« und sage damit: »Zehn, die *von Dir* kamen, *aus Dir* – sie haben sich nicht selbst geschaffen. Sie kamen wie der Rest der Stadt, wie wir alle: aus Deiner Hand.«

All das strenge ich an, nur um wieder, heimlich, beim *Einen* anzukommen, bei jener ungeschriebenen Erwägung Abrahams: »Man könnte vielleicht nur *einen* finden in Sodom«, anzukommen beim Einen, nach dem Abraham nicht fragt, den er aber eigentlich meint. Mit der »10« meint er »1«: den Einen-der-rettet.

Was wird hier impliziert? Vielleicht das Größte, was im Menschen liegt. Ein Wert, dem Opfertod Jesu vergleichbar. Denn in Abraham, der um Erbarmen redet mit Gott, liegt der sonst verborgene Schatz offenbar: das Wissen, daß eines Einzigen Tod den Tod aller, das ist: die Sünde aller, aufhebt. Weil der *Eine* aber lebt, leben alle, die mit ihm starben. Das heißt: es kommt auf den Einen an. Heute würden wir sagen: Auf das Individuum, das sich erbarmt, sich vor Gott »in die Bresche« stellt und mit Ihm zu reden beginnt: um Sein Erbarmen.

Es ist im Übrigen bemerkenswert, dass das hebräische *racham*, im Deutschen meist mit »Erbarmen« übersetzt, das etymologische Kernbild mit dem deutschen teilt. Beide Worte bezeichnen eigentlich den »Schoß«, die Gebärmutter. So dass einer, der sich eines »erbarmt«, ihn gleichsam im Schoße behütet, »in the womb«, wie ein englischer Kommentar weiß, »as cherishing the fetus«: »gleichsam die Leibesfrucht nährend«. Abraham, der um Erbarmen bittet für alle Menschen, die in Sodom leben, ruft dieses Bild auf – des Schutzgewährers »Schoß« –, er stellt es handelnd in den Raum, dass es von Gott, seinem Verhandlungspartner, wahrgenommen und Ihn an das erinnern würde, woran auch die »zehn«, Jod, jene »Hand«, schon gemahnte: den Ursprung, aus dem alle, über die hier verhandelt wird, kamen.

Und doch erbarmt sich Gott nicht.

Das, genau das, ist zu fürchten. Bereits im »Denn sie fürchtete sich« Saras klang es an. *Timor Dei.* Gottesfurcht darf nicht einfach weggeredet, umgangen, in ihrem dunklen Aspekt verdrängt werden. Ebenso wenig das »Führe uns nicht in Versuchung«. Hölderlins hymnische Zeile aus »Patmos«: »Wo aber Gefahr ist, wächst / Das Rettende auch«, müßte heute eher warnen: »Wo aber das Rettende ist, wächst / die Gefahr«.

Es sind aber die Midraschim, auch die Legenden, die sich mancher Geschichte erbarmen, sie aufwiegen, sie ergänzen, uns Neues, gar Unerhörtes über ein altes Faszinosum berichten. Denn sofern der Mythos noch lebt, lebendig ist, so lebendig wie »lebendiges Wort Gottes«, zeugt er, wächst er zum Ganzen. So fand sich auch folgende Legende, die vom Ende des Gesprächs zwischen Abraham und Gott anders berichtet. Vielleicht auch den Grund liefert für Abrahams späteres Schweigen um Isaak. Denn hier heißt es doch tatsächlich:

»Auf *einen* hatten sie sich geeinigt, der HERR und Abraham. Kaum aber kehrte Abraham wieder um an seinen Ort, wurde ihm schwarz vor Augen. Denn noch in der Kehre fiel ihm ein: ›Was, wenn Gottes Engel *keinen* dort finden? Keinen Gerechten in Sodom. Denn wer ist gerecht? Und wer, wäre er denn gerecht, wäre gerecht vor IHM?‹ Da verschloss es die Augen dem Abraham, war es Nacht um ihn, denn der Erblindete wusste: Vor IHM ist niemand gerecht, nicht einer. Da fiel er hin, blindgeschlagen darüber, dass er Sodom so gut wie ins Feuer befohlen hatte mit seiner Wette, es gäbe den einen Gerechten, um dessentwillen Gott werde verschonen. Und bei sich sprach Abraham: ›Sodom hat Er heute tausendfach Tod verheißen, mir aber tausendfach Nachkommenschaft. Hätte Er mir's versprochen, wenn ich dort unten lebte, bei Lot?‹ Da entstand der Funke eines Gedankens, der aber nicht weiter sehen konnte, weil nichts zu sehen war. So jammerte Abraham blind. Zeit war vergangen, da hörte er die Stimmes eines vorüberziehenden Fremden, der anbot, den Blinden aufzurichten, ihn zurückzuführen an seinen Ort. Abraham aber wusste vor blinder Verzweiflung die Richtung nicht mehr. Da sprach der Fremde: ›Ich kenne dich, alter Mann, weiß auch, wohin du willst‹, und er führte ihn bei der Hand. Als aber die Hand einmal losließ, kehrte Abrahams Augenlicht zurück: Es war Nacht, und er fand sich in Sodom wieder. Da sah Abraham seinen heimlichen Wunsch erfüllt, denn er dachte still: ›Wie hat der HERR mir tausendfach Nachkommenschaft verheißen und will sie fordern von mir, selbst den *Einen* fordern, den Sara gebären soll um diese Zeit übers Jahr, wenn Er mich hier mit den andern zernichtet? Um den einen, auch wenn ich in Seinen Augen nicht mehr gerecht sein sollte, um den einen muss Er nun alle verschonen.‹ So wurde Sodom gerettet. Jenes Sodom nämlich blieb unzerstört bis heute. Weil Abraham darin lebt, weil er ausharrt darin, und mit ihm ein Teil der Verheißung.«

Wie alles letztlich von Einem abhängt, *auch* einem Menschen vielleicht, wohl weil er letztlich um seinen Wert als Individuum weiß, noch im Angesicht Gottes, das bekräftigt eine jüdische Legende, die vom Tag des Großen Gerichts handelt – und dem letzten Erbarmen. Da heißt es, daß David am Ende aller Zeiten an einem großen Bankett-Tisch sitzen wird mit allen Gerechten im Paradies. Gott selbst sitzt am anderen Ende auf Seinem Thron. Zum Abschluss des Mahls wird Gott den Weinkelch, über den der Segen gesprochen werden soll, an Abraham reichen mit den Worten: »Sprich den Segen über den Wein, Du Vater aller in der Welt, die treuen Glaubens sind.« Abraham wird antworten: »Ich bin es nicht wert, den Segen zu sprechen, denn ich bin auch der Vater der Ismailiten, die Gottes Zorn entzünden.« Gott bietet daraufhin den Kelch der Reihe nach Isaak, Jakob, Mose und Josua an, von denen ein jeder sich für unwürdig hält. Schließlich wird Gott sich an David wenden mit den Worten: »Nimm den Kelch und sprich den Segen, du herrlichster Sänger in Israel und Israels König.« Und David wird antworten: »Ja, ich werde den Segen sprechen, denn ich bin der Ehre würdig.« Dann wird Gott zur Torah greifen und verschiedene Passagen daraus lesen, und David wird einen Psalm singen, auf den hin die Gläubigen im Paradies und die Sünder in der Hölle zusammt laut ausrufen: »Amen.« Dann wird Gott seinen Engeln befehlen, die Sünder aus der Hölle zu führen ins Paradies.

Ilma Rakusa

Barmherzigkeiten

Hunderte Male streifte mein Blick die Szene über dem Kirchenportal: Martin schneidet seinen Mantel entzwei und reicht die eine Hälfte dem frierenden Bettler. Martin, einst römischer Soldat, dann Apostel Galliens, Klostergründer, Bischof und Heiliger. Ein Mann der Tat, dessen Handeln den Stempel der Barmherzigkeit trug.

Aber ja. Barmherzig ist nur, wer sein Fühlen zur Geste macht. Nicht der Seinszustand zählt, auch nicht die reine Absicht, nur was aus ihr folgt: die dargebotene Hand. Hier nimm. Nimm das Brot, nimm das Kleid, nimm das Bett, nimm Platz. Ohne Hintergedanken teile ich mit dir, ohne Schielen nach Lohn. Jetzt brauchst du mich, jetzt nimm.

Gegenwart und Gewissen haben das Sagen. Not kennt keinen Verzug, sie ist. Sie ruft. Und wo ich sie lindern kann, bin ich aufgerufen. Doch die Frage rumort: Hab ich dem blinden Harmonikaspieler am Newski genug Rubel gegeben? Es war kalt, es war Nacht, und er spielte mit Hingabe, als hörten ihm viele zu. Ich allein stand da, fröstelnd. Griff in die Tasche, legte ihm drei Scheine in den

Korb. Und ging meines Wegs. Der Mond hing über der Newa, rund wie ein Lampion. Passanten keine. Ich atmete Wind, Flusswind, und kehrte um. Noch immer saß er auf seinem Klappstuhl, die Mütze in die Stirn gezogen, und spielte seine wehmütigen Melodien. Wie lange noch. Ich ging. Ich vergaß ihn nie.

Hätten wir in der Schweiz bleiben können, damals, ohne das große Herz des Beamten P.? Die Koffer waren schon für London gepackt, dann plötzlich hieß es: Unser Ort ist hier. Erleichterung. Draußen blühte der Flieder.
Später, 1956, kamen viele. Aus den Ebenen Ungarns. In der Schule sammelten wir Kleider und Spielsachen für die Kinder. András wollte nicht reden. Schaute stumm. Doch auf seiner Geige erzählte er mir Geschichten. Ich schloss mich am Klavier an. Wir wurden Freunde. Ein Duo. Duzten uns über die Musik. Das Heimweh legten wir ins Futteral.

1968 strömten sie aus der Tschechoslowakei. Auch Jan und Tomáš waren unter ihnen. Ließen das Prager Kopfsteinpflaster hinter sich, die Eltern, den vertrauten Sound. Wir luden sie häufig ein. Mutter kochte Knedlíčky, das wärmte den Magen und die Seele.
Ich lernte, dass auch die kleinen Dinge zählen. Das richtige Wort zur richtigen Zeit, eine Ermunterung, ein schmackhaftes Essen. Gastfreundschaft kennt keine Grenzen. Immer wartet ein zusätzliches Gedeck.

Aber in Lebensgefahr brachten wir uns nicht. Das taten andere. Im belagerten Sarajevo. Serafina anerbot sich, für den alten Nachbarn nach Wasser anzustehen. Die Kugel eines Snipers traf sie. Sie starb auf der Stelle.
Güte und Schuld. Bekommst du sie im Übermaß, fühlst du dich schuldig. Geizt du mit ihr, fühlst du dich schuldig. Was unterscheidet Güte von Barmherzigkeit, Schuld von Scham?
Ich weiß schon: hier die Gesinnung, dort die tätige Nächstenliebe, hier Gewissensnöte, dort Verlegenheit. In Wirklichkeit aber vermischt sich das eine mit dem anderen. Und wir stehen mit bloßen Füßen da.

Die Welt ist nicht sanft, und wenig hat seine Richtigkeit. Wir blinzeln ins Ungenaue, schauen in eine flatterhafte Ferne. Zerhäckseln Energien und klagen lauthals. Entgleisungen überall, von Normalverteilung keine Rede. Zusammenhänge wollen sich nicht erschließen. Nur Bilder brennen sich ein, wie für immer. Durchsichtig dünnhäutig versuchen wir unser Bestes, während die Unruhe überhand nimmt. Die Unruhe.
Es gibt die große, die kleine, die bedrohliche, die notwendige. Jene Unruhe, die uns davor bewahrt, in Routine abzugleiten. Augen auf, Herz auf. Wir sind in Bewegung. Müssen uns neu beschriften und vernetzen. Und alles kehrt sich.

Ist Barmherzigkeit Umkehr? Aus der Enge ins Weite? Ein zarter Gottesbeweis? Vielleicht. Aber

sie hat ein Gesicht. Und einen Namen. Wolldecke bei Minusgraden. Gedeckter Tisch für den Flüchtling aus Aden. Puppe und Suppe. Ein Bett.
Aus Wärmeinseln wird noch kein Paradies. Und doch braucht es sie. Gegen die Angst, gegen das Schwarz der Ungewissheit, gegen die Kälte von Krieg und Hass. Für das kleine Glück. Unter dem Sternbild des rollenden Wagens.

Arnold Stadler

Der Schriftsteller, den ich meine.

Impulse der Barmherzigkeit

Die Barmherzigkeit, die allen Menschen gilt, ist der bedeutendste Beitrag, den das Christentum der Welt geschenkt hat, und wird über die Idee hinaus in der westlichen Hemisphäre des christlichen Glaubens auch ganz konkret, denn sonst gäbe es so etwas wie die Caritas und das Diakonische Werk nicht.[1] Gerade heute sehe ich, wie schön es ist, barmherzig zu sein, so wie das Ja zum Menschen schöner ist als das Nein. Und der Glaube schöner als der Unglaube ist. Vor allem, wenn er die Früchte des Glaubens, zu denen die Barmherzigkeit gehört, zeigt und lebt.

Und wie notwendig ist es gerade hier und heute, dass es Samariter gibt, die sich des Menschen erbarmen, das heißt, ihren Glauben konkretisieren, Fleisch werden

1 Dies ist ein Brief an die Herausgeber dieses Bandes, der eigentlich eine mit Bedauern geschriebene Absage ist. Dieser Brief ist zwar im Blick auf die Menschen geschrieben ist, die im Boot über das Mittelmeer nach Lampedusa kamen; allerdings handelt es sich keineswegs um einen tagespolitischen Beitrag oder eine Stellungnahme des bedrohlichen aktuellen Streits im Gefolge des »Wir schaffen das!« der Bundeskanzlerin, sondern um ein paar Sätze, in denen auch meine Bewunderung für Papst Franziskus mitschwingt – für jenen Augenblick, in dem er vor Lampedusa die Blumen ins Wasser gleiten ließ –, geschrieben einige Monate vor der trostlosen Lage, in der wir uns heute befinden.

lassen, indem sie ihn realisieren, über das folgenlose Mitleid und Mitleiden hinaus, ganz zu schweigen vom Hass der Menschen gegen Menschen. Oftmals noch berufen sie sich auf ihren Gott, nennen sich Gotteskämpfer, so dass mir – halte ich mich an die öffentlichen Bilder – scheint, dass die alte römische Weisheit, dass der Mensch dem Menschen ein Wolf ist, manchmal noch viel zu wenig ist. Denn der Wolf ist auch dem Wolf und dem Menschen nur ein Wolf. Der Mensch aber vermag zu zerstören, nicht nur sich selbst, sondern im Prinzip alle und alles – zumindest, was das menschliche und menschenwürdige Leben auf dieser Erde betrifft. Dieses böse Vermögen hat kein Tier dieser Welt.

Die tägliche Welt scheint frei davon zu sein, frei von Barmherzigkeit. Zum Beispiel: Ein empathiefreier Raum, was den Mainstream betrifft, ist das Programm der TV-Glotzen, weithin empathiefrei, wie man heute lieber sagt, statt »unbarmherzig«, da sich der Mensch scheut, so alte, eindeutige Wörter wie Barmherzigkeit zu verwenden. Und was bewegt den Menschen, der am Welttag des Hungers – der Tag heißt zwar anders und stand, glaube ich, gestern auf der UN-Agenda –, was bewegt den Menschen an einem solchen Tag, wenn er am Morgen kurz nach halb sieben die Morgenpredigt des katholischen Pfarrers aus Stuttgart hört, der ihn, einen wie mich, wissen lässt, dass an diesem Tag wieder 24.000 Menschen an den Folgen von Hunger sterben werden, und das in einem Land, wo das TV-Programm lange genug, nämlich mein Fernsehleben lang, mit Chappi- und Kitekat-Werbung, Schönheitsprogrammen, Kochsendungen und Diätberatern bestritten wurde und wird und die Nachrichtensprecher früher ungerührt vom Butterberg und der kostspieligen Vernichtung von Lebensmitteln zu berichten wussten?

Und das ist ja nicht traurige EU-Kommissionsvergangenheit, sondern die tägliche Realität: Der Mensch ist durch den Verbraucher abgelöst, der utilitaristisch, konsumistisch, wellness- und funorientiert ist: die tägliche Vernichtung von Lebensmitteln bei gleichzeitigem täglichen Verhungern.

Es ist auf der Welt eine große, traurige, eigentlich ungeheure Gleichzeitigkeit. Und wir sehen es. Das kann aber ein Christ nicht gelten lassen, auch wenn er mitten auf oder in einer utilitaristischen, fun-orientierten Wellnesswelt zu leben hat, die eigentlich schizophren ist. Es ist eine schizophrene Welt, in der wir leben und sind.

Anders kann ich mir die tägliche Tagesschau in den deutschen Fernsehzimmern nicht erklären, wo es sich der Mensch im Anschluss auf die eigentlich sprachverschlagendsten Bilder gemütlich macht, des Glaubens oder Irrglaubens, wieder einmal davongekommen zu sein, wo der Feierabend als Ausklang des Tages zu einem TV-Eventabend mutiert, wo der Terminkalender nach den Vorgaben des TV-Programms eingerichtet wird. Freilich sehen nicht alle Menschen den Tatort oder die Bundesliga oder den Shopping-24-Kanal, aber bei einem durchschnittlichen TV-Konsum von 2,47 Stunden pro Tag pro Mensch oder Verbraucher (Richtjahr 2014) kann es gar nicht anders sein, als dass für eine Mehrheit der Menschen der Abend ein Fernsehabend geworden ist, und zwar mit der allerersten Präferenz.

Die Barmherzigkeit vom barmherzigen Samariter her müsste oder sollte heute vor allem konkret werden in der Sorge um das tägliche Wasser und Brot des Menschen für den Menschen. Es stimmt etwas nicht mehr, wenn ein Liter Wasser mehr kostet als ein Liter Milch und wenn das tägliche Brot megatonnenweise im Schredder verschwindet. Auch dafür gibt es unglaubliche, beschämende Pro-Kopf-Zahlen. Die Zerstörung von Lebensmitteln und ganzer Ernten, die, wie soll ich es sagen: geopfert werden für die sogenannte Energie des sogenannten Verbrauchers? Und andere schönnamige Lügen … Das heißt dann: Bioenergie. Das ist aber nicht nur eine kleine Notlüge, sondern ein Betrug des Menschen an Menschen. Oder eine Sünde? Aber die kommt ja nur noch in Verbindung mit dem zu hohen Kalorienverbrauch vor: Ich habe gesündigt, ich habe zu viel Schokolade gegessen.

Solche Sätze kommen dann auch in meinen Romanen vor, denn Schreiben ist ja auch ein Übersetzen für mich, und zwar der konkreten Welt, in der ich sehe und lebe, in meine Sprache hinein, und zwar stellvertretend. Da sage ich oftmals »ich« und »meine« (das Wort meinen kommt von »minnen« und ist – wie im Lied »Freiheit, die ich meine« noch – das alte Wort für: »lieben«).

In mein Schreiben von Romanen hat sich von meinem Theologiestudium her als zentraler Impuls das barmherzige Umgehen mit meinen Menschen und Romanfiguren »hinübergerettet«, das heißt: immer wieder vergegenwärtigt.

Der Schriftsteller, den ich meine, sollte mit den Menschen nicht abrechnen, er sollte sich ihrer annehmen, erbarmen und sie leben und sein lassen, in ihrer oftmals ganzen Lächerlichkeit und Erbärmlichkeit.

Das ist der barmherzige Impuls, den ich, als Schriftsteller, neben anderen Impulsen, meiner Begegnung mit dem christlichen Glauben verdanke. Und als katholischer Christ weiß ich mich darin ohnehin mit der ganzen Welt der Christgläubigen verbunden.

Ulla Hahn

Barmherzigkeit

Sankt Martin, Sankt Martin, Sankt Martin
ritt durch Schnee und Wind,
sein Roß das trug ihn fort geschwind.
Sankt Martin ritt mit leichtem Mut:
sein Mantel deckt' ihn warm und gut.

Im Schnee da saß ein armer Mann,
hatt' Kleider nicht, hatt' Lumpen an.
O helft mir doch in meiner Not,
sonst ist der bittre Frost mein Tod!

Sankt Martin zog die Zügel an,
sein Roß stand still beim armen Mann,
Sankt Martin mit dem Schwerte teilt'
den warmen Mantel unverweilt.

Sankt Martin gab den halben still,
der Bettler rasch ihm danken will.
Sankt Martin aber ritt in Eil'
hinweg mit seinem Mantelteil.

Schon als Kind hatte ich mit der Barmherzigkeit meine liebe Not.

Da war Sankt Martin und das Lied für ihn, das ich inbrünstig mitsang, bis ... Ja, bis ich im Religionsunterricht fragte, wieso Martin nicht den ganzen Mantel gegeben habe. Sicher hätte er zu Hause noch mehr Mäntel und ein halber Mantel, der hielte doch keinen von den beiden warm.

Nun ja, erklärte der Pastor, das sei ein Umhang gewesen und habe für beide gereicht.

Aber, beharrte ich: Und warum ist der Martin dann einfach weggeritten? Der arme Mann saß ja noch immer im Schnee! Der hätte den Mann doch auf sein Pferd setzen und mit nach Hause nehmen können. Der hatte doch bestimmt auch Hunger. Und Durst. Und brauchte ein Dach überm Kopf. »Sankt Martin aber ritt in Eil / hinweg mit seinem Mantelteil.« An den gedeckten Tisch. Ins warme Bett.

Und dieser Martin sollte ein Sinnbild für Barmherzigkeit sein?

Woraufhin mich der Pastor mit einem Satz beschied, den ich damals nur allzu oft zu hören kriegte: »Das verstehst du noch nicht, mein Kind«, und mir auftrug, für den armen Mann zu beten.

Das war mir nicht genug. In meinem Heft »Schöne Wörter – schöne Sätze« wies ich dem Heiligen den Weg. Ich schrieb die letzten Strophen neu:

Sankt Martin zieht die Zügel an
sein Ross steht still beim armen Mann.
Dem hilft hinauf er auf sein Ross
legt ihn ins Bett in seinem Schloss.

Er gibt ihm Kleider, Speis und Trank
und Arbeit auch noch Gott sei Dank.
Der Mann nicht länger Bettler ist
und Martin ein barmherziger Christ.

Das zeigte ich nach der nächsten Religionsstunde dem Herrn Pastor. Aus dir, nickte er anerkennend, wird einmal eine gute Lehrerin.

Barmherzigkeit erfuhr ich als Kind vorwiegend als Herablassung. Geben ist seliger denn nehmen. Wie wahr. Wir waren arm. Stets auf der Seite der Bedürftigen, derer, die der »milden Gabe« bedurften. Was Wunder, wenn ich als Heranwachsende eine Haltung entwickelte, die alles, was mit »Wohltätigkeit« zu tun hatte, trotzig ablehnte. Gerecht zugehen sollte es in der Welt. Dann brauchte keine Mutter mehr die alten Kleider der Frau Bürgermeister aufzutragen, kein Vater mehr dankbar zu sein für ein paar Überstunden in der Fabrik an der Kettenmaschine und ich nicht für das Schulgeld der Gemeinde.

Gerechtigkeit statt Barmherzigkeit. Dafür wollte ich kämpfen. »Wir wollen auf Erden glücklich sein«, zitierte ich Heinrich Heine, »Wir wollen nicht mehr darben; / Verschlemmen soll nicht der faule Bauch / Was fleißige Hände erwarben.« Ich wollte »die Zuckererbsen für jedermann«. Hier und Jetzt.

Ein (Winter-)Märchen! Das musste auch ich, wie schon so viele vor mir, bald einsehen. Begreifen lernen, dass Gerechtigkeit und Barmherzigkeit zusammengehören. Dass Gerechtigkeit die Basis sein muss für das Zusammenleben der Menschen. Manifestiert im Gesetz, das für alle gilt. Und so wie das Gesetz die Basis ist für die Gerechtigkeit, ist für die Barmherzigkeit die Basis die Liebe.

Große Worte: Barmherzigkeit und Liebe. Vielleicht zu große, zu einschüchternde Worte für unseren üblichen Alltag. Doch man stelle sich einmal einen ganz normalen Tag mit einem reinen »Leben nach Vorschrift« vor. Wo jeder nur das tut, wozu er per Gesetz bzw. Vorschrift verpflichtet ist. Der Busfahrer, der auf die Minute pünktlich abfährt, obwohl ich nur ein paar Schritte hinterher bin. Die Nachbarin, die mein Paket nicht für mich annimmt. Der Kollege, der sich achselzuckend abwendet, wenn ich die verflixte Mail nicht aufkriege.

Meist erleben wir das Gegenteil. Und nehmen dies als Selbstverständlichkeit. Alles nichts Besonderes. Stimmt. Aber gerade mit diesem friedlichen freundlichen Miteinanderumgehen beginnt Menschlichkeit. Beginnt die Liebe zum Nächsten. Beginnen die Werke der Barmherzigkeit.

In der Natur herrscht das Gesetz des Stärkeren. Zivilisation erwächst aus friedlicher Begegnung, im Miteinander, und sie erweist sich letzten Endes für beide, den Stärkeren und den Schwächeren, als gedeihlich.

Gerechtigkeit wäre also das Minimum im Verhalten der Menschen miteinander. Barmherzigkeit bis zur Selbstaufopferung das Maximum. Aber was liegt nicht alles dazwischen! Dem anderen ein freundliches Wort geben. Ein Lächeln. Wieder einmal anrufen. Eine fiese Bemerkung runterschlucken, Schadenfreude erst recht. Nicht endgültig den Stab über einen Übeltäter brechen. Ihm die Chance zur Umkehr geben. Sich am Missgeschick anderer zu freuen ist zutiefst unbarmherzig. Um Haltungen wie diese in sich zu bekämpfen, muss man nur eine Zeitung aufschlagen.

Und schließlich: Auch mit sich selbst barmherzig sein. Geduld mit sich selbst haben. Sich selbst freundlich begegnen. Nur dann bleiben wir für den anderen offen. Für seine leibliche und seine seelische Not.

Seit ich sie im Studium kennenlernte, war ich von ihr fasziniert: von der Gestalt des Parzival von Wolfram von Eschenbach, später aufgegriffen von Richard Wagner. Jener Tor, der erst nach langer Irrfahrt zu der Frage aller Fragen findet: »Woran leidest du?«

Woran leidest du? Was fehlt dir? Wie kann ich dir (weiter)helfen?

Womit ich wieder beim St. Martin wäre. War der halbe Mantel wirklich genug? Noch nach über einem halben Jahrhundert sage ich: Nein. Nicht nur, weil der reiche Mann besser für das leibliche Wohl des armen Mannes hätte sorgen müssen. Auch zu einer Begegnung ist es zwischen den beiden offensichtlich nicht gekommen. Ich sehe die Geste, mit der er den halben Mantel über die Schulter dem frierenden Mann im Schnee zuwirft, vom hohen Ross herab, das er schon anspornt, weil ihm kalt wird in seinem Mantelteil.

Heute weiß ich, was mir als kleinem Mädchen fehlte: die Begegnung von Mensch zu Mensch. Die Berührung: körperlich und seelisch. Die Anteilnahme. Zuwendung. Das freundliche Wort. Die Ermutigung. Der Fingerzeig zum Weg in ein besseres Leben.

So könnte denn dieses alte Kinderlied auch als Mahnung gelesen werden: Nicht allein die große Geste macht Barmherzigkeit aus. Vielmehr jede Begegnung, die über Gesetz und Vorschrift hinaus dem anderen friedlich und freundlich entgegenkommt.

Thomas Brose

Geglückte Balance

Bedrohtes Menschsein und Barmherzigkeit bei Hilde Domin

Für Johanna

1. Conditio humana

Wir werden eingetaucht
und mit dem Wasser der Sintflut gewaschen
wir werden durchnässt
bis auf die Herzhaut.
Der Wunsch nach der Landschaft
diesseits der Tränengrenze
taugt nicht
der Wunsch, den Blütenfrühling zu halten,
der Wunsch, verschont zu bleiben, taugt nicht.

So beginnt Hilde Domins (1909-2006) Gedicht »Bitte«,[1] das eine ganze Anthropologie entfaltet. Dass der Mensch anonymen Mächten ausgeliefert ist, erscheint der Dichterin als unumstößliche Gewissheit, als Existential: Er wird in die Löwengrube des Lebens gestoßen und in einen feurigen Schlund geworfen. Nichts an ihm bleibt unversehrt und heil. Mit Haut und Haaren wird er hinabgerissen in die Tiefe – ein Sog, dem sich der Homo sapiens nicht zu entziehen vermag.

1 Hilde Domin, *Gesammelte Gedichte*, Frankfurt a.M. ²1988, 117.

Tatsächlich ist das Leben der Jahrhundertlyrikerin bis ins Mark hinein geprägt von Verfolgung, Fremdsein, Tod und Heimatverlust. Die Erfahrung fundamentaler Angst führt aber nicht zum Versagen ihrer Sprachfähigkeit, sondern lässt sie, wie Metaphern des Gedichts – Sintflut, Taube und Ölzweig – exemplarisch zeigen, Halt beim Grundtext jüdisch-christlicher Anthropologie suchen: der Bibel. Und damit findet die keineswegs religiös erzogene Autorin in ihrer Sprachnot einen Ausdruck für das, was es heißt, in die Schule einer größeren Hoffnung zu gehen und das Sehen neu zu lernen. Denn, so Hilde Domin, weit jenseits der »Tränengrenze« existiere ein Ort, der eine unzerstörbare, metaphysische Heimat eröffne durch Gastfreundschaft, Geborgenheit und die Erfahrung von Liebe. Die »Bitte« endet mit den Zeilen:

> Und daß wir aus der Flut,
> daß wir aus der Löwengrube und dem feurigen Ofen
> immer versehrter und immer heiler
> stets von neuem
> zu uns selbst
> entlassen werden.

2. *Heimatverlust und Hoffnung*

Wie war es Hilde Domin trotz Vertreibung und Verfolgung möglich, im Exil zur Dichterin zu werden? Weshalb konnte sie die Vokabel »Dennoch«[2] zu ihren

2 »Dort [in Köln – T.B.] haben mich meine Eltern mit dem Vertrauen versorgt, dem Urvertrauen, das unzerstörbar

Grundwörtern erheben? Und warum klang das, was bei anderen wie eine peinliche Luftnummer wirkte, in ihrem Werk echt und authentisch?

Was Heimatlosigkeit bedeutet, begann Hilde Löwenstein, die als Tochter eines jüdischen Rechtsanwalts und einer Opernsängerin in einem assimilierten großbürgerlichen Haus aufwuchs, früh zu begreifen: Nachdem sie Hitlers antisemitische Tiraden gehört hatte, verließ sie nach Studien bei Gustav Radbruch (Jura), Karl Jaspers (Philosophie) und Karl Mannheim (Politik) ihr Kölner Zuhause und emigrierte 1932 gemeinsam mit ihrem späteren Ehemann Erwin Walter Palm nach Italien. Die Größe der Bedrohung wurde klar, als beide 1938 nur knapp der Verhaftung entgingen: »Eines Abends hielt ich es nicht mehr aus. Wir entschlossen uns in einer Stunde, ließen alles im Stich und fuhren nach Sizilien, spät in der Nacht. Pünktlich am nächsten Morgen kamen sie, um uns ins Gefängnis abzuholen.«[3]

Schließlich machte sich das Ehepaar Palm 1940 nach einer Odyssee durch Westeuropa im untersten Deck eines Dampfers – via Kanada und Jamaika – auf den Weg in die Dominikanische Republik. Dort fanden die Verfolgten Zuflucht in einer Welt, die ihnen anfänglich völlig fremd erschien und in der sich die sprachbegabte »H.D.« zunächst darauf konzentrierte, wissenschaftlicher Texte ihres Mannes zu redigieren.

Kurz bevor Hilde »Domin« – so nannte sie sich später nach der Insel ihrer Rettung – selbst zu schreiben

scheint und aus dem ich die Kraft des ›Dennoch‹ nehme« (Hilde Domin, *Gesammelte autobiographische Schriften. Fast ein Lebenslauf*, Frankfurt a.M. 1993, 32).

3 Ebenda, 90.

begann, war ihre Mutter gestorben. Das stürzte sie in eine Lebenskrise, ließ sie sogar an Suizid denken: »Ich, H.D., bin erstaunlich jung. Ich kam erst 1951 auf die Welt. Weinend, wie jeder in diese Welt kommt. Es war nicht in Deutschland, obwohl Deutsch meine Muttersprache ist. Es wurde spanisch gesprochen, und der Garten vor dem Haus stand voller Kokospalmen. [...] Meine Eltern waren tot, als ich auf die Welt kam. Meine Mutter war wenige Wochen zuvor gestorben.«[4]

Was die Lyrikerin über die Entstehung ihres ersten Gedichts berichtet, ist in diesem Zusammenhang aufschlussreich: »Ich hatte mir nichts vorgenommen, es passierte, wie wenn einer überfahren wird. Oder wie Liebe. Man handelt nicht, es passiert. ›Ich habe ein Gedicht geschrieben‹, sagte ich zu ihm [Erwin Walter Palm – T.B.]. Morgens vielleicht. Vermutlich morgens. ›Du schreibst keine Gedichte‹, sagte er mißbilligend. ›Bis gestern‹, sagte ich vorsichtig. ›Wie wenn die Katze plötzlich zu reden begänne‹, sagte er. ›So leicht ist das also‹, sagte er empört, als er nach vielem Sträuben es sich angesehen hatte. ›Wieso?‹ sagte ich. ›Was ist leicht?‹ ›Gedichte schreiben‹, sagte er. ›Du hast es nie getan. Es ist ein Gedicht.‹ Damit knallte er die Tür hinter sich zu. Als ich die Türe knallen hörte, wußte ich, daß es ein Gedicht war.«[5] Eine Frau, die ihrem Mann bei seinen kunstgeschichtlichen Forschungen bisher nach Kräften unterstützt hatte, wurde plötzlich Dichterin – ihre »zweite Geburt«.

Die Grundbedeutung von »Erkennen« macht in den

4 Ebenda, 21.
5 Ebenda, 176.

indoeuropäischen Sprachen einen fundamentalen Zusammenhang deutlich: Erkennen ist gleichbedeutend mit »werden«, »entstehen« und »geboren werden«.[6] Erkennen in seiner Ur-Bedeutung ist ein Inne-Werden, indem das erkennende Subjekt zu etwas Neuem »wird«. Es ist ein Geschehen im Erkennenden und mit dem Erkennenden. »Schreiben war Rettung. Es war eine Gnade, ich wurde gerettet. Mehr nicht, nicht weniger.«[7]

Die Weltreligionen bezeichnen Barmherzigkeit als Wesensmerkmal göttlicher Präsenz – dabei geht es nicht um eigene Leistung, sondern um Geschöpflichkeit, Grundvertrauen und Gnade. Sowohl der deutsche Ausdruck wie das lateinische *misericordia* verweisen dabei auf das existentielle Zentrum des Menschen: sein Herz.[8] »Barmherzigkeit ist ein gebärender Vorgang. Das hebräische Wort für Barmherzigkeit ist *rahamin*, das bedeutet: die zärtliche Liebe, die vom Mutterschoß zum Kind fließt. Gottes Bundestreue, *hesed*, haben die Israeliten als mütterliche Zuwendung erfahren.«[9] Trotz ihres nichtreligiösen Ansatzes schöpft Hilde Domin aus der Hoffnungstradition der Hebräischen Bibel: »Ich kann mich kaum als ›richtiger‹ Jude bezeichnen

6 Im Griechischen ist »gignoskein« mit »gignomai«, im Lateinischen »cognoscere« mit »nasci«, im Angelsächsischen »kennid« mit »genitus« verwandt. Alle weisen auf die Sprachwurzel »gno« bzw. »gne« hin: »etwas Neues werden«, »entstehen«.

7 *Vokabular der Erinnerungen. Zum Werk von Hilde Domin*, hrsg. von Ilseluise Metz, Frankfurt a.M. 1998, 201.

8 Vgl. zur Bedeutung des Herzens Blaise Pascals, *Gedanken*, mit einem Kommentar von Eduard Zwierlein, Berlin 2012.

9 Sebastian Painadath, »Barmherzigkeit als gebärender Vorgang«, in: *Christ in der Gegenwart* 7 (2016), 80.

[…]. Wenn Sie also die Juden als Volk des Buches definieren, so bin ich in hohem Maße ein Kind des Buches, aber mehr nicht.«[10]

Staunen darüber, dass sie nach der Vertreibung aus dem »Paradies« bürgerlicher Normalität plötzlich eine zweite Chance erhält, klingt an in dem Gedicht »Apfelbaum und Olive«.[11] Nachdem die Zweiundzwanzigjährige ihr Zuhause in der nördlichen Region (Apfelbaum) fluchtartig verlassen musste, erfährt sie in der südlichen Hemisphäre (Olive) – als unerwartetes Geschenk –, dass erneute Beheimatung möglich ist.

Ein Trost ist, zu wissen
wo die Tassen stehn und die Teller
in dem Haus, in dem du zu Gast bist,
und einen Anteil zu haben
an der Zärtlichkeit von Katze und Hund
deines Freunds,
und die Tücke des Fahrrads zu kennen
als sei es dein eigenes.

Darin, dass die Jahrhundertlyrikerin lebenslang mit dem Thema Grundvertrauen und Barmherzigkeit ringt, liegt nicht zuletzt ihr »Geheimnis«. Das Glück, das man beim Lesen ihrer Gedichte erfährt, verdankt sich der existentiellen Tiefe, Wärme und Menschenliebe, die sie vermittelt. Wer sich auf ihre Lyrik einlässt, begibt sich deshalb in eine regelrechte Schule der Hoffnung.

10 Hilde Domin, *Gesammelte Autobiographische Schriften. Fast ein Lebenslauf*, 251.
11 Hilde Domin, *Gesammelte Gedichte*, 14f.

Die von den Nationalsozialisten verfolgte Jüdin antwortet daher auf Adornos Verdikt, dass nach Auschwitz keine Gedichte mehr möglich seien: »Nein, nicht trotz, sondern wegen Auschwitz waren Gedichte nötig und nötiger denn je.«[12]

3. Mit der Vernunft des Herzens

Domins Existenz als Dichterin begann mit einem Schlag, einem Schicksalsschlag. Sie war in der Fremde; sie war eine Sterbende. »Wie ich, Hilde Domin, die Augen öffnete, die verweinten, in jenem Hause am Rande der Welt, wo der Pfeffer wächst und der Zucker und die Mangobäume, aber die Rose nur schwer, und Äpfel, Weizen, Birken gar nicht, ich verwaist und vertrieben, das stand ich auf und ging heim, in das Wort.«[13]

Die deutsche Literaturszene betrat die Schriftstellerin im Jahr 1959. Mit dem Gedicht »Nur eine Rose als Stütze«,[14] das ihrem ersten Lyrikband den Titel gab, bewegt sich die Autorin dabei hochartistisch, ja akrobatisch:

> Ich richte mir ein Zimmer ein in der Luft
> unter den Akrobaten und Vögeln:
> mein Bett auf dem Trapez des Gefühls

12 Hilde Domin, *Das Gedicht als Augenblick von Freiheit. Frankfurter Poetik-Vorlesungen 1987/1988*, Frankfurt a.M. 1993, 19.

13 Hilde Domin, *Gesammelte Autobiographische Schriften. Fast ein Lebenslauf*, 21.

14 Hilde Domin, *Gesammelte Gedichte*, 113.

wie ein Nest im Wind
auf der äußersten Spitze des Zweigs.

Das lyrische Ich sieht sich – wie die Dauerbewohner der Lüfte und die von Kindheit an trainierten Artisten – herausgefordert, sich in einem unvertrauten, ätherischen Element einzurichten.

Wer auf das bewegte Leben der Dichterin schaut, ahnt, wie schwer es ihr gefallen sein muss, Schwebezustände und Schicksalsschläge auszutarieren, um die eigene Mitte zu finden. Wie prekär diese Luftexistenz bei enormer Fallhöhe tatsächlich ist, bringt die letzte Strophe des Gedichts gesteigert zum Ausdruck:

Aber ich liege in Vogelfedern, hoch ins Leere gewiegt.
Mir schwindelt. Ich schlafe nicht ein.
Meine Hand
greift nach einem Halt und findet
nur eine Rose als Stütze.

Schwindel und Nicht-einschlafen-Können veranschaulichen permanente Absturzgefahr. Dass die suchende Hand aber nicht ins Leere greift, verdichtet jene Erfahrung, die die aus Deutschland vertriebene Dichterin unverhofft machen darf: Als sie die Balance zu verlieren droht, schenkt ihr die Muttersprache unerwartet Hoffnung und Halt; sie verbürgt die Erfahrung von Barmherzigkeit.

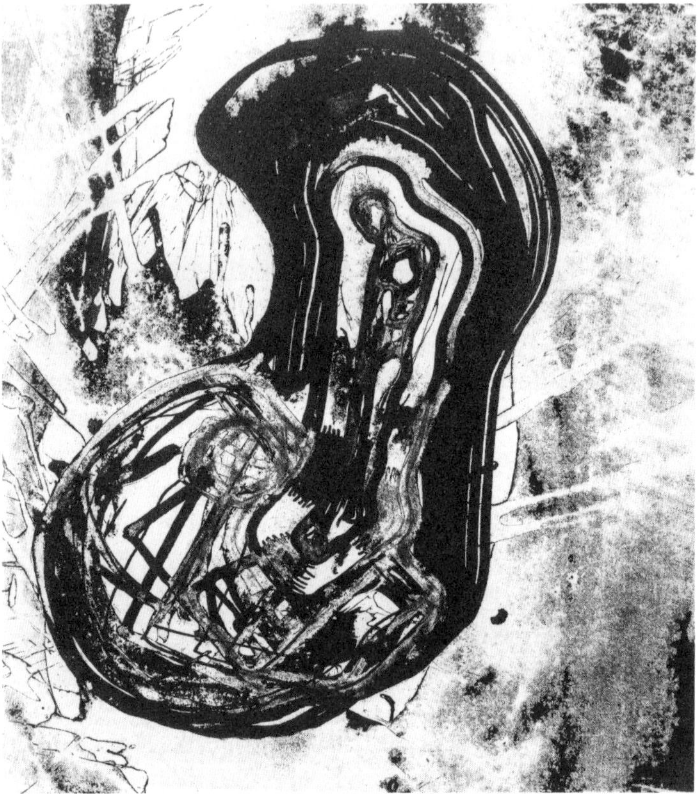

Michael Morgner: Ohne Titel, Grafik. © VG-Bild-Kunst, Bonn 2016.

THOMAS MENGES

Zwischen Nichts und Barmherzigkeit

Nach-Denken über ein Bild von Michael Morgner

Betrachten und Bedenken wollen wir eine titellose Grafik von Michael Morgner – kein im üblichen Sinn »schönes« Bild, vielmehr eine Herausforderung für Auge und Verstand. Es handelt sich um ein Menschen-Bild, das ganz unterschiedlich – der Mensch, der auf das Nichts zugeht, der Mensch, der auf Barmherzigkeit hofft – interpretiert werden kann.

I.

Was ist auf der 30 cm breiten und 32 cm hohen Radierung zu sehen? Tiefes Schwarz und Grau in vielerlei Varianten evozieren zuallererst eine melancholische, ernste Stimmung. Auf einem unbestimmten Hintergrund erkennen wir ein aufrechtes und unregelmäßig geformtes schwarzes Gebilde; es ist etwas an den linken Bildrand gerückt.

Im Zentrum befindet sich eine stehende, statuarisch wirkende Figur, die wir als einen Menschen identifizieren, weil ein schlanker Körper mit nach vorn geneigtem Kopf und kräftigen Füßen zu erkennen ist. Die Figur darf als eine Chiffre für den Menschen schlechthin verstanden werden. Kopf und Oberkörper sind – wie bei einem Nimbus – von einer hellen Fläche umfangen; die gesamte Gestalt wird von einer ersten schwarzen Hülle umschlossen. Um sie schließt sich eine zweite, wesentlich breitere Umhüllung; sie ist im oberen Teil tiefschwarz, im unteren Teil weniger dicht gezeichnet und umgrenzt ein chaotisches Gewirr geometrischer Linien und eine ovale Form neben den Füßen der menschlichen Gestalt.

Sieht man einmal von diesem technomorphen Gewirr ab, so legen die beiden umschließenden Hüllen biomorphe Assoziationen nahe. Man kann an einen Kokon denken, der die Figur schützend umgibt, oder an eine Fruchtblase, in der ein menschliches Wesen sich erst entwickeln kann. Andere mögen eher Gegenteiliges assoziieren und in den Hüllen eine undurchdringliche Schale erkennen, die das menschliche Wesen eingeschnürt und unwiderruflich gefangen hält. Steht die Figur einfach nur da oder ist sie vor Angst erstarrt? Ist sie geschützt oder eher eingezwängt? Beide Deutungen bleiben in der Schwebe.

Wo befindet sich die beschriebene Figur? Der Hintergrund, vor dem sie zu schweben scheint, ist amorph. Es ist ein seltsam ortloser Ort. Liegt es nicht nahe, ihn mit den unendlichen Weiten des Universums in Verbindung zu bringen? Lässt man sich auf diese Deutung ein, dann wird die Frage nach dem Ort unseres Menschseins im Kosmos evoziert. Die etwas nach links versetzte Figuration, in der man so etwas wie eine eigentümlich geformte Weltraumkapsel sehen kann, erweckt den Anschein, als triebe sie mit ihrer Last durch die Weiten des Alls. Sind wir darin hoffnungslos verloren oder gibt es irgendeine Aussicht auf Geborgensein?

II.

Der Künstler, der 1942 in Chemnitz geborene Michael Morgner, hat von 1961-1966 an der bekannten Hochschule für Grafik und Buchkunst in Leipzig Gebrauchsgrafik studiert. Nach dem Studium kehrt er nach Einsiedel, heute ein Ortsteil von Chemnitz, zurück, wo er noch heute lebt und arbeitet. Zusammen mit vier weiteren Künstlern gründet er in der Industriemetropole im Mai 1977 die Künstlergruppe und Produzentengalerie *Clara Mosch*. Der Name ist ein Anagramm der Namen der Mitglieder Carlfriedrich *Cla*us, dem damaligen Ehepaar Thomas *Ra*nft und Dagmar Ranft-Schinke sowie Michael *Mo*rgner und Gregor-Torsten *Sch*ade. Gemeinsam, so Morgner, ist den reichlich heterogenen Fünf eine gleiche Grundhaltung und die Ablehnung von Größen wie Willi Sitte und den Leipzigern Heisig, Mattheuer und Tübke. Ihre Ausstellungen und Aktionen machten *Clara Mosch* zu einem höchst innovativen Kunstzentrum in der DDR, das sogleich die Staatsorgane und die Staatssicherheit auf den Plan rief. Die perfide »operative Bearbeitung« der »negativ-feindlichen Gruppierung« durch die Stasi führte im November 1982 zur Selbstauflösung.

Morgner arbeitet insbesondere als Zeichner, Grafiker und Maler, ist aber auch als Performer hervorgetreten und hat Skulpturen und Kirchenfenster geschaffen. Wichtige Werke befinden sich in öffentlichen Sammlungen und im kirchlichen Raum, beispielsweise im Dom zu Würzburg, im dortigen Museum am Dom oder seit jüngstem im Dom zu Meißen. 2012 hat er den renommierten »Gerhard-Altenbourg-Preis« erhalten.

Zyklen mit Titeln wie »Ecce Homo«, »Reliquie Mensch« oder »Narben« verweisen auf Morgners Lebensthema – den Menschen in all seiner Fragilität. Seine Bildwerke, die sich zwischen Abstraktion und Figuration bewegen, erzählen keine Geschichten, sondern setzen anthropologische Grundsituationen ins Bild. Dazu hat der Künstler die menschliche Gestalt reduziert und auf archetypische Figuren wie die in sich verkrümmte *Angstfigur* und – als Gegenfigur – den *Schreitenden* konzentriert, die er stets neu variiert; als eine weitere Chiffre kommt der *Aufsteigende* hinzu.

An dem Thema »Ecce Homo« arbeitet Morgner bereits seit 1984. Der Künstler bezieht sich ausdrücklich auf die Passion Jesu Christi (Joh 19,5), löst sie aber aus ihrem biblischen Kontext und verallgemeinert sie zur *conditio humana*. Dies geschieht nicht in postmoderner Beliebigkeit, sondern mit einem spürbaren Ernst, der durch eigene existenzielle Erfahrungen mit Krankheit, Leid und Tod verbürgt ist. Morgners Bildfindungen haben deswegen so gar nichts Gefälliges. Die schroffen Formen mögen manche abstoßen, andere können sie mit erlittenen leiblichen und seelischen Verletzungen vertrauter machen.

Die hier beschriebene Radierung setzt die übergreifende Thematik »Ecce Homo« fort. Nicht eindeutig ist erkennbar, ob es sich bei der von der Kapsel umschlossenen Gestalt noch um eine *Angstfigur* handelt oder ob sie sich gerade aufrichtet, um zu einem *Aufsteigenden* zu werden.

2012 stellte Morgner in einem Gespräch heraus, dass der Tod, für den er Formen findet, »der Grundton meiner Arbeit geworden« ist. Mit dem Philosophen Hermann Schrödter gesprochen, setzt der Künstler das »Bewusstsein der radikalen Endlichkeit menschlicher Existenz« ins Bild. Radikal ist diese Endlichkeit deshalb, weil sie unsere gesamte Existenz betrifft und von Menschen nicht überwunden werden kann. Weil wir unser je eigenes Leben nicht nur leben, sondern immer auch *deuten* müssen, kann Morgners Werk dazu anstoßen, die eigene Kontingenz zu bedenken.

III.

Mit zwei poetischen Texten spannen wir die Deutungsmöglichkeiten zwischen Nichts und Barmherzigkeit auf. Beginnen wir mit einem Gedicht des Schriftstellers Günter Kunert aus seinem 1983 erschienenen Gedichtband *Stilleben*:[1]

Götterdämmerung

Nicht festzuhalten: Dieser Tag. Das Leben.
Gewebe löst sich auf und schwindet hin.
Was auch geschieht, du suchst den Sinn.
Zumindest wirst du danach streben.

Du kannst die Einsicht nicht ertragen:
Aus Dreck und Feuer eine Spottgeburt,
die haltlos durch das Universum tourt,
stets auf der Flucht vor solchen Fragen.

1 Zitiert aus Günter Kunert: *Stilleben. Gedichte.* Mit einem Nachwort von Karl Riha, München 1992, 59.

Erkenntnis die: Wir können uns nicht fassen.
Und finden keinen, der uns Göttern gleicht.
Und keinen, der uns Hilfe reicht.
Wir sind uns ohne Gnade überlassen.

Das Gedicht besteht aus drei – je von einem umfassenden Reim (a b b a) abgeschlossenen – Strophen. Durch den Doppelpunkt in der ersten Zeile eines jeden Vierzeilers gewinnt das Gedicht einen Sentenzcharakter. In den beiden ersten Zeilen der ersten Strophe wird in Formulierungen, die wohl auf Gottfried Benn anspielen, die zeitliche Begrenztheit unseres Lebens, in den Zeilen 3 und 4 unser Streben nach Sinn konstatiert. Aber, so die zweite Strophe, wir können kaum die »Einsicht ... ertragen«, nur eine »Spottgeburt aus Dreck und Feuer« – so die Verwünschung Fausts an die Adresse des Mephistopheles – zu sein, die »haltlos« durch die Weiten des Universums »tourt«.

Aus diesen Einsichten zieht die dritte Strophe die Konsequenzen: Mit Blick auf den ersten Vierzeiler hält Zeile 1 fest, dass sich uns der Sinn unseres Seins entzieht. Zeile 2 bezieht sich implizit auf den Schöpfungshymnus in Genesis 1,27: Der Mensch ist kein Abbild Gottes, gibt es doch »keinen, der uns Göttern gleicht«. Deshalb sind *wir* – in Abwandlung von Anselm von Canterburys Gottesbegriff – das, worüber hinaus Größeres nicht gedacht werden kann. Doch diese Größe hat ihren Preis. Die beiden folgenden Verse können als eine Inversion des Christentums gelesen werden, die den Titel des Gedichts, »Götterdämmerung«, plausibel machen: Nach dem »Tod Gottes« (Friedrich Nietzsche) gibt es »keinen« mehr, der uns »Hilfe reicht«; infolgedessen sind wir auf uns selbst – und zwar »ohne Gnade« – zurückgeworfen.

Morgner im Medium Bild und Kunert im Medium Wort haben für die radikale Endlichkeit unserer Existenz und für unseren unsicheren Ort im Universum eine künstlerische Form gefunden. Während der bildende Künstler mit seinem Blatt eine mögliche Überwindung unserer radikalen Endlichkeit offenlässt, hat sich der Wortkünstler festgelegt, indem er einen *atheistischen Standpunkt* bezogen hat: Weil es keinen Gott gibt, muss sich der Mensch selbst genügen – mit der Folge, dass Vernichtung und Tod das letzte Wort behalten. Doch diesen ebenso bitteren wie ehrlichen Schluss hat Kunert in bemerkenswert *schöne* Verse gebracht: Ist Schönheit vielleicht eine innerweltliche Form der Überwindung von Endlichkeit?

IV.

Der Schöpfungshymnus Genesis 1,1-2,4a berichtet nicht, was am Anfang war, es geht um den Beginn von Allem. In wiederkehrenden Formulierungen – »Gott sprach«, »Es geschah«, »Es wurde Abend und es wurde Morgen« – wird die Schöpfung gepriesen. Das Schöpfungslob verkleistert keineswegs das Bewusstsein radikaler Endlichkeit: »Himmel und Erde« sind kontingent, weil sie von Gott geschaffen sind. Gegen das Tohuwabohu setzt der Schöpfer seine Ordnung: die Zeit, den Lebensraum und die Lebewesen. Auch der als Mann und Frau geschaffene Mensch ist kontingent, aber ein besonderes Lebewesen, weil Gott ihn als sein

»Abbild« erschaffen hat. Gott billigt seine Schöpfung als »sehr gut«.

In den Kapiteln 2,4b-11,9 von Genesis wird der Mensch aus einer anderen Perspektive beleuchtet: Der Mensch, aus Ackerboden geformt und mit göttlichem Geist belebt, realisiert seine Freiheit, indem er erst ein göttliches Verbot bricht und, beginnend mit dem Brudermord, eine Spirale der Gewalt in Gang setzt. Die ubiquitäre Gewalt tobt sich, so das christliche Narrativ, schließlich am unschuldigen Gottessohn – *ecce homo*! – aus, den Gott aber nicht im Tod belässt, sondern aus Leid und Tod errettet.

Schrödter sieht das allen Religionen Gemeinsame im »Bewusstsein der radikalen Endlichkeit der menschlichen Existenz *und* ihrer [nicht bloß als möglich gedachten, sondern] realen Überwindung«. Das erste Merkmal der Definition beschreibt die *Wirklichkeit* menschlicher Existenz, das zweite Begriffsmerkmal »reale Überwindung« bringt eine keineswegs zwingende Stellungnahme zu dieser Wirklichkeit zum Ausdruck. Dass Gott Jesus Christus wirklich aus dem Tod auferweckt hat, kann man – wie Christen – glauben, muss es aber nicht.

V.

Eine Qualität von Morgners Blatt besteht darin, dass es sowohl für die atheistische Deutung Kunerts als auch für eine christliche, sich auf Genesis 1 berufende Deutung offen ist. Der Christ kann in der menschlichen Chiffre einen Aufsteigenden, im Nimbus um Haupt und Oberkörper einen Hinweis auf die Gottesebenbildlichkeit und in dem Gewirr zu seinen Füßen bedrohliche Mächte und Kräfte erkennen; die Kapsel schützt den Aufsteigenden wie eine bergende Haut. Denn der Gott, der im Anfang Himmel und Erde schuf, ist ein *barmherziger* Gott, der seinen Geschöpfen präsent ist und sie nicht im Tod belässt. Von einem barmherzigen Gott geborgen zu sein, ist *kein Wissen*, sondern Glaube und Hoffnung. »Hoffnung«, schreibt Paulus an die Gemeinde in Rom, »die man schon erfüllt sieht, ist keine Hoffnung« (Röm 8,24).[2]

2 Literaturhinweise: Lindenau-Museum Altenburg (Hrsg.), *Michael Morgner. Gerhard-Altenbourg-Preis 2012*, Altenburg 2012, 2 Bde. / Hermann Schrödter und Klaus Ebeling, »Nach-Denken über ›Religion‹ – Eine philosophische Begriffserklärung«, in: Klaus Ebeling (Hrsg.), *Orientierung Weltreligionen*, Stuttgart 2011, 193-204.

Ekaterina Poljakova

Barmherzigkeit und Macht. Russische Perspektiven

> Es kann aber unmöglich Pflicht sein, die Übel in der Welt zu vermehren, mithin auch nicht aus Mitleid wohl zu thun; wie dann dieses auch eine beleidigende Art des Wohlthuns sein würde, indem es ein Wohlwollen ausdrückt, was sich auf den Unwürdigen bezieht und Barmherzigkeit genannt wird, und unter Menschen, welche mit ihrer Würdigkeit glücklich zu sein eben nicht prahlen dürfen, respectiv gegen einander gar nicht vorkommen sollte.
>
> Immanuel Kant, *Die Metaphysik der Sitten*

> ›I have no learning, and you have much,‹ said Milly; ›I am not used to think, and you are always thinking. May I tell you why it seems to me a good thing for us to remember wrong that has been done us?‹
> ›Yes.‹ ›That we may forgive it.‹
> ›Pardon me, great Heaven!‹ said Redlaw, lifting up his eyes, ›for having thrown away thine own high attribute!‹
>
> Charles Dickens, *The Haunted Man and the Ghost's Bargain*

Barmherzigkeit und Mitleid, Barmherzigkeit und Vergeben – das sind Worte, die sofort eine positive Resonanz in uns bewirken. Wenn wir allerdings über ihre konkrete Anwendung nachdenken, werden wir unsicher. Ist die Barmherzigkeit nur als Mitleiden mit einem Unschuldigen oder auch als Vergebung gegenüber dem Schuldigen akzeptabel? Was ist, wenn sie sich auf einen Unwürdigen bezieht? Wenn sie als eine Schwäche und als Begünstigung des Übels ausgenutzt wird? Gewiss, dies sind keine einfachen Fragen, auf die Philosophen wie Kant oder Nietzsche (beide sahen Barmherzigkeit als hinderlich an, einer als Beleidigung der Gerechtigkeit, der andere als Beleidigung der Individualität derer, die sie betrifft) meines Erachtens viel zu einfache Antworten gegeben haben. Vielleicht lohnt es sich deshalb, sich nicht ihnen, sondern Dichtern und Schriftstellern zuzuwenden.

In einem der Meisterstücke der russischen Literatur, dem Roman *Die Hauptmannstochter* von Alexander Puschkin, wird die Barmherzigkeit zur Haupttriebfeder der Handlung. Die Handlung – die Geschichte der Liebe des russischen Offiziers Grinjow, der zum Militärdienst auf eine Festung bei Orenburg geschickt wird und sich dort in Mascha, die Tochter des Hauptmanns, verliebt – verläuft vor dem historischen Hintergrund der sogenannten Bauernkriege (1773-1775) bzw. des Aufstandes von Emeljan Pugatschow, der sich für den von einem Attentat wie durch ein Wunder unversehrten Zar Peter III. ausgab. Diese historischen Ereignisse spielen im Schicksal der beiden jungen Menschen eine entscheidende Rolle.

Noch vor seiner Ankunft in Orenburg wird Grinjow, der sich in einem Schneesturm verlaufen hat, von einem Wanderer zurück auf den Weg geführt. Und da

Letzterer nur spärlich bekleidet ist, schenkt er ihm seinen Hasenpelz. Später stellt sich heraus, dass dies Pugatschow höchstpersönlich war. Als sein Heer die Festung besetzt, werden alle Offiziere, auch die Eltern Maschas, gnadenlos hingerichtet. Nur Grinjow wird verschont, da Pugatschow in ihm seinen Wohltäter erkennt. Mehr noch: Pugatschow hilft Grinjow, Mascha aus der Gefangenschaft zu befreien. Diese von ihm völlig unerwartete Barmherzigkeit (Mascha ist doch die Tochter seines überzeugten Gegners gewesen, des Hauptmanns der Festung) erklärt er u.a. mit seiner Dankbarkeit für Grinjows Barmherzigkeit, die er erfahren hat, als er selbst in Not war, obwohl eine solche Erklärung unzureichend zu sein scheint. Denn die Gnade, die Pugatschow ihm erweist, geht weit über Grinjows Verdienst ihm gegenüber (das Geschenk des Hasenpelzes) hinaus.

Doch das ist noch nicht das Ende der Geschichte. Pugatschows Barmherzigkeit wirkt nach außen unverständlich. Nach der Niederschlagung des Aufstands wird Grinjow des Verrats beschuldigt und, da er Mascha nicht mit hineinziehen will und sein gutes Verhältnis zu Pugatschow sonst nicht erklären kann, zu einer harten Strafe verurteilt und nur wegen der Verdienste seines Vaters nicht hingerichtet. Nun ist Mascha an der Reihe, ihn zu retten. Sie reist nach Sankt Petersburg und trifft sich dort mit der Kaiserin Katharina II., der sie, ohne sie zu erkennen, die ganze Geschichte erzählt. Die Geschichte ist alles andere als eindeutig, außerdem hat Mascha keinen einzigen Beweis für ihre Erzählung. So sagt sie selbst, sie suche nicht Gerechtigkeit, sondern Barmherzigkeit. Und diese wird ihr gewährt. Schon am selben Tag wird Grinjow begnadigt und in seine Rechte wieder eingesetzt. Dieser Akt der Barmherzigkeit hat keine sichtbaren Gründe. Zwar empfindet die Kaiserin auch Dankbarkeit gegenüber der Tochter eines Hauptmanns, der sein Leben in ihrem Dienst hingegeben hat; doch zunächst geht ihre Dankbarkeit nicht so weit, dass sie bereit wäre, auf ein gerechtes Urteil zu verzichten. Der Name Grinjows ruft bei ihr anfangs bloß eine negative Reaktion hervor: Er sei ein Verräter und könne nicht begnadigt werden. Erst nachdem Mascha ihr die ganze Geschichte mitgeteilt hat, ändert sich ihr Benehmen. Sie glaubt Mascha und verspricht ihr eine glückliche Wendung ihres Schicksals.

Die Geschichte Puschkins enthält einen wichtigen Aspekt, der nicht übersehen werden darf. Barmherzigkeit ist nicht völlig unmotiviert. Sie ist eine Gegengabe. Alle philosophischen Bedenken gegen die Gabe,[1] die auf Gegenseitigkeit gründet, müssen aus der Perspektive Puschkins zurückgewiesen werden. Die Gabe der Barmherzigkeit rechnet zwar nicht mit einer Gegengabe; sie entsteht jedoch nicht aus dem Nichts, sondern ist die Antwort auf das, was zuvor geschehen ist. Und doch wird sie nicht zu einem bloßen Ausgleich. Sie wird aus einer höheren Position, aus der Position eines Mächtigeren gewährt und muss sich deshalb steigern, um der Größe dieser Macht zu entsprechen. Die Barmherzigkeit bleibt somit nicht wie ein knappes Gut konstant, sondern sie wird, je mehr sie gewährt wird, desto

1 Vgl. Jacques Derrida, »Donner la mort«, in: Jean-Michel Rabaté / Michael Wetzel (Hrsg.), *L'éthique du don. Jacques Derrida et la pensée du don,* Paris 1992, 11-108.

größer. Sie wächst proportional zur Macht, die sie in die Tat umsetzt, und scheint umso größer zu sein, je unbegrenzter die Macht ist, die sie gewährt.

Dennoch scheint uns heute das Handeln einer solchen Macht das Gegenteil von Gerechtigkeit zu sein, selbst wenn es aus Dankbarkeit resultierende Barmherzigkeit bewirkt. Genau dies war Kants Bedenken: einen Unwürdigen zu begnadigen sei genauso schlimm wie einen Unschuldigen zu verurteilen; aber auch einem Unschuldigen Barmherzigkeit zu erweisen sei mehr als seltsam. Denn der Freispruch ist sein gutes Recht. Doch Puschkin zeigt mit seiner Geschichte eine seltsame Situation, die der Wirklichkeit allerdings viel näher zu kommen scheint als schematische Beispiele der Philosophie. In beiden Fällen – zunächst, wenn Grinjow von Pugatschow, und dann, wenn er von der Kaiserin begnadigt wird – wäre die Gerechtigkeit fehl am Platze. Denn die Frage, ob Grinjow schuldig oder unschuldig ist, hängt völlig von dem Urteilenden und seiner Perspektive ab. Pugatschow steht selbst außerhalb des Gesetzes. Aus staatlicher Sicht ist Schuld ihm gegenüber ein Verdienst, Freundschaft mit ihm gleicht einem Verrat. Was für eine Gerechtigkeit könnte Grinjow von ihm erwarten? Ebenso wenig könnte aber auch die Kaiserin Grinjow gegenüber gerecht sein. Selbst wenn alle Umstände seines Verhältnisses zu Pugatschow nachgewiesen werden könnten, würde seine Unschuld mehr als zweifelhaft sein. Nur wenn man die Geschichte *von innen her* kennt, weiß man, dass er richtig gehandelt hat, aber richtig nicht angesichts eines formalen Gesetzes, sondern richtig den konkreten Menschen gegenüber, richtig nach dem »Gesetz« der Barmherzigkeit.

Dies sieht die Kaiserin ein, und deshalb sagt sie, dass sie von seiner Unschuld überzeugt sei.

Die Macht ist also vonnöten, weil Gerechtigkeit weder in dem einen noch in dem anderen Fall griffe und weil keine formalen Regeln der Geschichte Grinjow gerecht werden könnten. Die Macht lässt Barmherzigkeit walten, nicht nur weil sie die Schuld vergeben kann, sondern auch weil sie der Not entgegenkommen will – dort, wo die Gerechtigkeit versagt. Aber was bedeutet das für die Macht selbst?

Die Macht ist eine rätselhafte Größe, die zu messen eine extrem schwere Aufgabe ist. Warum ist sie das? Weil Macht nur im Nachhinein erkennbar wird. Sie ist die Unterstellung gewisser Möglichkeiten, etwas zu tun oder zu lassen bzw. die anderen zu etwas zu bewegen oder von etwas abzubringen. Doch die Möglichkeiten stehen nicht fest. Darum steht die Macht stetig vor einer Herausforderung: Sie muss riskiert werden. Und je größer das Risiko ist, desto größer sind auch die Chancen, dass die Macht wächst.[2] Gerade deswegen bedarf die Macht der Barmherzigkeit. Diese zeigt, dass sie über alle Möglichkeiten hinaus noch andere, neue Möglichkeiten auftun kann. Mehr noch: Die Barmherzigkeit ist die riskanteste, aber auch die vielversprechendste Probe der Macht.

Barmherzigkeit kann – gewiss – auch als ein Zeichen von Schwäche verstanden werden. Denken wir an ein anderes Beispiel aus der russischen Geschichte. Lew

2 Vgl. hierzu ausführlicher Ekaterina Poljakova, »Macht als knappes Gut. Überlegungen zu Luhmanns Machttheorie«, in: *Allgemeine Zeitschrift für Philosophie* 2016 (1), 7-31.

Tolstoi wendet sich an den Zar Alexander III. mit der Bitte, die Terroristen, die Mörder seines Vaters Alexander II., zu begnadigen. Er argumentiert dabei so, dass ein solcher Akt der Barmherzigkeit nicht nur die wahre Größe eines Herrschers offenbaren, sondern auch das geistige Klima im Land verändern würde – nach dem Wort des Evangeliums, dass man den Feinden vergeben soll. Der Aufruf Tolstois blieb ohne Folgen. Die Schuldigen wurden hingerichtet. Aus klaren Gründen: Man hatte Angst, dass die Barmherzigkeit in einem solchen Fall bloß als Schwäche angesehen würde, und hoffte, die Situation durch die Demonstration von Härte besser zu beherrschen. Russlands spätere Geschichte lehrt uns, dass dies nicht gelungen ist, dass umgekehrt die sogenannte »Reaktion« der 1880er Jahre den Weg zur Oktoberrevolution ebnete.[3] Was die Barmherzigkeit in diesem Fall gebracht und ob Tolstoi recht behalten hätte, werden wir leider nie erfahren.

Tolstois Aufruf zur Barmherzigkeit ist keine zufällige Episode in der russischen Geschichte. Sie zeigt den Zwiespalt der russischen Intellektuellen: Ist die Barmherzigkeit ein Zeichen der Schwäche oder der Stärke? Vergibt man den Feinden, weil man nicht anders kann, weil man schwach ist, oder aus anderen Gründen? Für Tolstoi selbst war es eine neu gefundene Wahrheit des

3 Sechs Jahre später, nachdem Tolstoi mit seinem Appell an die Barmherzigkeit gescheitert war, wurde ein anderer Terrorist, Alexander Uljanow, für ein geplantes Attentat auf Alexander III. hingerichtet. Sein jüngerer Bruder Wladimir wird in die Geschichte als Lenin eingehen, als Hauptfigur der Oktoberrevolution und des »Roten Terrors«. Der Tod seines Bruders gab Lenin den ersten Anstoß, sich der revolutionären Tätigkeit zu widmen.

Lebens, dass man nämlich auf dem Widerstand gegen das Böse das Leben nicht gründen könne, dass man auf Gerechtigkeitsansprüche völlig verzichten solle, um die Liebe walten zu lassen.

Ein anderer berühmter russischer Schriftsteller, Fjodor Dostojewski, widersprach ihm an dieser Stelle heftig. Er sah im Verzicht darauf, dem Bösen zu widerstehen, ein Zeichen der Schwäche, und empfahl den russischen Herrschern, Gewalt in Notfällen nicht auszuschließen, um ihre Macht zu steigern. Bemerkenswerterweise beriefen sich beide Schriftsteller mehrmals auf die Autorität Puschkins, besonders Dostojewski, der in seiner berühmten Puschkin-Rede diesen als Weltgenie pries, das der Welt die russische Seele offenbart habe.

Und doch könnte Puschkin mit seiner Geschichte der mehrfachen Barmherzigkeit viel tiefer als die beiden gegangen sein. Die Barmherzigkeit wird in ihr als Zeichen der Größe einer Macht gezeigt. Im Fall Pugatschows ist sie die Freiheit, anders zu entscheiden als die Umgebung es von ihm erwartet, und anders, als die Logik seiner eigenen vergangenen Taten es erwarten lässt. Sie ist die Probe seiner Macht, die, indem er sie besteht, deutlich zeigt, dass er sich, wie grausam seine Taten auch sein mögen, der Gerechtigkeit nicht völlig verschlossen hat und dass er, der ein Räuber und Dieb ist, sich sein Gespür für die wahre »kaiserliche« Größe bewahrt hat. Im Fall der Kaiserin ist die Barmherzigkeit eine Macht, die über die Gerechtigkeit hinausgeht. Doch deshalb ist sie nicht willkürlich, sie ist weder Milde noch Nachsicht. In ihr zeigt sich die größere Macht – die Macht, eine Möglichkeit zu öffnen, die von der formalen Gerechtigkeit her nicht vorgesehen und sogar ausgeschlossen ist: die Möglichkeit, konkrete und persönliche Umstände einzusehen, die »große« Geschichte der Mächtigen von den Nöten der »kleinen« Leute, der zwei sich liebenden jungen Menschen her zu beurteilen. Dadurch erweist sich die Macht der Kaiserin als höchste Gerechtigkeit: Sie eröffnet die Möglichkeit, die Gerechtigkeit selbst auf eine neue Stufe zu bringen – auf die Ebene konkreter Schicksalsfügungen.

Die Frage der Barmherzigkeit ist – so könnte man Puschkins Geschichte verstehen – entscheidend für die Macht. Zwar ist die bloße Macht, Entscheidungen zu treffen, die unerlässliche Bedingung der Barmherzigkeit, jedoch ist die Größe der Macht selbst von der Fähigkeit des Herrschers abhängig, das Risiko der Barmherzigkeit einzugehen. Und dieses Risiko ist groß. Denn wer die Barmherzigkeit riskiert, riskiert auch, dass dies als Zeichen von Schwäche gewertet wird, als Ohnmacht und Unvermögen, den Schuldigen zu bestrafen und so die Gerechtigkeit wiederherzustellen. Nicht Vergebung, sondern Vergeltung sei das Merkmal der starken Macht. Diese Vorstellung herrscht immer noch vor, auch im modernen Russland. Vielleicht tat sie das schon zu Puschkins Zeit. Von ihm wurde sie jedoch nicht geteilt. Denn für ihn war die Barmherzigkeit eine unüberbietbare Größe, ein Maßstab der höheren Macht – der Macht, die konkrete Lebenssituationen nicht übersieht und die auf sie nicht von draußen herabschaut, sondern sie von innen her zu verstehen sucht und deshalb allein ihnen gegenüber in einem höheren Sinn gerecht werden kann.

Und noch ein Gedanke Puschkins darf nicht unerwähnt gelassen werden. Beide Herrscher – die rechtmäßige Zarin Katharina II. und der Räuber Pugatschow – werden in seiner Geschichte einander unauffällig gleichgestellt. Sie beide handeln wie ein *Deus ex Machina*, indem sie furchtbare Ereignisse durch den Akt der Barmherzigkeit zu einer glücklichen Wendung führen. Sie zeigen dabei fast Allmacht – eine göttliche Macht, die nicht fürchten muss, dass ihre Barmherzigkeit als Schwäche verstanden wird. Dass dies für einen Menschen, wie hoch oder tief seine Position in der Gesellschaft auch sein mag, immer ein Risiko bleibt, kann so noch einmal umgedeutet werden: Nur wer die Barmherzigkeit riskiert, nur wer bereit ist, die mit ihr verbundenen Gefahren auf sich zu nehmen, kann der göttlichen Allmacht teilhaftig sein.

Petra Bahr

Erbarmen!

Von der Möglichkeit, neu anfangen zu können

Barmherzigkeit und Mitleid haben keine gute Presse. Bloß kein Mitleid, heißt es, denn wer Mitleid braucht, ist schwach, und wer auf die Großzügigkeit seiner Mitmenschen angewiesen ist, der ist ganz unten angekommen. Sich selbst nicht helfen können – das ist in einer Gesellschaft der Selbstdarsteller eine Demütigung ersten Ranges: buchstäblich ein Armutszeugnis. Für viele ist Barmherzigkeit auch ein veraltetes Konzept, eine Art historische Vorstufe zum verbrieften Recht auf Solidarität. Das Erbarmungswürdige kann so als legitimer Status kaschiert werden, auch wenn mit diesem Recht nach wie vor ein Eingeständnis der Schwäche und der Verletzlichkeit verbunden ist.

Wo früher Barmherzigkeit war, ist heute der Wohlfahrtsstaat, war vor Kurzem in einer Tageszeitung zu lesen, als sei diese Urtugend des Christentums eine Art Schwundstufe zur Klagemöglichkeit vor dem Bundessozialgericht – und damit obsolet. Der Artikel endete: Kämpfen wir für die Grundsicherung, dann brauchen wir nicht zurück zur Kultur der Barmherzigkeit. Vielleicht kommt aus diesem Geist auch die Frage eines Zehnjährigen im Religionsunterricht. Die Geschichte vom barmherzigen Samariter stand auf dem Stundenplan. Ein Glück, dass diese Kinder die bekannteste Story der Bibel noch kennenlernen und so mit der Urszene des Christentums vertraut werden. Doch die Deutung der Kinder sagt viel aus über den Geist der Zeit, in dem sie leben. Ein Mensch liegt verletzt am Straßenrand und die Passanten reagieren menschlich. Sie blicken zur Seite, weil sie Wichtiges zu erledigen haben, weil sie kein Blut sehen können, weil sie finden, das Opfer wird schon selber schuld sein. Vielleicht ein Betrunkener. Oder einer, der auch so schon in der Gosse liegt. Ausreden gab es immer schon. Das alles finden die Viertklässler so verständlich wie empörend. Dann kommt die Sprache auf den berühmten Samariter, der den Verletzten versorgt, obwohl dieser, hätte man ihn gefragt, diese Zuwendung vermutlich abgelehnt hätte. So wie vor einigen Wochen zwei syrische Flüchtlinge einen stadtbekannten Neonazi nach dessen Autounfall erstversorgten. Doch die Kinder fragen irritiert: »Wieso macht der das selbst? Wieso ruft er nicht den Notarzt?« Heute gibt es für alles Experten, auch für Barmherzigkeit.

Die Haltung, die sich mit Barmherzigkeit verbindet, ist gar nicht so leicht auszuführen, auch nicht für die, die sie zeigen wollen. Eine falsche Geste, ein unbedachtes Wort, und die Barmherzigkeit kommt von oben herab, als ostentative Hilfe mit dem unwillentlichen oder gar absichtlichen Ziel der Demütigung. Wo Barmherzigkeit im Spiel ist, ist nämlich die Scham nicht weit. Auch der Erbarmungswürdige hat Integritätsgrenzen. Gesten des Helfens können durchaus mit Würdeverlusten einhergehen. Physische und psychische Nacktheit ist nur schwer zu ertragen, wenn sie sich nicht vor den Blicken fremder Helfer schützen kann. Wenn die Demut die traurigste unter den christlichen Tugenden ist, so ist die Barmherzigkeit die heikelste unter den Tugenden. Sie muss auf Zehen gehen und braucht Fingerspitzengefühl. Güte verkommt in modernen Gesellschaften entweder zur Schlagzeile von Charity-Ladies, die quadratmetergroße Schecks in die Kamera halten, oder zur Neurose von Leuten mit Helfersyndrom. »Der braucht das Gefühl, gebraucht zu werden. Ist halt ein Gutmensch«, heißt es dann mit spitzer Zunge.

Doch wir können auf keinen Fall auf Barmherzigkeit verzichten. Sie ist nicht das Andere von Recht oder Ordnung, sie wächst in ihren Zwischenräumen. Deshalb ist die Gegenüberstellung von Ordnung und Barmherzigkeit (als kalkulierter Ordnungsverstoß) durchaus problematisch, weil Barmherzigkeit zur Ausnahme von der Regel verkommt. Die sozialen Errungenschaften einer Gesellschaft, die für die einsteht, die nicht für sich selbst sorgen können, entbindet nicht von der Haltung des Mitleids und des Erbarmens, auch wenn wir durch die Flüchtlingskrise und die Migrationsbewegungen in der Welt merken, dass es gar nicht so einfach ist, spontane Gesten der Barmherzigkeit mit langfristiger Hilfe zu verbinden. Die Frage, ob es eine naive Barmherzigkeit gibt, die neues Unrecht produziert, ist deshalb eine große und wichtige Frage, die mit der Frage zusammenhängt, wer denn der Nächste ist, dem gegenüber Barmherzigkeit zu zeigen die Einlösung des Liebesgebotes ist. Menschen sortieren die Welt in Verhältnisbestimmungen. Wer ist nah, wer nicht ganz so nah, wer fern und wer so weit weg, dass ich sein Elend gar nicht sehen kann?

Selbst die, die sich von nahem und fernem Unglück anrühren lassen, können die »Werke der Barmherzigkeit« per Dauerauftrag, Mitgliedschaft oder Sachspende delegieren. Die sieben Werke der Barmherzigkeit, die die Bibel nennt, beschreiben längst das Programm großer Hilfswerke und NGOs, die rund um den Globus, strategisch versiert und logistisch und politisch gut vernetzt, Hilfe bringen. Barmherzigkeit hat in der Moderne ihre Form verändert. Das ist eine Errungenschaft, die niemand kleinreden sollte. Als individuelle Haltung ist sie so aber möglicherweise viel schwerer einzuüben.

Die Haltung des Erbarmens zeichnet sich zuerst durch einen wachen Blick aus. Leiden will erkannt werden, auch wenn es sich verbirgt, aus Scham, Verlegenheit oder als kaschierte Unverletzlichkeit. Elend versteckt sich nämlich auch. Wo sind die Opfer moderner Wegelagerei? Wo liegen Verletzte im Graben? Die Kultur der Barmherzigkeit identifiziert zuerst, was Menschen leiden macht. Neue Notlagen zu erkennen und sich nicht abzuwenden, wenn noch gar kein funktionierendes System der Hilfe gefunden ist, wäre die eigentliche Kunst. Ohne Wagnis geht es deshalb nicht. Noch vor der helfenden Tat kommt die Berührung durch das, was dem Anderen zugestoßen ist, und zwar unabhängig davon, ob der, der auf dem Boden liegt, sein Elend selbst verschuldet hat. Barmherzigkeit sieht nämlich auch über Ursachen und Anlässe hinweg. Adolf Freiherr von Knigge bringt das in einem Aphorismus auf den Punkt: »Frage nicht, ob der Elende sein Elend verdient hat oder nicht.«

In der christlichen Tradition hat Barmherzigkeit noch eine Dimension, die im sozialkaritativen Blick auf den Menschen nicht aufgeht. Hier versteckt sich die theologische Spur einer Haltung, die meist als moralische ins Spiel gebracht wird. Ein kleiner Text im

Lukas-Evangelium eröffnet die ganze Fülle der Barmherzigkeit: »Richtet nicht, so werdet ihr nicht gerichtet werden. Verdammt nicht, so werdet ihr nicht verdammt. Vergebt, so wird euch vergeben« (Lk 6,37). Wie zur Erläuterung wird das berühmte Bild vom Splitter im Auge des Bruders eingeführt, auf den wir zeigen, während wir den Balken im eigenen Auge nicht sehen. Kurz: Erbarmen ist die Haltung der Vergebung. Diesen Notstand kann kein Hilfswerk der Welt für uns übernehmen. Ohne unsere eigene Haltung geht es nicht. Die wahre Erbarmungslosigkeit liegt in der Brutalität der Urteile über andere.

Wir empören uns zu Recht über die Todesstrafe, doch die sozialen Strafen, die wir selbst verhängen, können im äußersten Fall fast so drastisch sein. Wir ächten und stellen an den Pranger – mit den verfeinerten medialen Methoden und digitalen Strategien, die wir im Alltag in der Hand haben. Ein »like«, ein böser Kommentar, ein Klick, fertig ist der Andere. Was können wir anderen nicht alles nachtragen. In jedem neu aufgebrochenen Kleinkonflikt heißt es dann: »Was du mir damals angetan hast!« Wer einmal einen Fehler gemacht hat, sitzt oft jahrelang in der Falle. Und die schnappt dann zu, wenn der Vorfall beinahe vergessen ist. Das kann so mürbe machen wie ein Gefängnis. Reflexhaft kommt immer wieder jemand auf den Fehltritt zu sprechen. Wer hier auf Erbarmen hofft, ist schiefgewickelt. Recht muss man haben, und wer sich im Recht fühlt, will keine Gnade walten lassen.

Die Seelennöte, die aus unvergebener Schuld erwachsen, türmen sich nicht nur vor unseren Türen auf. Sie wachsen im eigenen Wohnzimmer. Es ist nämlich schwer, Erbarmen zu zeigen und zu vergeben, wo man verletzt worden ist. »Das vergesse ich nie!« ist nicht nur ein Spruch, den man dem anderen vor Wut entgegengeschleudert. Es ist dazu auffällig, dass Menschen, die besonders unerbittlich mit anderen sind, oft sehr großzügig mit eigenen Schwächen umgehen. Da der Splitter, hier der Balken. Für die Philosophin Hannah Arendt ist die Möglichkeit, verzeihen zu können, die großartigste Gabe, die der Mensch hat. Vergeben können heißt nämlich, noch einmal neu anfangen zu können. Wer sich des Anderen erbarmt, wer aus der Spirale der vorwurfsvollen Blicke und spitzen Bemerkungen auszubrechen in der Lage ist, der spricht mit der Vergebung nicht nur den Anderen frei. Vergebende befreien auch sich selbst. Die Luft, die vorher stickig mit Vorhaltungen und Verdächtigungen war, ist wieder klar und frisch.

Doch Vergebenkönnen ist gar nicht so einfach. Denn Vergeben ist nicht Vergessen. Wenn Gras über eine Sache gewachsen ist, besteht immer noch die Gefahr, über diese Sache zu stolpern. Vielleicht ist das, was in der Latenz bleibt, sogar noch größer als eine offensichtliche Verletzung. Vergebungsbereitschaft braucht Erfahrungen mit Vergebung. Sie ist bei denen besonders ausgeprägt, denen schon vergeben worden ist. Vergebungserfahrungen zu sammeln ist deshalb ein wichtiges Erziehungsziel. Das setzt natürlich voraus, dass auch Eltern ihre Kinder um Verzeihung bitten können. Ein offenes Wort der Reue, eine Aussprache, eine Umarmung, die auch noch Tränen der Scham und der Verletzung zulässt. Entspanntes Lachen. Vergebung gibt Beziehungen eine Geschichte mit Tiefpunkten und Höhepunkten.

Versöhnung macht Bindungen stark. Vielleicht ist Barmherzigkeit manchmal weniger eine Frage des Gefühls als der Disziplin. Nur so wird das Gerede von der Liebe konkret, als Haltung, die sich zur Not auch gegen die eigene Kleinlichkeit richtet. Die Freude an dem, was sein soll, macht das Vergebenkönnen allerdings leichter. Diese Freude ist die Fantasie der Christen. »Mir ist Erbarmung widerfahren«, heißt es in einem alten Kirchenlied. Der christliche Gott ist großzügig. Das Bild, das die biblischen Zeugen von ihm zeichnen, ist durch und durch von Barmherzigkeit bestimmt. Gott trägt nichts nach und stürzt sich restlos, ohne Wenn und Aber, in jeden neuen Anfang, als wäre nichts gewesen. Neuanfänge sind seine Spezialität. Die ganze Bibel liest sich wie ein Drama aus Schuld, Vergebung und Neubeginn. In einer Gesellschaft, die sich selbst nachgerade hysterisch mit Vorwürfen, Schuldzuweisungen, Rechthaberei und Beleidigungen überzieht, anstatt mit Versagen und Fehleinschätzungen offen umzugehen, führt die Haltung der Barmherzigkeit vielleicht auf den Weg der dringend notwendigen Neuanfänge.

Martin W. Ramb

Barmherzigkeit verwandelt

Ein biblisches Road-Movie

> Es gibt nur eine Gefahr, nämlich die, dass keine Barmherzigkeit geübt wird; selbst wenn aller Not abgeholfen würde, ist doch deshalb nicht entschieden, dass es durch Barmherzigkeit geschehen wäre, und falls das nicht der Fall war, wäre dieses Elend, dass überhaupt keine Barmherzigkeit geübt wurde, größer als alle zeitliche Not.[1]
>
> Sören Kierkegaard

Von einer Begegnung auf Augenhöhe kann im Gleichnis vom barmherzigen Samariter sicher nicht die Rede sein. Die Linie ist vielmehr absteigend. Die Beziehungen asymmetrisch. Macht trifft hier auf Ohnmacht: Ein Mann wird auf seinem Weg von Jerusalem nach Jericho Opfer eines schweren Raubüberfalls und bleibt halb tot im Staub liegen. Wir erfahren nicht viel über diesen Reisenden, nicht einmal seinen Namen, weder seine Herkunft noch seinen Beruf. Er ist ein namenloses, stummes Opfer, das nicht einmal um Hilfe schreit, als ein Priester und später ein Levit des Weges kommen und an ihm vorübergehen. Dieser biblische Jedermann bleibt,

1 Sören Kierkegaard, *Der Liebe Tun. Etliche christliche Erwägungen in Form von Reden*, Simmerath 2003, 359.

bis das Gleichnis zu Ende erzählt ist, stumm, vollkommen passiv – er ging, fiel unter die Räuber und schwieg. Kein Wort des Dankes an seinen Retter wird uns übermittelt, kein Wort beim Abschied in der Herberge.

Warum er schwieg, wissen wir nicht. War er so schwer verletzt, dass er nicht sprechen konnte? Oder wollte er über das Erlebte mit seinem Retter aus Samarien nur nicht reden – über die Heimtücke und Brutalität der vermummten Straßenräuber, die ihr Gesicht aus Furcht, vielleicht erkannt oder wiedererkannt zu werden, vor ihm verbargen? Es kann ihm auch die Sprache genommen haben, als er – zusammengetreten, sich vor Schmerzen krümmend, den Tod fürchtend – nach Luft rang, mit seinen blutunterlaufenen Augen den Horizont nach einem Menschen, der ihm endlich die notwendende Hilfe bringen würde, absuchte und dann so bitter enttäuscht wurde. Sein sehnliches Warten, das zweifelnde Hoffen auf einen Menschen, der ihm begegnet wie ein Mensch, der ihn rettet, noch bevor sein Wille, das Erlittene mit letzter Kraftanstrengung zu überleben, gebrochen war, war zunächst vergebens. Denn das Unfassbare trat ein: Gleich zwei Männer, ein Priester und ein Levit, kamen des Weges, sahen ihn in seinem ganzen Elend und gingen einfach weiter, machten sich aus dem Staub und verschwanden rasch in der Ferne. Keine Hand, die sich nach ihm ausstreckte, die seine Wunden verband und ihn aufrichtete, nur ein flüchtiger, von oben musternder kalter Blick traf ihn und stieß ihn zurück, zurück in den Staub. Wollte er schreien, so wäre ihm der Aufschrei in der Kehle sicher steckengeblieben. Schwer verwundet an Körper und Seele blieb er zurück. Alleingelassen mit seinen zum Himmel schreienden

Schmerzen. Am Nullpunkt seines Lebens angekommen. Seinem Schicksal preisgegeben.

Mysterium der Ethik

Für Bertolt Brecht würde sich bis hierher auf dem Weg von Jerusalem nach Jericho nur ein Gesetz in der Geschichte der Menschheit wiederholen und damit wieder einmal von Neuem bestätigen, das die »Dreigroschenoper« in ihrem lakonisch-ironischen Ton treffend auf den Punkt bringt: »Denn die einen sind im Dunkeln und die andern sind im Licht und man siehet die im Lichte, die im Dunkeln sieht man nicht.« Der zynische Abgesang des Ganoven Mackie Messer auf die Menschlichkeit erfasst aber nicht die ganze Wahrheit unseres Gleichnisses. Der vermeintliche Nullpunkt wird nämlich durch den Mann aus Samarien zum Wendepunkt der Geschichte, weil er den im Dunklen Liegenden sieht, vom Schmerz des Anderen berührt und bewegt wird, sich ihm zuwendet und hilft. Er übt Barmherzigkeit und begründet damit eine Urszene ethischen Handelns, die für den Philosophen Arthur Schopenhauer letztlich nicht restlos rational erklärbar ist. Schopenhauer spricht in diesem Zusammenhang daher erstaunlicherweise von einer mystischen Tat:

> Jede ganz lautere Wohltat, jede völlig und wahrhaft uneigennützige Hilfe, welche, als solche, ausschließlich die Not des Andern zum Motiv hat, ist, wenn wir bis auf den letzten Grund forschen, eigentlich eine mysteriöse Handlung, eine prakti-

> sche Mystik, sofern sie zuletzt aus der selben Erkenntnis, die das Wesen aller eigentlichen Mystik ausmacht, entspringt und auf keine andere Weise mit Wahrheit erklärbar ist.[1]

Helfen und Beistehen sind demnach keine selbstverständlichen Handlungsweisen, die sich von ganz alleine einstellen. Wäre das der Fall, hätte es nicht des Gleichnisses bedurft, um uns dieses »Mysterium der Ethik« (Schopenhauer) vor Augen zu stellen. Das wahre, freie, helfende Handeln gegenüber dem Schwachen und Schutzlosen, der nichts zu geben hat, ist eine sittlich hoch anspruchsvolle Tat, die uns zum Grund unseres Menschseins führt. Lassen wir nochmals Arthur Schopenhauer zu Wort kommen:

> Denn dass Einer auch nur ein Almosen gebe, ohne dabei auf die entfernteste Weise etwas Anderes zu bezwecken, als dass der Mangel, welcher den Andern drückt, gemindert werde, ist nur möglich, sofern er erkennt, dass er selbst es ist, was ihm jetzt unter jener traurigen Gestalt erscheint, also dass er sein eigenes Wesen an sich in der fremden Erscheinung wiedererkenne.[2]

Die Begegnung auf Augenhöhe fängt also mit dem Sehen, genauer mit dem bewussten Hinsehen an, das im

1 Arthur Schopenhauer, *Preisschrift über die Grundlage der Moral*, in: *Arthur Schopenhauer's sämmtliche Werke*, herausgegeben von Julius Frauenstädt, 2. Auflage, Band 4, Leipzig 1919, 273.
2 Ebenda.

fremden Anderen das Zerbrechliche und Bedrohte im Eigenen erkennt und dadurch einen Raum des Mitgefühls, des Erbarmens oder eben der Barmherzigkeit eröffnet und so schließlich zur Not wendenden alles entscheidenden Tat drängt. In dieser Empathiezone ist das Nähe-Distanz-Verhältnis zwischen dem Notwendenden und dem Noterleidenden eindeutig auf Zuwendung gestellt – jenseits einer helfenden Verzweckung, die am Notleidenden nur »etwas« demonstrieren will – und sei es am Ende die eigene Selbstlosigkeit.

Performanz der Liebe

Leider erfahren wir in unserem kleinen biblischen »Road-Movie« nichts von der Qualität der Beziehung der beiden Männer, die einander auf der Straße nach Jericho begegnen und eine intensive menschliche Erfahrung miteinander durchleben, die sie beide sicher am Ende der Geschichte verändert hat. Dass dem halb Totgeschlagenen durch die Hilfe des Mannes aus Samarien Barmherzigkeit zuteilwurde, setzt das Gleichnis als selbstverständlich voraus. Hat aber das Opfer auch eine Chance, barmherzig zu sein, selbst wenn es augenscheinlich nicht das Mindeste zu geben hat und ganz allein und einseitig Barmherzigkeit im Gleichnis zu empfangen scheint? Oder beschreibt unser »Road-Movie« doch am Ende nur ein asymmetrisches Verhältnis in Bezug auf Barmherzigkeit?

Wenn ein barmherziges Handeln im Sinne des dänischen Philosophen und Theologen Sören Kierkegaard mehr ist, als dass der »Not auf jegliche Weise abgeholfen werde« im Sinne einer Erste-Hilfe-Handlung am Unglücksort, dann stellt sich die Frage, worin der Kern wahrer Barmherzigkeit denn am Ende besteht. Mit Kierkegaard können wir antworten, dass es darauf ankommt, dass sie *geübt* wird. Es geht also um eine Performanz der Liebe, die die Liebe zum Nächsten nicht nur glaubt, sondern tut, selbst wenn sie auf den ersten Blick »nichts zu geben hat und nichts zu tun vermag«.[3] Die Liebe zu tun, erschöpft sich demnach nicht in der großen, für alle sichtbaren Tat, sondern beginnt mit der inneren Teilnahme für den Anderen in einer Öffnung und Zuwendung im Modus der Demut. Jeder Mensch, der Glückliche und Reiche wie der Elende und Arme, kann Barmherzigkeit üben.[4] Womit dann auch die eingangs problematisierte Asymmetrie vom Geben und Empfangen nicht verschwunden, aber doch in guter Weise »aufgehoben« ist.

Eine so verstandene Barmherzigkeit verwandelt. Nicht nur den immer schon als »barmherzig« apostrophierten Mann aus Samarien, den »Helden« des Gleichnisses, sondern auch den unter die Räuber gefallenen Jedermann, das Opfer. Beide Männer sind einander zu-

3 Sören Kierkegaard, Sören, *Der Liebe Tun. Etliche christliche Erwägungen in Form von Reden*, 363.

4 So fragt Kierkegaard: »Was ist wohl am barmherzigsten, entweder der Not anderer mächtig abzuhelfen, oder durch stilles und geduldiges Leiden sich davor zu bewahren, daß man die Freude und das Glück anderer nicht zerstöre? Wer von diesen beiden hat am meisten geliebt: der Glückliche, der mit dem Leiden anderer Teilnahme empfindet, oder der Unglückliche, der mit der Freude und dem Glück anderer wahre Teilnahme empfindet?« (Sören Kierkegaard, *Der Liebe Tun. Etliche christliche Erwägungen in Form von Reden*, 359).

gewandt, sie bestimmen ihre vertrauten Grenzen des Gebens und Empfangens, aber auch das Maß der zugelassenen Nähe und Distanz zum Anderen neu. Der Mann aus Samarien kann versuchen, sich innerlich für die Sprache des Schmerzes seines Gegenübers aufzuschließen und durchlässig zu machen, um sich so in das Leid des Anderen einzufühlen und dem Schwerverletzten gerade auch wegen der erfahrenen körperlichen Nähe und Versehrtheit mit Respekt und Demut zu begegnen. Das schwerverletzte Opfer kann trotz seiner bedrohlichen Lage lernen, dass sich seine Opferrolle zusammensetzt aus dem, was ihm widerfahren ist, und dem, was es daraus macht. Sein Leid und sein Schmerz können ihn gegenüber anderen verschließen, aber ihm auch Kraft verleihen, sich in seiner Schwachheit dem Anderen zu öffnen und die angebotene Hilfe als echte Gabe und nicht als bloßes Almosen anzunehmen.

Wenn es den beiden Männern gelingt, sich in dieser schwierigen Situation so auf Augenhöhe zu begegnen und ihre »Köpfe herzgleich schlagen« (David Foster Wallace) zu lassen, dann hat Barmherzigkeit als Tugend ihre Wirklichkeit verwandelnde Kraft entfaltet und zugleich den Blick auf die Welt korrigiert, in der Abgrenzung und Selbstbestimmung zu Inbegriffen gesellschaftlichen Strebens geworden sind.

Alfred Denker

Begegnung mit einem Menschen

Wie so oft war ich unterwegs vom Hauptbahnhof in Amsterdam aus und lief am Damrak entlang in Richtung Rembrandtplatz: Auf der einen Seite strömt der Kanal bis zur Börse von Berlage, auf der anderen Seite befindet sich ein Mischmasch von Geschäften, Restaurants, Kaufhäusern und Hotels. Die vergangene Zeit der Glorie der Stadt grüßt die Errungenschaften des modernen, globalen Liberalismus. Meistens ging ich nur meinen Weg und achtete weder auf die in den Schaufenstern ausgestellten Verführungen noch auf die touristische Menschenmenge aus aller Welt. Van Gogh, Rembrandt und Anne Frank ziehen noch immer Unmengen Leute in die Stadt. Es war Herbst – grau, regnerisch und trüb – und wegen des Windes zu kalt. Vorerst sah ich sie nicht und lief einfach, wie so viele andere, an ihr vorbei, als ob sie gar nicht da gewesen wäre. Vielleicht konnte sie in ihrer Anwesenheit eigentlich nur abwesend sein. Wenn einer auf dem Weg zum Van Gogh Museum ist – oder auf der Suche nach der letzten Mode –, dann sieht er sie nicht, weil sie für Passanten buchstäblich uninteressant ist. Sie war nur da als ein Gegenstand, der im Weg stand oder an dem man so schnell wie nur möglich vorbeikommen möchte. Sie stand genau vor dem Schaufenster eines Ladens, in dem man Designer-Taschen kaufen kann, die mehr Geld kosten, als ein normaler Mensch in einem Monat verdient. Eigentlich sollte sie nicht da sein, weil ihre Anwesenheit störend und belästigend war. Wenn einer für seine Geliebte eine Designer-Tasche kaufen will, möchte er nicht daran erinnert werden, dass es Menschen gibt, die Kartons ihr Zuhause nennen. Und ich wollte nur so schnell wie möglich zur Buchhandlung gehen, um mir einen neuen spannenden Titel zu besorgen.

Ich wollte schon einfach an ihr vorbeilaufen, als ich ihr Gesicht sah. Sie war alt, ihre nassen Haare klebten an ihrem freundlichen Gesicht mit Falten, die an ein hartes und mühsames Leben erinnerten. Sie hatte hellblaue Augen. Ihr Gesicht schaute mich interessiert und lächelnd an. Ihre Kleider waren alt und abgenutzt. Neben ihr stand eine Einkaufstasche, in welcher sich ihre wenigen Besitztümer gesammelt hatten. Sie war eine von den Frauen, die nach jeder Erniedrigung und jedem Rück- und Schicksalsschlag wieder aufstehen und einfach weitermachen. Sie machen immer weiter, nicht weil sie irgendwo ankommen möchten, sondern weil sie wissen, dass sie hier nicht bleiben können. Vor ihrem Bauch hielt sie mit einer Hand ein aufgeschlagenes Heft. Mit einem schwarzen Kugelschreiber hatte sie ihrer Verzweiflung Ausdruck verliehen, aber auch ihrem Mut. Mit zitternden Fingern hatte sie darin, einen Buchstaben nach dem anderen, ihre Botschaft, die langsam durch das Regenwasser ausgewischt wurde, gezeichnet: *Kümmert euch um einander.* Erst dann bemerkte ich, dass tatsächlich niemand auf sie achtete – es war, als ob sie nicht existierte.

Früher trafen die Passanten am Freitagabend ihre Großmutter im Alten- oder Pflegeheim noch zu einem

Kaffee mit Kuchen. Heute ist es so viel leichter, seinem Interesse über Internet oder auf Skype Ausdruck zu verleihen. Man kann sich dann auch den immer etwas peinlichen Besuch sparen und braucht keinen schlechten Kaffee zu trinken und keinen zu schweren Kuchen zu essen. Da man sich gemeldet und nach dem Wohlbefinden der Großmutter gefragt hat, kann man mit reinem Gewissen – man hat doch seine dauernde Liebe bezeugt – einkaufen oder ins Kino gehen. Doch die alte Frau war auch kein Teil der modernen digitalisierten Welt mit ihren iPhones, iPads oder Laptops. Eine Bettlerin wie sie, die nur ein Problemfall sein konnte, das der zuständige Beamte zeitweilig übersehen hatte, aber zweifellos bald entsorgen würde. In unserem Land braucht schon lange niemand mehr zu hungern.

Ich ging auf sie zu und gab ihr zwanzig Euro. Sie schaute mich an. »Das ist zu viel. Das kann ich nicht empfangen. Ich brauche dein Mitleid nicht.« Ihre Stimme war überraschend klar und voll. »Du gibst, um dein Gewissen zu beruhigen, damit du heute Abend in aller Ruhe mit Bier und Chips Fernsehen gucken kannst. Du kümmerst dich nicht um einen anderen Menschen. Alles, alles ist heute so kalt.« Ich steckte das Geld wieder ein und ging weiter auf meinem Weg. Wer dachte sie, dass sie war? Die Königin. Geben? Empfangen? Was ist das für Quatsch? Nach hundert Meter hielt ich an und drehte mich um. Ich sah sie immer noch an ihrer Stelle – einsam und verlassen. In dem strömenden Regen wartete sie noch vergeblich auf eine Geste der Barmherzigkeit. Auf einmal verstand ich, was sie gesagt hatte. Sie verwendete die Worte ihrer Muttersprache noch in ihrer ursprünglichen Bedeutung. Hatte sie nicht eigentlich die Wahrheit gesagt?

Ich wusste genau, dass ich gewöhnlich nur das Geld, von dem ich sicher war, dass ich es nie wirklich brauchen würde, spendete. Aber kann man das wirklich »schenken« nennen? Das Leid eines Menschen, der hungert, wird im Fernsehen benutzt, um Geld einzusammeln. Das schlimmste Leid wird zur Unterhaltung für Millionen Menschen, die zehn Euro verwenden, um eine Chance auf den Hauptpreis von 25 Millionen Euro zu haben. Das System, das uns erlaubt, Geld für Wohltätigkeit zu spenden, ist zugleich der Grund, dass derselbe Mensch mit seiner Frau und seinen Kindern in fünf Jahren wieder im Fernsehen benutzt werden muss, weil er noch immer genauso hungert wie vorher. Aber ist sein Leid wirklich nicht länger unser Problem, weil wir zehn Euro gespendet haben?

Ich lief wieder zurück zum Platz, wo die Frau noch immer ihre Botschaft, die sich durch den Regen in einen unlesbaren Tintenklecks geändert hatte, verkündete. Ich gab ihr meine Hand. »Ich bin Alfred. Darf ich Sie einladen zu einem Kaffee?« »Gerne«, antwortete sie, als sie meine Hand schüttelte. »Dieses Geschenk kann ich dankbar in Empfang nehmen. Ich heiße Elsy.«

Kurze Zeit später saß ich ihr gegenüber im Café »Zum ewigen Frieden«, wo ich öfters Gast war. Sie trank ihren Kaffee. »Gott ist tot, aber die Leute wollen es nicht glauben. Sie verlaufen sich in einer Zeit, die keine ›wahre Welt‹ mehr kennt. Von den beiden großen Geboten ist eines, die Gottesliebe, überflüssig geworden, aber sie fragen sich nicht, ob das eine gültig bleiben kann ohne das andere. Ziellos wandern sie in der längsten Nacht als Schatten der Menschen, die sie einst waren. Sie verbringen ihr Leben am Fließband, das die

Natur in Abfall verwandelt. Ihr Leben hat keinen Sinn mehr, und jedes höhere Ziel ist hinter dem Horizont verschwunden. Es gibt so viel Hass auf der Welt, so viele Lügen und so viel Gewalt. Sie sind die letzten Menschen, die keinen Zweck mehr erfüllen. Sie sind endlich so weit gekommen, dass ihr Heimweg verlorengegangen ist. Liebe, Wahrheit und Schönheit. Wissen sie noch, was das heißt? Und Zärtlichkeit, menschliche Wärme und Barmherzigkeit. Wenn ich die Gesichter von denjenigen sehe, die an mir vorbeilaufen, weißt du – oft denke ich, sie sind schon tot.«

Nachdem wir zwei Stunden später auseinandergegangen waren, ging ich nicht mehr zur Buchhandlung. Ich hatte in diesen zwei Stunden mehr vom Menschsein verstanden als ich jedem Buch hätte entnehmen können. Die großen Wahrheiten sind immer einfach. Als Mensch sind wir immer miteinander auf der Welt. Jeden Tag und jede Stunde begegnen wir dem Anderen oder der Anderen. Solange wir uns als Menschen, die immer füreinander wichtig und da sind, weil wir unsere Mitmenschlichkeit miteinander teilen, begegnen, wird es uns weniger schwerfallen, barmherzig zu sein. Vielleicht werden wir am Lebensende nur auf diese eine Frage eine Antwort schuldig sein: Warst du je barmherzig?

Doris Nauer

Barmherzig mit sich selbst?

Meine Oma war ein ganz besonderer Mensch. Viele Menschen hielten sie für herrisch, grantig und einfach für zu laut. Ja, so konnte man sie tatsächlich einschätzen – vorausgesetzt, man kannte sie nur oberflächlich. Wer ihr aber wortwörtlich näher kam, der konnte schnell feststellen, dass sich hinter der lautstarken Fassade eine lebenshungrige, lebenskluge, verletzliche und lebenslang sehr einsame Frau verbarg. Eine Frau, die es wahrlich nicht einfach hatte im Leben, denn dieses bestand hauptsächlich aus harter Arbeit. Schon als ganz junges Mädchen wurde sie von ihrem Vater »an Bauern verkauft«, um unter erbärmlichen Bedingungen als Magd rund um die Uhr für andere zu schuften und sich vom eigenen Vater das erwirtschaftete Geld wieder abnehmen zu lassen.

Dann traf sie auf meinen Opa und ihr Leben sollte sich in eine andere Richtung entwickeln. Dass er nicht ihre »große Liebe« war, erfuhr ich erst am Ende ihres Lebens. Nie werde ich vergessen, wie sie mich darum bat, sie in einen kleinen Ort in der Umgebung, den sie seit Jahrzehnten nicht mehr betreten hatte, zu fahren, weil sie dort so verliebt in einen jungen Mann war, der wohl auch ganz vernarrt in sie war, den sie aber nicht heiraten durfte, weil er doch »evangelisch« war. Wieso hatte sie nie davon erzählt? Wieso hatte es lange gedauert, dem nachzuspüren, was sie damals verspürt hatte? War es noch immer eine nicht vernarbte Wunde? Gesprochen haben wir an diesem Tag kaum etwas, denn ihre Erinnerungen konnte bzw. wollte sie nicht mit mir teilen. Wieso aber heiratete sie schon kurz nach der damaligen Trennung meinen Opa, der bereits in frühen Jahren seine Mutter verloren hatte und mit der ungeliebten Stiefmutter nicht zurechtkam? Was erhoffte sie sich von ihm? Das Leben mit ihm war jedenfalls alles andere als gemütlich. Ein Romantiker war mein Opa wahrlich nicht. Geliebt haben muss er meine Oma aber sehr, denn für die unstandesgemäße Heirat mit einer »bloßen Magd« musste er einen wahrlich hohen Preis zahlen: Enterbung und lebenslanges Verbot, den elterlichen Bauernhof jemals wieder zu betreten. Dass mein Opa treu zu meiner Oma stand, hat diese ihm bestimmt ebenso hoch angerechnet wie seinen unermüdlichen Einsatz dafür, ihr ein besseres Leben zu bieten. Geld verdienen, jeden Pfennig sparen, um ein Haus bauen zu können, Kinder bekommen – da blieb nicht viel Zeit für romantische Gefühle. Ich weiß nicht genau, wie viele Jahre meine Oma und mein Opa sechs Tage die Woche stets klaglos und stolz am Fließband standen, um sich ihren Traum vom eigenen Haus erfüllen zu können. Ich weiß aber, dass meine Oma oft davon geträumt hat, Urlaub zu machen und ferne Länder zu sehen, was sie aber nie in die Tat umgesetzt hat. Was ich zudem weiß und nie verstanden habe, ist, dass sie sich, als das Haus endlich abbezahlt war, manch schöne Dinge wie Geschirr oder Weingläser geleistet hat, die gut sichtbar im Schrank standen, aus denen jedoch nie gegessen oder getrunken werden durfte.

Wenn ich auf den Punkt bringen müsste, was meine Oma besonders auszeichnete, dann fällt die Entscheidung leicht: ihre enorme Großzügigkeit allen Menschen gegenüber. Kinder und Enkel wurden in all ihren Ausbildungen und Hobbys finanziell unterstützt; Nachbarn konnten darauf hoffen, Schmackhaftes aus dem Gemüsegarten oder vom jährlichen Schlachtfest abzubekommen; der Pfarrer der Katholischen Kirche konnte sich darauf verlassen, dass der Blumenschmuck an jedem Sonntag und Feiertag kostenlos geliefert wurde; wildfremden Menschen wurde, wenn dies nötig war, eine Mahlzeit und ein Bett angeboten. Dank war ihr dabei nicht immer vergönnt. Im Gegenteil: Oft schlug ihr sogar Undankbarkeit entgegen, die sie jedoch mit Großmut ertrug. Besonders enttäuscht und wütend jedoch war sie über den Dorfpfarrer. Als brave Kirchgängerin, die regelmäßig ihre schönsten Blumen lieferte und auch in den Kollekten keine Knausrigkeit an den Tag legte, musste sie die bittere Erfahrung machen, dass, als sie aus Krankheitsgründen keine Pflanzen mehr liefern und nicht mehr zur Messe gehen konnte, der Pfarrer sie nicht besuchen kam, weil er Wichtigeres zu tun hatte. Eine Erfahrung, die meine tiefgläubige Oma schwer in ihrem Glauben erschüttert hat. Gläubig nämlich, fast schon zu gläubig war meine Oma! Aufgewachsen unter strenger katholischer »Hirtenführung«, gab es im Blick auf Gott und die Kirche wahrlich nicht viel zu lachen. Statt der typisch christlichen Frohbotschaft wurde meiner Oma nahezu lebenslang eine den christlichen Gott verdunkelnde Drohbotschaft erzählt. Dass man sowohl im Diesseits als auch im Jenseits Angst vor Gott und seinen (Höllen-)Strafen haben muss und dass man nicht einfach so von Gott geliebt wird, sondern sich dessen Liebe erst durch entsprechende Leistungen erarbeiten muss, um sich das eigene Seelenheil im Jenseits zu sichern, prägte den Glauben nicht nur meiner Großeltern, sondern aller Dorfbewohner. Dass Gottes- und Nächstenliebe unlösbar zusammengehören, weshalb es gilt, seinem Nächsten Gutes zu tun, stand außer Frage. Barmherziges Handeln gegenüber Menschen in Not war deshalb unhinterfragte Christenpflicht. Barmherzigkeit gegenüber sich selbst dagegen stand nicht auf dem Programm. Dass gelebte Gottes- und Nächstenliebe jedoch eine gesunde Selbstliebe voraussetzt, diese religiöse Weisheit, die bereits Jesus seinen Mitmenschen nahezubringen versuchte, wurde uns in unserem kleinen bayerischen Dorf nicht von der Kanzel verkündet. War dies der Grund, warum meine Großeltern oftmals sehr unbarmherzig und gnadenlos mit sich selbst umgingen?

Habe auch ich die Botschaft gottgewollter »Unbarmherzigkeit gegenüber mir selbst« sozusagen mit der »Oma- und Muttermilch« aufgesogen? Bin ich aus religiösen Sozialisationsgründen in die Falle gerutscht, relativ unbewusst in leistungsbezogenen »Wenn-Dann-Kategorien« zu denken und mich hauptsächlich darüber zu definieren, was ich beruflich und privat erreiche? Prägt das Frohmachende des christlichen Glaubens tatsächlich meinen Lebensalltag? Strahle ich gottgewollte Fröhlichkeit und heitere Gelassenheit aus? Eine Frage, die wohl nur meine Mitmenschen beantworten können. Mir jedoch kommt zunehmend der Verdacht, dass ich zumeist anders wahrgenommen werde. Wäre es möglich, sich einfach dafür zu entscheiden, sich selbst mehr zu mögen und barmherziger mit sich selbst umzugehen, ohne dabei wiederum in eine Falle – diesmal aber in die narzisstischer Selbstzentriertheit – zu rutschen? Könnte das von Papst Franziskus ausgerufene »Jahr der Barmherzigkeit« vielleicht auch mich und viele andere Menschen dazu ermutigen, mich und uns selbst aus lebensfeindlichen Leistungskategorien zugunsten eines wirklich gottgewollten gelassenen und frohen Lebens im Hier und Jetzt aktiv zu befreien?

Armutserfahrungen in der Kindheit, Kriegserlebnisse, dörfliche Ausgrenzungserfahrungen, der Verlust eines Kindes, schmerzhafte Krankheiten, der Tod meines Opas und triste Jahre im Demenz-Dämmerzustand haben unauslöschbare Spuren im Gesicht meiner Oma, die in hohem Alter starb, hinterlassen. Könnte ich, könnten wir es hinbekommen, dass nicht Kummerfalten, sondern hauptsächlich Lachfalten mein und unser Gesicht bis ins hohe Alter schmücken?

Alfred Grosser

Kritik der Barmherzigkeit

Vom 8. Dezember 2015 bis zum 20. Dezember 2016: das Jahr der Barmherzigkeit, verkündet am 11. April 2015 in der Bulle *Misericordiae vultus.* Es soll gehen nach dem Psalm 25: »Denk an dein Erbarmen, Herr, und an die Taten deiner Huld, denn sie bestehen in Ewigkeit.«

So einfach ist das nicht. Der Gott der Bibel war ein Gott der Unbarmherzigkeit. Ein Gott der Gewalt und der Rache. Wie ich es in meinem Buch *Die Früchte ihres Baumes. Ein atheistischer Blick auf die Christen* erzählte, war ich bei meiner ersten Lektüre der Bibel zutiefst erschrocken wegen so viel Blutvergießens. Das Ende des Buches Esther, das Massaker nach der Eroberung von Jericho und sogar in den Psalmen: Wer liest heute noch die letzten Verse des berühmten Psalms 137 »An den Strömen von Babylon«: »Wohl dem, der deine Kinder packt und sie am Felsen zerschmettert.« Gott befahl die Vertreibung der Bevölkerung von Kanaan. »Sie zogen gegen Midian, wie Jahwe Mose geboten hatte, und machten alle männlichen Personen nieder.« Dann sagt Mose: »Tötet sofort alle männlichen Kinder, ebenso jedes Weib, das bereits mit einem Mann geschlechtlich verkehrt hat! Alle jungen Mädchen [...] lasst für euch am Leben.« Schlimmer noch – als erster Völkermord: »Er hat sie in der Wüste genährt und nachdem er sieben heidnische Völker im Lande Kanaan vernichtet hatte, gab er ihnen das Land zum Erbe.« Wenn ich meine Frau zur Osternacht begleite, so zucke ich jedes Mal zusammen, wenn die Liebe und die Größe Gottes durch den Tod der Ägypter bewiesen sein soll, vor allem, weil es ja vorher heißt: »Ich will das Herz des Pharao erhärten.« Er hätte es also auch erweichen können. Dabei sehe ich keinen großen Unterschied zwischen dem von Herodes befohlenen Töten der Neugeborenen und der zehnten Plage, dem Töten aller Erstgeborenen.

Später habe ich glücklicherweise die Ergebnisse der Bibelforschung zur Kenntnis genommen, dank aller Methoden, die Pius XII. in seiner schöpferischen Enzyklika *Divino afflante spiritu* im September 1943 gestattet und sogar empfohlen hatte. Nur dass ich bis heute nicht ganz verstehen kann, dass von jüdischer und christlicher Seite immer noch als Wahrheit gilt, was zum Glück die Forschung als Legenden oder Mythen darstellt. Das II. Vaticanum hat in *Dei verbum* verkündet: »Die Bücher der Schrift lehren treu und ohne Irrtum die Wahrheit, die Gott für unser Heil in den heiligen Schriften hat niederlegen wollen.« Also alle Werke der Grausamkeit …

Natürlich gibt es auch die schönen Stellen, davon mindestens zwei bei Jesaja. So das vierte Lied des Gottesknechtes, in dem dieser aus Barmherzigkeit die Sünden der Welt auf sich nimmt. Die bewegendste Stelle in Händels *Messiah* ist eben dieses »He was despised«. Aber vor allem steht bei Jesaja 58 zum Fasten, das Gott gefällt: Nicht die Rituale gefallen Gott, sondern »die Fesseln des Unrechts lösen, jedes Joch zerbrechen, an die Hungrigen dein Brot austeilen, die obdachlosen Armen ins Haus aufnehmen«, das heißt, Barmherzigkeit walten zu lassen.

Heute glaubt der Christ an den Gott der Liebe. Das Paradies ist nicht mehr ein Ort der irdischen Freuden, sondern das Glück des Gottliebenden, in die ewige Liebe Gottes aufgenommen zu werden. Aber ein Rückblick auf die Geschichte zeigt, dass die katholische Kirche nicht gerade Barmherzigkeit hat walten lassen. Karl der Große ließ Tausende von Sachsen köpfen, die nicht katholisch werden wollten. Die Kreuzfahrer haben Tausende Moslems bei der Eroberung von Jerusalem im Namen Christi niedergemetzelt und auch die Synagogen verbrannt, weil ja die Juden auf der Seite der Toleranten, d.h. des Islams, standen. In Konstanz wurde im Juli 1415 Jan Hus verbrannt. Im Kreuzzug gegen die »ketzerischen« Katharer wurde die Stadt Béziers 1209 erobert, und der Legat des Papstes konnte nach Rom schreiben: »Die Rache Gottes hat Wunder vollbracht: Wir haben sie alle getötet.« In seiner Rede in Regensburg hat Benedikt XVI. dem Islam vorgeworfen, seine Religion mit Gewalt zu verbreiten. Was hat denn die Kirche anders gemacht? In Mittelamerika war das Kreuz der Griff des Schwertes, das die Schädel der Eingeborenen zerschlug.

Wenn Gott, Christus oder die Jungfrau eingreifen, so ist die Barmherzigkeit oft begrenzt. Das Geheimnis von Fátima war, dass die Kugel (nun in der Krone der Heiligen Jungfrau) den Papst verschonte. Aber ein Dominikaner konnte nicht zu Unrecht im Jahr 2000 in *Le Monde* schreiben: »Es ist mir unerträglich zu hören, dass die Heilige Gottesmutter die Kugel ablenkte, die den Papst töten sollte, aber nicht den kleinen Finger erhoben hat, um der Vernichtung der Juden und der Versklavung von Millionen Schwarzen Einhalt zu gebieten.« Da stößt man allerdings an die Grundfrage des Übels und an die Grenzen der Eingriffe des barmherzigen Gottes.

Darf ich die Formulierung richtig finden, die in diesem Zusammenhang von Anatole France geschrieben wurde? »Entweder Gott will das Übel verhindern und kann es nicht, oder er kann es und will es nicht, oder er will es nicht und kann es nicht, oder er kann es und will es. Wenn er es will und nicht kann, ist er machtlos, wenn er es kann und nicht will, ist er pervers; wenn er es nicht kann und nicht will, ist er machtlos und pervers; wenn er es kann und es will, warum tut er es nicht?«

Von Sklaven ist im berühmten Passus des Galater-Briefs (3,28) die Rede. »Es gibt nicht mehr Juden und Christen, nicht Sklaven und Freie, nicht Mann und Frau, denn ihr alle seid einer in Christus Jesus.« Nur dass die Sklaven Sklaven bleiben. Der *Code noir* von Ludwig XIV., bis ins 19. Jahrhundert gültig, sagte sogar, dass die Sklaven katholisch getauft werden sollen und zugleich »bewegliche Sachen« seien, deren Kinder als Sklaven geboren werden. Die Frauen ihrerseits werden von der Kirche unbarmherzig behandelt. Die Frau, die auf der Synode sprechen durfte, berichtete dann, dass die Bischöfe ihr gar nicht zugehört hätten. In der Humor-Kolumne der katholischen Zeitung *La Croix* hieß es am 22. Oktober 2015: »Ledige Männer, die keinerlei persönliche, konkrete Erfahrung der Zustände haben, über die sie diskutieren, haben die maßlose Macht, über das Leben der Frauen und der Männer zu entscheiden, die zusammenleben. Ist das nicht merkwürdig?« Warum ist nun die Synthese der deutschsprachigen Arbeitsgruppe nicht bekannter geworden, in der es hieß: »In der falschen Bestrebung, um die Lehre der Kirche respektieren zu lassen, haben harte und unbarmherzig pastorale Haltungen Personen leiden lassen, insbesondere die ledigen Mütter, die unehelichen Kinder, die zusammenlebenden Personen vor oder außerhalb der Heirat, die Homosexuellen und die geschiedenen Wiederverheirateten. Als Bischöfe unserer Kirche bitten wir sie um Verzeihung.«

Viel Unbarmherzigkeit entsteht aus dem Glauben, die Wahrheit schlechthin zu besitzen. Zum Weltfriedenstag hat Johannes Paul II. am 1. Januar 2002 gesagt: »Die Wahrheit kann jedoch auch dann, wenn sie erlangt wird – und das geschieht immer auf eine begrenzte und vervollkommnungsfähige Weise –, niemals aufgezwungen werden.« Aber die Enzyklika *Veritatis Splendor* sagt das Gegenteil, und die katholischen Theologen dürfen nicht von der Wahrheit abweichen. Die Toleranz war keine katholische Tugend zwischen 383 (Kaiser Theodosius in Thessaloniki befiehlt als Katholik die Verfolgung Andersdenkender) und 1965, als der schöne Text *Dignitatis Humanae* jeglichen Zwang zum Glauben verbietet und jede »unehrenhafte Überredung, besonders wenn weniger Gebildete oder Arme« betroffen sind.

Was bedeutet nun heute die Barmherzigkeit? Nicht das Almosen, nicht das Gönnerhafte. Persönlich mache ich mir stets den Vorwurf, nicht zusammen mit den Barmherzigen zu wirken, die inmitten der Leidenden leben. Ich begnüge mich mit Spenden, z.B. an *ATD Quart Monde*, die Vierte-Welt-Bewegung, die von Pater Joseph Wrezinski gegründet wurde. Er hatte selbst die schlimmste Armut erlebt und ist bis zu seinem Lebensende inmitten der Slums geblieben. Aber man kann auch anders wirken. In dem schönen Film *Monsieur Vincent* (Der Heilige Vinzenz von Paul) von 1947 zeigt Maurice Cloche ein Gespräch zwischen Kardinal Richelieu und Vinzenz. Er schlägt ihm vor, *aumônier general* der Galeeren zu werden. Vinzenz lehnt ab, denn er will weiterhin bei den *galériens* bleiben. Daraufhin der Kardinal: »Dann können Sie an deren Schicksal nichts ändern.« Als der ehemalige Abgeordnete *Abbé Pierre* die Bewegung *Emmaus* gründete, gab er ihr als Lebensregel: »Wo immer Menschen leiden, versuche nicht nur, ihre Leiden unverzüglich zu lindern, sondern auch, ihre Ursachen zu beseitigen. Versuche nicht nur, die Ursache des Leidens zu beseitigen, sondern auch diese unverzüglich zu lindern.« Gerade solches versuchte der Erzbischof von Berlin, Kardinal Georg Sterzinsky, Mitglied des päpstlichen Rats für Migration. Er erreichte eine Gesetzesänderung im Bundestag und leistete viel direkte Hilfe (in Wirklichkeit schrieb für ihn die schöpferische und energische Schwester Cornelia Bührle, und er unterschrieb).

Das Leiden des Anderen anzuerkennen ist eine Voraussetzung dafür, Barmherzigkeit walten zu lassen. Der zukünftige Papst Kardinal Wojtyła hat 1981 in *Person und Tat* geschrieben: »Der Begriff des Nächsten berücksichtigt allein die Menschlichkeit des Menschen, die Menschlichkeit, die jedem anderen außer mir zukommt. Der Begriff des Nächsten schafft die breiteste Grundlage, die weiter reicht als irgendeine Andersheit. [...] Die menschliche Gemeinschaft ist also die Basis für jede andere Gemeinschaft.« Nur dass man, um dies zu verstehen und anzuerkennen, sich zunächst selbst befreien muss, nämlich zu seiner Gemeinschaft auf Distanz gehen muss. Johann Paul II. war nicht nur Mensch, sondern auch Katholik und Pole. Diese Distanzierung war nicht immer vollständig! Nach 1945 kostete es mich geistige Anstrengung, zu verstehen, dass man von keinem jungen Deutschen verlangen durfte, Hitlers Verbrechen voll zu verstehen, wenn man nicht ein echtes Mitgefühl für das Leiden der Seinen unter den Bomben auf Hamburg oder Dresden oder in der Vertreibung aus Schlesien oder dem Sudetenland empfand.

Hier begegnen sich Glaube und atheistischer Humanismus. Es gilt, nicht zu bevormunden, sondern den Anderen zu beeinflussen, auf dass er mehr Mensch werde, damit er den Anderen ohne Überheblichkeit barmherzig betrachten und behandeln kann. Dazu gehört oft Selbstüberwindung. So wie sie z.B. in der Kunst ausgeübt wird. Drei Beispiele, die übrigens Nicht-Christen betreffen: König Thoas in Goethes *Iphigenie auf Tauris,* der Sultan in Mozarts *Entführung aus dem Serail* und ein anderer Sultan in Lessings *Nathan der Weise.*

Am Ende von Goethes *Wilhelm Meister* heißt es: »Nun siehst du aus wie ein Mensch.« In der *Zauberflöte* sagt Sarastro von Tamino: »Er ist nicht nur Prinz. Er ist Mensch.« Die liberale jüdische Gemeinde von Brüssel wählt jedes Jahr *Le Mensch de l'année.* Das Motto des großen Jesuiten François Varillon lautete: »Agir pour que l'Autre soit et qu'il soit autre« / »Wirken auf dass der Andere sei und dass er anders sei.« Dass er als Mensch sei, aber nicht notwendigerweise wie ich – nur so helfe ich ihm, fähig zu sein zur Barmherzigkeit. Ob er nun kirchlicher Christ wird oder atheistischer Humanist, ist seine Freiheit.

Rupert Neudeck

Barmherzigkeit

November 2015

Als ich mich an diesen Aufsatz setzte, wurde mir das Unsinnige und Verkehrte meines Unterfangens klar: Man kann eigentlich nicht über Barmherzigkeit reden, schreiben, predigen. Man kann Barmherzigkeit nur tun. Vielleicht kann man beschreiben, was einem und mit einem geschieht, wenn man es schafft, richtig Barmherzigkeit zu leisten und zu tun. Deshalb beginne ich den Text mit einem schlechten Gewissen. Vielleicht ist es nur ein Text darüber, dass es keinen weiteren Text dazu geben soll, jedenfalls nicht von mir, sondern nur noch die tuende Barmherzigkeit. Wo man hinpackt, wird es mit unserer Behörden-, auch der kirchlichen Behörden-Sprache verhext. Das Zentralkomitee der Katholiken hat formuliert: Ohne Barmherzigkeit »geht die motivationale Grundlage für die Sozialgesetzgebung verloren. Ohne sie werden neue Notlagen überhaupt nicht entdeckt.« Im Gegenteil: die Hunderttausenden von Helfern, die den Flüchtlingen in Deutschland helfen, haben schon viel mehr entdeckt, als die Sozialgesetzgebung und die Zuständigen je erlaubt hätten. Deshalb ist die alte Sprache oder die Sprache der alten Verkündigung sehr gut, weil sie mich in den Bauch oder vors Schienbein tritt. Die sieben leiblichen Werke der Barmherzigkeit sollen wir tun:

Die Hungrigen speisen; den Dürstenden zu trinken geben; die Nackten bekleiden; die Fremden aufnehmen; die Kranken besuchen; die Gefangenen besuchen; die Toten begraben.

Das, was mich sprachlos lässt, wenn ich das wieder höre: Daran ist nichts falsch, auslegungsbedürftig oder hermeneutisch verkehrt, daran ist alles richtig. Auch die geistigen Werke der Barmherzigkeit sind von solch bezwingbarer Klarheit:

Die Unwissenden lehren, den Zweifelnden recht raten; die Betrübten trösten; die Sünder zurechtweisen; die Lästigen geduldig ertragen; denen, die uns beleidigen, gerne verzeihen; für die Lebenden und die Toten beten.

Man sollte meinen, Barmherzigkeit sei etwas so unbestreitbar Klares, Wichtiges, von niemandem in Frage Gestelltes, sei ein sich immer schon spontan einstellendes Phänomen, dass man sich an den Kopf fasst, wenn man von Erfahrungen hört oder liest, die etwas anderes besagen. Schon das Wort hat einen inhaltlichen Reiz, weil in ihm alles mit dem Herzen zusammenhängt, weniger mit dem Kalkül, schon gar nicht mit dem Gewinn-Kalkül oder dem Karriere-Kalkül. Man hört den unvergesslichen Satz von Blaise Pascal raunen: »Le cœur a ses raisons que la raison ne connaît pas!« Dieser Satz ist erst mal nur französisch verstehbar, weil er mit den beiden Bedeutungen von »raison« jongliert. »Raison« heißt Grund und auch Verstand. »Das Herz«, so Pascal in seinem Gedanken über Barmherzigkeit, »hat Gründe, die der Verstand nicht kennt.« Auch die etymologische

Herleitung erfreut wie kaum bei einem anderen Wort, sie setzt auch keine Fremdsprache voraus wie bei Sympathie oder Empathie. Das Wort Barmherzigkeit hat gewiß so etwas, was Politiker gerne hätten: Popularität. »Barmen« war im Althochdeutschen das Wort für Jammern, Klagen, Lamentieren. Aber das Herz ist der Kern des Wortes, das keine Ergänzung bräuchte, auch nicht durch die politisch korrekte Sprache, die ja ein Wort nur noch dadurch adelt, dass es ihm das schmückende Vorwort: »nachhaltige Barmherzigkeit«, zuweist. Aber, so können wir uns verständigen, das Wort und der Bedeutungsinhalt von Barmherzigkeit brauchen kein auszeichnendes und unterscheidendes Attribut.

Der Mensch, der da hilflos aus dem Wasser gezogen wird, der an Bord gehievt wird mit der Plattform, der noch gar nicht richtig realisiert hat, was er alles aufgegeben hat durch diesen ungeheuer martialischen Entschluss, alles Vertraute aus dem Land und dem Dorf der Geburt einfach zu verlassen, nur um der Freiheit und des Vorankommens der eigenen Kinder willen. Man sieht ihn, wie er mit einem unendlichen Glücksgefühl seine Rettung preist.

Man wünscht sich, dass Barmherzigkeit eine Haltung ist, die selbstverständlich ist, die nicht eingefordert werden muss, die einfach immer schon an allererster Stelle da ist. So, wenn die Menschen, Syrer und Afghanen, jetzt auf Schlauchbooten in der Nacht das Ufer des sicheren Europa erreichen, an dieser eigenartigen Meerenge zwischen Europa und Asien, genannt Lesbos. Dort an der Küste von Sakla Sikaminias stehen wir, können nur hinlaufen zu dem steinigen Ufer, wo die Fracht, die menschliche Fracht sich ablädt. Können weinende Kinder in den Arm nehmen, vor Freude weinende Mütter ebenfalls beruhigen und ihnen die Hand halten. Dann können wir ihnen einen warmen Tee und eine warme Suppe geben. Dann können sie, weil sie in der Nacht gekommen sind, in den wenigen Zelten erst einmal übernachten, die eine Hilfsorganisation aufgebaut hat. Die Hungrigen speisen; den Dürstenden zu trinken geben. Genau das geschieht dort.

Ja, das alles geht so, als ob man nur sagen kann: Das ist das Einfachste, aber auch das Schönste von der Welt. Aber nein, es ist nicht so. Ich lese in einer Untersuchung des »Deutschen Krieges« des australischen Historikers Nicholas Stargardt: Am 20. Januar 1945 gab der Gauleiter von Niederschlesien, Karl Hanke, den Befehl, Breslau zu evakuieren, da schafften es der zehnjährige Jürgen Illmer und seine Mutter, sich in einen Zug zu zwängen, der Breslau verließ und sie in das noch sichere Sachsen brachte. In Leipzig halfen ihnen Hitlerjungen und Rot-Kreuz-Schwestern durch das Gedränge auf den Bahnsteigen, als sie Schutz vor einem Luftangriff suchten. Dabei sah Jürgen »auf dem benachbarten Gleis einen offenen Güterzug voll regloser, schneebedeckter Gestalten in gestreifter Kleidung und fragte sich, ob sie wohl erfroren waren«. Das Gespräch unter den Deutschen im Luftschutzkeller kam auf die Elendsgestalten, die sie alle gesehen und die sie nicht in den Luftschutzkeller mitgenommen hatten. Jemand meinte, es könnten wohl Juden sein, eine Frau entgegnete: »Juden sind das nicht gewesen, die hat man in Polen schon alle erschossen.«

Das stimmte nicht, einer der Häftlinge war wohl Thomas Geve gewesen. »Ihm blieb von Leipzig nur in

Erinnerung, dass die KZ-Häftlinge die deutschen ROT-KREUZ-Schwestern, deren Lazarettzug auf dem benachbarten Gleis stand, um Wasser anbettelten. Aber die Schwestern ignorierten sie.«[1]

Nun ist uns das in einem der heiligen Bücher ja schon vorhergesagt worden: Im Samaritergleichnis bei Lukas haben der Priester und der Levit gute, triftige Gründe, dem unter die Räuber Gefallenen nicht zu helfen. Gestern waren es die Rote-Kreuz-Helfer und Krankenschwestern, heute sind es UNHCR-Beamte und Blauhelme, die sich an die Sicherheitsvorstellungen und Tarifordnung und an ihrem größeren Wert ausrichten und nicht am Samaritergleichnis (Lk 10, 25-37). Der Samariter ist nicht der Experte, und er hat nicht irgendeine Zuständigkeit. Deshalb fällt die spontane Bereitschaft zur Barmherzigkeit bei vielen aus, bei denen wir sie fast professionell (Priester!) voraussetzen würden.

Das beste Beispiel für das wirklich Böse ist die Verweigerung von Barmherzigkeit, ja die Bestrafung dafür, dass jemand Mitleid und Barmherzigkeit vor und mit dem Feind gezeigt hatte. Auch das Böse hat es gegeben. Das kaum zu glaubende Urteil, das gegen den sowjetischen Rote-Armee-Major Lew Kopelew 1945 in Königsberg gefällt wurde, muss man noch einmal in seiner ganzen bösen Kälte sich zu Gemüte führen. Am 5. April 1945 hatte der Major der Roten Armee Lew Kopelew, Germanist, geboren in Charkow als russischer Jude, schon vier Jahre gedient. Er kam nach Ostpreußen und musste miterleben, mitansehen, wie sich die Rotarmisten, noch

1 Nicholas Stargardt, *Der Deutsche Krieg 1939-1945*, Frankfurt a.M. 2015, 577.

angetrieben von sowjetischen Schriftstellern und Intellektuellen, benahmen. »War diese Verrohung unserer Leute wirklich nötig und unvermeidlich?«, fragte sich Kopelew und fuhr in seinen Erinnerungen fort:

> Vergewaltigung und Raub, musste das sein? [...] In den Zeitungen, im Radio riefen wir auf zur heiligen Rache. Aber was für Rächer waren das, und an wem haben sie sich gerächt? Warum entpuppten sich so viele unserer Soldaten als gemeine Banditen, die rudelweise Frauen und Mädchen vergewaltigten – am Straßenrand im Schnee, in Hauseingängen; die Unbewaffnete totschlugen, alles, was sie nicht mitschleppen konnten, kaputtmachten [...]? [...] Wir [...] überzeugten sie, dass der Deutsche schon deshalb schlecht ist, weil er Deutscher ist[.][2]

Dieser Lew Kopelew musste noch auf die Begründung seiner Festnahme und Haft warten. Dann begann das Verhör, und dann wurde ihm der Grund für die Verhaftung mitgeteilt, und die hat mit der Karriere der Barmherzigkeit zu tun.

> Und nun habe ich Sie zu informieren, daß Sie beschuldigt werden, im Augenblick entscheidender Kämpfe [...] sich mit der Propagierung bürgerlichen Humanismus befaßt und Mitleid mit dem Feind gehabt zu haben; daß Sie ferner, statt Ihren

2 Lew Kopelew, *Aufbewahren für alle Zeit!*, mit einem Nachwort von Heinrich Böll, aus dem Russischen übersetzt von Heddy Pross-Weerth und Heinz-Dieter Mendel, Hamburg 1976, 17.

> Auftrag durchzuführen […], sich um die Rettung Deutscher bemühten, das moralische Niveau der Truppe schwächten, gegen Rache und Haß agitierten – gegen den heiligen Haß auf den Feind![3]

Das ist für mich, seit ich es erfuhr, als Lew Kopelew noch lebte, ein wichtiges Beispiel, dass menschliche Bosheit gerade in kriegerischen Auseinandersetzungen so weit gehen kann, dass man aus Barmherzigkeit mit Menschen, die am Boden liegen und denen sichtbar das furchtbarste Unrecht geschieht, in ein gerichtsnotorisches Verbrechen umdeutet. So können sich Werte total umdrehen.

Barmherzigkeit ist der Urgrund jeder Gesellschaft und jedes Gemeinwesens. Wenn es neben den objektiv gültigen Gesetzen, der Polizei, der Strafverfolgung etwas gibt, was die Gesellschaft und jede menschliche Gemeinschaft zusammenhält, dann ist es die Barmherzigkeit. Das, was die vielen Organisationen in der humanitären Hilfe tun, was Tausende von jungen Menschen leisten, die sich aufmachen, um Menschen wiederaufzurichten und zu versorgen, ist Ausdruck von Barmherzigkeit. Das Wort ist schön, es würde ein Attribut zur Verstärkung gar nicht zulassen.

Barmherzigkeit bekommt in unserer Zeit eine ganz neue Farbe, Fußnote, Qualität. Wir sind uns ja bewusst der Tatsache, dass wir die Schöpfung in einer Weise maltrātiert haben, dass wir eigentlich zurückrudern müssten. Aber handeln wir, handele ich so, dass die Zukunft für meine Kinder und Enkelkinder barmherziger und Natur-freundlicher sein wird? Verzichte ich auf das

3 Ebenda, 47.

Fahren mit dem Auto, verzichte ich auf die Flugreisen, die beide nachweislich zu der Katastrophe beitragen?

Einer der gewissenhaftesten Mitbürger und zugleich Klimaforscher, Hans Joachim Schellnhuber, hat uns das Dilemma der Barmherzigkeit in Zeiten der Klimakatastrophe dargelegt in einem ziemlich dicken Buch.[4] Wenn wir auf der Straße im Auto plötzlich ein kleines Mädchen vor das Auto stolpern sehen, werden wir beherzt auf die Bremse treten, ohne Abwägung der Risiken und Schäden, allein, weil es uns das Herz sagt: Barmherzigkeit. Zwei Wochen später »haben Sie einen Termin beim Autohändler, um den gewünschten SUV zu beäugen«. Der Kunde kommt in ein Gespräch mit einem anderen, der sich als Klimawissenschaftler entpuppt. Er stellt den menschengemachten Klimawandel vor. Es sei möglich und vorstellbar, dass der CO2-Mehrausstoß des Traumautos, das ich gerade bestellen will, irgendwann gegen Ende des Jahrhunderts auf der anderen Seite des Planeten einen Wirbelsturm mit auslösen und dadurch ein heute noch nicht geborenes Mädchen in einer Slumsiedlung töten könnte. »Würden Sie durch diese außerordentlich hypothetische Mahnung sich von Ihrer Kaufentscheidung abbringen lassen? Natürlich nicht!«

Das ist das ganze Elend der Barmherzigkeit in den Zeiten des Klimawandels und der »Selbstverbrennung«: »Warum zum Teufel sollte man heute und hier auf einen sicheren persönlichen Nutzen verzichten, nur um in ferner Zukunft an einem unbekannten Ort ein vages

4 Joachim Schellnhuber, *Selbstverbrennung. Die fatale Dreiecksbeziehung zwischen Klima, Mensch und Kohlenstoff*, München 2015.

Risiko für einen völlig Fremden möglicherweise ein wenig zu reduzieren?« Das St.-Florians-Prinzip war ethisch und moralisch immer schon eine Katastrophe für uns als Menschen und die Weltgesellschaft. Aber politisch spielt das St.-Florians-Prinzip eine immer größere Rolle, sogar weltpolitisch. Heute heißt das bei einer Generation, die keine Heiligen mehr kennt, NIMBY: »Not in My Back Yard«. Flüchtlinge sind überall willkommen, nur nicht in meinem Stadtteil. Aber bitte nicht hinter meinem Haus.

Die Barmherzigkeit bleibt unser bester Anker, in unseren Herzen und in unserer Seele und für unsere Taten. Sie bleibt es auch als der unbedingt notwendige Kitt der Weltgesellschaft, die auf eine Weise zusammengekommen ist, wie wir das bei unserer Geburt vor 40 oder 50 Jahren nicht für möglich gehalten haben. Es ist immer notwendig, Barmherzigkeit zu üben. In Fragen des Umweltschutzes, in Fragen der Vertrauensbildung zu Menschen, die aufgrund ihres Schicksals alles verloren und das Vertrauen in die Menschheit verloren haben. Deshalb ist die Flüchtlingsaufgabe für die deutsche Gesellschaft eine ganz neue und effektive Nagelprobe auf die Barmherzigkeit.

Ich kann nur bitten, die alten Werke der Barmherzigkeit nicht zu vergessen, die mehr sind als ein Regierungsprogramm. Sie sind ein Menschheitsprogramm, an das zu halten jedem aufgegeben ist:

Die Hungrigen speisen; den Dürstenden zu trinken geben; die Nackten bekleiden; die Fremden aufnehmen; die Kranken besuchen; die Gefangenen besuchen; die Toten begraben.

Arnd Küppers

Barmherzigkeit und Politik

In den Fürstenspiegeln des christlichen Mittelalters findet sich die Barmherzigkeit als ein den guten Herrscher auszeichnendes Charaktermerkmal. Der König, der »nur deshalb auf seinen Platz gestellt ist, um an Gottes Statt in seinem Reiche Urteil zu sprechen«, so schreibt beispielsweise Thomas von Aquin (1225-1274), soll sich am Beispiel Gottes orientieren, zu dessen zentralen Attributen die Barmherzigkeit gehört. Den guten Fürsten zeichnet deshalb eine »sanfte Gesinnung der Milde und Güte« aus (vgl. *De regimine principum*, lib. 1, cap. 12). Im neuzeitlichen liberalen Rechtsstaat, in dem die *rule of man* durch die *rule of law* abgelöst worden ist, spielt die Barmherzigkeit der Herrschenden dagegen keine große Rolle mehr. Die Politische Philosophie, sofern sie überhaupt noch einen normativen Anspruch erhebt, reflektiert vor allem Fragen der Institutionen- bzw. Verfahrensgerechtigkeit. Im Staatsrecht hat die Barmherzigkeit ein Residuum im Gnadenrecht, wie es im deutschen Grundgesetz gemäß Artikel 60 Absatz 2 dem Bundespräsidenten zugesprochen wird. Auch in anderen neuzeitlichen Verfassungen bleibt dieses Gnadenrecht dem Staatsoberhaupt vorbehalten.

Aber auch heutzutage noch wird eine Haltung der Barmherzigkeit bisweilen als Motivation bestimmter politischer Entscheidungen wahrgenommen und diskutiert. Ein Beispiel hierfür bietet das Verhalten der deutschen

Bundeskanzlerin Angela Merkel in der Flüchtlingskrise 2015/16. Nachdem die Kanzlerin in der Nacht vom 4. auf den 5. September 2015 die Entscheidung getroffen hatte, einige Tausend syrische Flüchtlinge, die unter äußerst schwierigen Bedingungen am Budapester Hauptbahnhof ausgeharrt hatten, nach Deutschland einreisen zu lassen, wurde sie von Syrern auf Facebook und Twitter als »barmherzige Mutter« gefeiert. Auch das Magazin *Der Spiegel* titelte »Mutter Angela« und hüllte die Kanzlerin auf seinem Cover in das Ordensgewand der *Missionarinnen der Nächstenliebe*; dem zugehörigen Hauptartikel gaben die Redakteure die Überschrift »Herzdame« (vgl. *Der Spiegel* vom 19. September 2015). Der syrische Künstler Moustafa Jacoub veröffentlichte eine sich in den sozialen Netzwerken geradezu viral verbreitende Bildcollage, auf der unter Merkels Foto in arabischer und deutscher Sprache zu lesen war: »minhibbak« / »Wir lieben Dich«. Neben der Hommage an die Kanzlerin enthielt diese Collage freilich auch eine sarkastische Kritik an dem syrischen Machthaber Baschar al-Assad, der Poster und T-Shirts mit seinem Konterfei und diesem Schriftzug verbreiten ließ, während er schon einen grausamen Krieg gegen sein eigenes Volk führte.

Es blieb aber nicht bei der barmherzigen Einzelfallentscheidung, bei der Nothilfe für einige Tausend Menschen, die in Ungarn festsaßen. Dieses konkrete Handeln der Kanzlerin hatte vielmehr weitreichende politische Folgen. Seit der Grenzöffnung und der damit verbundenen Entscheidung, Asylsuchende in Deutschland aufzunehmen, die gemäß dem europäischen Recht eigentlich zur Registrierung und zum Asylantrag in anderen EU-Ländern verpflichtet wären, schnellten die seit 2014 ohnehin kontinuierlich steigenden Flüchtlingszahlen in bisher ungekannte Höhen. Hunderttausende brachen aus den Flüchtlingslagern in der Türkei auf, um über die gefährliche Balkanroute nach Deutschland zu gelangen. Über die deutsche Bundeskanzlerin, deren Fotos mit Flüchtlingen in den Medien und in den sozialen Netzen weltweit verbreitet worden waren, sprachen die Flüchtlinge als von ihrer »Mutter«, ihrer »Tante« oder ihrer »Großmutter« (vgl. *Die Welt* vom 26. Oktober 2015).

Ermutigt durch das Beispiel der syrischen Kriegsflüchtlinge und deren herzliche Aufnahme in Deutschland machten sich zunehmend auch Menschen aus anderen Regionen der Welt – aus Afghanistan, Pakistan und Nordafrika etwa – auf den Weg nach Deutschland. Noch im Dezember wurde so die Zahl von mehr als einer Million Asylbewerbern im Jahr 2015 überschritten. Trotz der Dynamik dieser Entwicklung blieb die Kanzlerin bei ihrer Politik der offenen Tür und des freundlichen Gesichts gegenüber den Flüchtlingen. Diese Unerschütterlichkeit begründete sie auch immer wieder mit den Geboten der Barmherzigkeit und der Nächstenliebe: »Wir leben von der Mitmenschlichkeit, von der Nächstenliebe, von der Freude an der Gemeinschaft«, erklärte sie beispielsweise am 14. November 2015, dem Tag nach den Terroranschlägen von Paris.

Diese als Ausdruck von Mitmenschlichkeit und Barmherzigkeit wahrgenommene Flüchtlingspolitik der Kanzlerin steht dabei in einem eigentümlichen Kontrast zu einer Episode, die sich nur wenige Wochen vor dem denkwürdigen September 2015 ereignet hatte. Im Rahmen einer von der Bundesregierung organisierten Gesprächsreihe mit dem Titel »Gut leben in Deutschland«

besuchte Kanzlerin Merkel im Juli 2015 das Schulzentrum Paul Friedrich Scheel in Rostock und traf sich zum eineinhalbstündigen Austausch mit 29 Schülerinnen und Schülern. Unter den Kindern und Jugendlichen befand sich auch die vierzehnjährige Palästinenserin Reem Sawhil, deren Familie 2011 aus dem Libanon nach Deutschland gekommen war und die seitdem nur einen befristeten Duldungsstatus besaß. Das Mädchen sprach über ihre Angst vor Abschiebung, ihren Wunsch, in Deutschland zu bleiben, hier einen Schulabschluss zu machen und zu studieren. Die Kanzlerin hätte in dieser Situation versprechen können, sich für Reem und ihre Familie einzusetzen. Stattdessen aber ordnete sie dieses Einzelschicksal in größere politische Zusammenhänge ein. Sie erklärte, es gebe in den palästinensischen Flüchtlingslagern noch Abertausende Menschen, die in schwierigen Verhältnissen leben müssten. Deutschland könne angesichts dessen nicht einfach sagen: »›Ihr könnt alle kommen, und ihr könnt alle aus Afrika kommen, und ihr könnt alle kommen‹«, denn »das können wir auch nicht schaffen«. Sie fügte hinzu: »Es werden auch manche wieder zurückgehen müssen.« Und: »Politik ist manchmal hart.« Als Reem daraufhin in Tränen ausbrach, reagierte Merkel mit einer hilflosen Geste, ging zu dem Mädchen, sagte zu ihm: »Das hast du doch gut gemacht!«, und streichelte ihm über die Schulter. Diese Reaktion der Kanzlerin wurde in vielen Medien verständnislos kommentiert und löste in den sozialen Netzwerken einen veritablen Shitstorm aus. Das Verhalten Merkels wurde als gefühlskalt und mitleidlos, kurz: als unbarmherzig gegeißelt.

Im Rahmen der Debatte über die Flüchtlingspolitik wurde immer wieder an diese Begegnung von Reem Sawhil und Angela Merkel erinnert. Offenbar war es für viele Beobachter schwer, die beiden Bilder in das rechte Verhältnis zu setzen. Einerseits die Kanzlerin, die sich in der persönlichen Begegnung mit einem vierzehnjährigen Mädchen, das in den meisten Betrachtern der Szene wohl intuitiv Beschützerreflexe hervorruft, so wenig empathisch zeigt und stattdessen kühl sachlich – eben politisch, könnte man sagen – argumentiert. Andererseits die Kanzlerin, die ihre gesamte politische Existenz in die Waagschale wirft, und ihre Politik der offenen Tür gegenüber täglich mehreren Tausend einreisenden Flüchtlingen unter Berufung auf Barmherzigkeit und Nächstenliebe verteidigt.

Irritierend ist das Nebeneinander dieser beiden Begebenheiten wohl vor allem deshalb, weil Barmherzigkeit eine Tugend ist, also ein Maßstab individuellen Handelns, und zwar zunächst einmal in der persönlichen, zwischenmenschlichen Begegnung. Barmherzigkeit wird aber gemeinhin nicht als Prinzip politischen Handelns aufgefasst. Von diesem Vorverständnis aus hätte eine in beiden Fällen gegenteilige Reaktion Merkels vermutlich weniger Verwunderung ausgelöst, also Verständnis und Hilfe für die konkrete Notsituation Reems auf der einen Seite und auf der anderen Seite kühleres politisches Kalkül angesichts der Flüchtlingskrise.

Inbegriff der Barmherzigkeit ist der Samariter, der sich im Evangelium des unter die Räuber Gefallenen und Halbtotgeschlagenen annimmt (Lk 10,25-37). Zwischen seinem Tun und dem Handeln des Politikers gibt es allerdings signifikante Unterschiede. Der offensichtlichste Unterschied liegt darin, dass sich politisches Handeln – anders als das Tun des Samariters – in aller Regel nicht in dem Raum konkreter zwischenmenschlicher Begegnung abspielt. Aufgabe von Politik ist es vielmehr, eine Vielzahl von Einzelfällen abstrakt und allgemein zu ordnen und zu regeln. Und in dieser Abstraktheit und Allgemeinheit muss sich politisches Handeln auch bewähren. Nicht die individualethische Tugend der Barmherzigkeit, sondern die Prinzipien der Gerechtigkeit und des Gemeinwohls gelten deshalb als sozialethische Leitkategorien der Politik.

In der Gebrochenheit der Welt, die das Christentum in dem Theologumenon von der Erbsünde einzufangen sucht, fallen die Imperative der Barmherzigkeit einerseits und jene der Gerechtigkeit bzw. des Gemeinwohls andererseits nun aber leider nicht umstandslos in eins. Das im Einzelfall und für den Einzelnen moralisch Gebotene kann sich in sozialer Hinsicht als gemeinwohlschädlich und ungerecht erweisen, wenn der Versuch misslingt, es in eine allgemeine Norm zu gießen. Das hat dann weniger mit den beabsichtigten Folgen als vielmehr mit den unintendierten Nebenfolgen politischen Handelns zu tun. Und tatsächlich besteht die Kunst der Politik heutzutage zu wesentlichen Teilen darin, nicht nur die unmittelbaren Folgen, sondern auch die mittelbaren Nebenfolgen politischen Handelns im Blick und im Griff zu behalten.

Mit solchen Abwägungen musste sich der barmherzige Samariter nicht belasten. Sozialtheoretiker warnen deshalb bisweilen sogar ausdrücklich davor, dass sich Politiker die biblische Figur zum Vorbild nehmen. So führte der Wirtschaftsnobelpreisträger James Buchanan (1919-2013) 1975 den spieltheoretischen Begriff des »Samariter-Dilemmas« in die Wohlfahrtsökonomie ein.[1] Er wies damit hin auf die problematischen Nebenfolgen der neu-

1 Siehe James Buchanan, »The Samaritan's dilemma«, in: Ed-

zeitlichen Versuche, das individualethische Gebot der Nothilfe in der Gestalt des Sozial- und Wohlfahrtsstaates zu institutionalisieren. Eine üppige staatliche Sozialhilfe kann den Hilfeempfänger korrumpieren, indem sie seine Selbständigkeit und Eigeninitiative lähmt; sie kann dazu verführen, dass jemand auch in Zukunft anstrengungslos auf Kosten der Allgemeinheit zu leben versucht. Denn anders als das auf den einzelnen Notleidenden gerichtete konkrete Hilfehandeln des Samariters schafft das auf die Regelung des Allgemeinen zielende abstrakte politische Handeln immer auch Anreizstrukturen und Erwartungshaltungen, die das zukünftige Verhalten der Menschen beeinflussen. Und das ist selbst dann der Fall, wenn die im politischen Raum Handelnden eigentlich nur eine Ausnahmeentscheidung für einen konkreten Einzelfall treffen wollen, wie das bei der Einreiseentscheidung für die in Ungarn festsitzenden Flüchtlinge Anfang September 2015 der Fall war. Dadurch wurde die – wie sich gezeigt hat, durchaus rationale – Erwartung geweckt, dass Deutschland auch in Zukunft in solchen Notsituationen helfen und weder die Flüchtlinge noch die Balkanländer im Stich lassen werde. Unvermeidlicherweise wurde damit allerdings auch ein Anreiz geschaffen, dass sich Flüchtlinge überhaupt erst auf den gefährlichen Weg über die Balkanroute nach Nordeuropa machten.

Es ist allerdings naiv anzunehmen, dass die Kanzlerin diesen Anreizeffekt und seine Folgen nicht gesehen hätte. Sie hat vielmehr die hypothetischen Folgen einer anderen Entscheidung als noch problematischer eingeschätzt.

mund Phelps (Hrsg.), *Altruism, Morality and Economic Theory*, New York 1975, 71-85.

Einerseits waren die Flüchtlinge in Ungarn wegen der katastrophalen Versäumnisse der dortigen Regierung in jener Nacht tatsächlich in einer akuten Notsituation. Was wäre mit ihnen passiert und was hätten diese zunehmend verzweifelten Menschen getan, wenn Deutschland und Österreich nicht ihre Grenzen geöffnet hätten? Gab es in dieser Situation überhaupt eine andere Option als zu helfen, wie der biblische Samariter geholfen hatte? Darüber hinaus hat Kanzlerin Merkel immer wieder auf die Gefahren eines Rückstaus der Flüchtlinge auf der Balkanroute und einer Destabilisierung der Region hingewiesen. Wer politisch handelt, kann nicht jedem Dilemma aus dem Weg gehen und muss bisweilen das eine Übel gegenüber noch größerem Übel abwägen. Das tragen zu können, macht wohl wesentlich politische Führungsstärke aus.

Die Flüchtlingskrise zeigt in ihrer ganzen Dynamik, die sie seit September 2015 entfaltet hat, noch eine weitere Eigenart des Politischen: Politik, zumindest jene in den rechtsstaatlichen Demokratien, kann heute gar nicht mehr darauf gerichtet sein, einen großen gesellschaftlichen Masterplan zu erdenken und diesen dann zu verwirklichen. Es geht vielmehr darum, sich den immer wieder neuen und oft nur begrenzt vorhersehbaren Herausforderungen zu stellen und dabei Ordnung und Gleichgewicht aufrechtzuerhalten. Michael Oakeshott hat es einmal mit dem Bild beschrieben, politisches Handeln gleiche »einer Fahrt auf einem endlosen und abgrundtiefen Meer ohne schützende Zuflucht und sicheren Ankergrund, ohne Ausgangs- und festen Bestimmungshafen«.[2] Wenn an einer Stelle des Schiffes

2 Michael Oakeshott, *Rationalismus in der Politik*, übers. v.

ein Leck gestopft ist, tut sich an anderer Stelle oft sofort ein neues auf. Das von der Kanzlerin initiierte Flüchtlingsabkommen mit der Türkei ist dafür ein gutes Beispiel. Es ist durchaus geeignet, das moralische Dilemma zu lösen, dass durch die anfänglich großzügige Aufnahme- und Willkommenspolitik ein zusätzlicher Anreiz geschaffen worden war, sich und seine Kinder in die Hände skrupelloser Schlepper zu geben. Weil Flüchtlinge nun von Griechenland in die Türkei zurückgebracht werden sollen, kann dieser Anreiz außer Kraft gesetzt werden. Zugleich haben sich Deutschland und Europa – und hat sich die Kanzlerin ganz persönlich – durch diese Politik an einen Partner gebunden, der insbesondere in der Person des türkischen Präsidenten Recep Tayyip Erdogan offensichtlich bereit ist, diese Abhängigkeit machtpolitisch skrupellos auszunutzen.

Was aber folgt mit Blick auf die Frage nach Barmherzigkeit und Politik nun aus diesem Beispiel und aus den vorangegangenen Überlegungen? Sicher nicht, dass Barmherzigkeit in der Politik gar keine Rolle spielen sollte oder dass gute Politik am Ende gar unbarmherzig sein müsste. Aber es zeigt sich, dass es mit der Barmherzigkeit in der Politik schwerer ist als im zwischenmenschlichen Alltag. Denn bei dem Versuch, die moralischen Maßstäbe einer individuellen Tugendmoral in das Handlungssystem der Politik zu übersetzen, muss immer die aufgezeigte dilemmatische Struktur politischen Handelns in Rechnung gestellt werden. Die Einsicht in diese Dilemmastrukturen liefert aber selbst noch

Klaus Streifthau, hrsg. v. Wilhelm Hennis u. Hans Maier (Politica, Bd. 25), Neuwied/Berlin 1966, 138.

gar keine Inhalte einer Politischen Ethik, sondern gibt lediglich Hinweise auf deren restriktive Bedingungen und damit für deren strukturelle Ausgestaltung. Das heißt konkret: In der Politik ist es notwendig, neben den unmittelbar verfolgten Zielen auch etwaige unbeabsichtigte Nebenfolgen und (Fehl-)Anreize in das Handlungskalkül einzubeziehen. Das aber sind Aspekte der Klugheit und noch nicht der Moral im engeren Sinne.

Die ethischen Leitprinzipien politischen Handelns sind Gerechtigkeit und Gemeinwohl. Wenn aber Gerechtigkeit und Gemeinwohl keine bloß formalen, sondern materiale – also im eigentlichen Sinne moralische – Kriterien sein sollen, dann müssen diese Begriffe inhaltlich gefüllt werden. Hierfür stehen aber gar keine anderen Ressourcen zur Verfügung als die in Geschichte und Kultur vorfindlichen »gesättigten« moralischen Überzeugungen, jene »Gewohnheiten des Herzens«, von denen Alexis de Tocqueville (1805-1859) in seinem *Demokratie in Amerika* einmal spricht (Bd. 1, Teil II, Kap. 9). »Gerechtigkeit ohne Barmherzigkeit ist Grausamkeit«, schreibt Thomas von Aquin in seinem Matthäus-Kommentar, aber »Barmherzigkeit ohne Gerechtigkeit ist die Mutter des Zerfalls« (»mater est dissolutionis«; *Super Matthaeum*, cap. 5, lect. 2). Positiv gewendet hat es der Sozialethiker Nikolaus Monzel (1906-1960) einmal formuliert, indem er die Nächstenliebe als die »Sehbedingung« und die »treibende Kraft« der Gerechtigkeit bezeichnete.[3]

3 Nikolaus Monzel, »Die Sehbedingung der Gerechtigkeit«, in: *Solidarität und Selbstverantwortung. Beiträge zur christlichen Soziallehre*, München 1959, 53-71, hier: 68.

Monika Grütters

Barmherzigkeit und politische Kultur

»Barmherzigkeit« und »Politik«: Diese Begriffe werden vermutlich selbst in diesem von Papst Franziskus ausgerufenen Heiligen Jahr der Barmherzigkeit selten in einem Atemzug genannt. Ganz im Gegenteil: Politik gilt als »schmutziges Geschäft«. Politik, so lautet ein geflügeltes Wort, »verdirbt den Charakter«. Am prägnantesten hat es wohl Julius Kardinal Döpfner formuliert: »Der barmherzige Samariter unterschreibt keine Resolution, die weiter geleitet werden muss, er packt selbst an.« So weit der nicht gerade »samariterliche« Ruf, der Politikern im allgemeinen vorauseilt.

Das berühmte Gleichnis vom barmherzigen Samariter aus dem Lukas-Evangelium ist ein guter Ausgangspunkt, um der Frage nachzugehen, welche Rolle Barmherzigkeit in der Politik spielen kann und spielen sollte – eine Frage, die mich persönlich als gläubige Katholikin und christdemokratische Politikerin immer wieder beschäftigt; eine Frage aber auch, die für uns alle hochaktuell ist in Zeiten, in denen Hunderttausende Menschen aus Kriegs- und Krisenregionen Zuflucht suchen in Deutschland. Jeder kennt die Geschichte vom barmherzigen Samariter. Ein Mann liegt schwer verletzt am Wegrand. Zwei Männer kommen vorbei und gehen weiter. Ein Dritter sieht ihn und hat Mitleid. Er kümmert sich um den Fremden, verarztet ihn, so gut es geht, bringt ihn in Sicherheit, sorgt auf eigene Kosten für Unterkunft und Pflege. Er übernimmt die Verantwortung dafür, dass es diesem hilfsbedürftigen Menschen wieder gut geht.

»Wer ist mein Nächster?«, so lautete die Frage des jüdischen Schriftgelehrten, die Jesus mit diesem Gleichnis beantwortet hat. Eine – wie wir heute sagen würden – politisch heikle Frage, aus zwei Gründen: Zum einen, weil der Schriftgelehrte damit ganz offensichtlich auf eine Abgrenzung hinauswollte. Meine Nächstenliebe kann doch nicht allen und jedem gelten, so das Argument. Dafür muss es doch Kriterien geben – manche würden sagen: »eine Obergrenze«. Wo ist diese Grenze? Hört der Kreis meiner Nächsten bei meiner Familie auf? Bei meinen Freunden? Bei meinen Landsleuten? Bei den Angehörigen meiner eigenen Religion? Heikel war diese Diskussion aber auch, weil der Schriftgelehrte Jesus bewegen wollte, zu einer noch grundsätzlicheren Frage Position zu beziehen: »Was muss ich tun, um das ewige Leben zu bekommen?« Um die Antwort auf diese Frage wurde damals heftig gestritten. Jesus lässt den Schriftgelehrten zitieren, was im Gesetz geschrieben steht – liebe Gott und liebe deinen Nächsten –, und er beantwortet die Frage, »wer ist mein Nächster?« auf seine Weise. Im Gleichnis vom barmherzigen Samariter gibt es keine Regel, die den »Nächsten« und damit die Reichweite der Nächstenliebe definiert. Es ist immer der einzelne Mensch, der sich als »der Nächste« eines Bedürftigen erkennt und der seinem Mitmenschen im Akt des Helfens zum Nächsten wird. Erst dadurch, in der Liebe zum anderen Menschen, wird die Liebe zu Gott konkret. So hat der Samariter nicht aus Gehorsam einer Regel gegenüber geholfen, nicht aus Kalkül, weil er sich davon einen Nutzen erhofft hätte, und auch nicht aus Sympathie. Entscheidend ist ein dem anderen Menschen zugewandtes, mitfühlendes Herz. Daraus schöpft der Samariter die Kraft, den Fremden allen Umständen zum Trotz so zu behandeln als wäre er ein »Nächster« im wortwörtlichen Sinne – ein ihm nahestehender Mensch. Barmherzigkeit ist damit viel mehr als Hilfsbereitschaft. Sie steht in großer Nähe zur Nächstenliebe und zur Humanität. Ein barmherziger Mensch öffnet sein Herz fremder Not und nimmt sich ihrer an. Barmherzigkeit heißt, auch im Fremden, ja sogar im Feind, zuallererst den Mitmenschen zu sehen.

Ein hoher Anspruch! Schwierig genug, sich daran im engsten persönlichen Umfeld, in menschlichen Nahbeziehungen zu orientieren! Noch schwieriger ist es, wenn es um Politik geht! Oft genug entzünden sich politische Diskussionen an der Frage, wie viel Barmherzigkeit und Nächstenliebe wir uns als Gesellschaft leisten können und müssen – finanziell, aber auch im Hinblick auf Ausgewogenheit und sozialen Frieden. Das Jahr 2015 bot Beispiele genug: Wie viele Menschen, die Schutz suchen vor Krieg und Gewalt, können wir aufnehmen? Wie viel Geld können wir zur Verfügung stellen für humanitäre Hilfe in Krisenregionen? Wie viele Rettungspakete schnüren wir für Griechenland? Wer hat Anspruch auf Leistungen aus unserem Solidarsystem?

Das sind Fragen, auf die das Gleichnis des barmherzigen Samariters keine Antworten gibt, obwohl es auch hier um hilfsbedürftige Menschen geht. Die politische Kultur im weitesten Sinne – damit meine ich politische

Entscheidungen und demokratische Verfahren ebenso wie öffentliche Debatten und das menschliche Miteinander in der Politik – lässt sich nicht einfach einordnen in unsere christlich geprägten, moralischen Kategorien der Wahrnehmung. Sie scheint sich unseren moralischen Intuitionen in gewisser Weise sogar zu verschließen. Warum ist das so? Dafür will ich sechs Gründe nennen – sechs Aspekte des Spannungsfelds zwischen Barmherzigkeit und politischer Kultur.

Erstens: Distanz macht einen Unterschied zum Gleichnis des barmherzigen Samariters. Der barmherzige Samariter steht einem bedürftigen Menschen von Angesicht zu Angesicht gegenüber. Der Politiker sieht den einzelnen hilfsbedürftigen Menschen nicht in der gleichen Weise. »Bei den Menschen«, das ist der Politiker zwar in seinem Wahlkreis. Doch als gewählter Volksvertreter ist er auch für diejenigen verantwortlich, die ihm nur in der Anonymität von Statistiken und Armutsberichten begegnen, so dass er Prioritäten setzen muss.

Zweitens: Die Konfrontation mit einer Vielzahl an Bedürfnissen macht einen Unterschied. Die Aufmerksamkeit des Samariters gilt einem einzelnen Menschen. Der Politiker hat mit der Hilfsbedürftigkeit vieler Menschen zu tun. Selbst beim besten Willen kann er nicht allen und erst recht nicht allen gleichzeitig gerecht werden. Er muss sich auf die Verbesserung der gesellschaftlichen Rahmenbedingungen konzentrieren. Dabei kann es zu moralischen Konflikten kommen: Höhere Ausgaben für die Unterbringung von Flüchtlingen sind finanzielle Mittel, die nicht zur Sanierung eines Schulgebäudes zur Verfügung stehen. Anders als der barmherzige

Samariter müssen Politiker manchmal Gutes unterlassen, um Gutes tun zu können.

Drittens: Der zeitliche Horizont macht einen Unterschied. Die Hilfe des barmherzigen Samariters wird sofort wirksam. Politische Maßnahmen dagegen sind oft erst einmal nur Versprechen auf eine bessere Zukunft. Man denke beispielsweise an die Menschen in Griechenland, die unter den Auflagen der Europäischen Union ächzen. Bisher ist es nur ein Versprechen, dass sich die Lebensverhältnisse für alle Griechen durch den Sparkurs bessern werden, was Erfahrungen in anderen Ländern nahelegen. Dieses Versprechen, das uns schmerzhafte Maßnahmen als moralisch richtig erscheinen lässt, lindert aber nicht die akute Not einer griechischen Putzfrau, die ihren Arbeitsplatz im öffentlichen Dienst verloren hat.

Viertens: Machbares und Wünschenswertes trennen zu müssen, macht einen Unterschied. Für den barmherzigen Samariter sind Sollen und Können deckungsgleich. Für den Politiker ist genau das oft nicht der Fall – zum Beispiel angesichts der Not derjenigen, die allein wegen ihrer Hoffnung nach Deutschland kommen, der Armut zu entfliehen und ihren Kindern eine bessere Zukunft bieten zu können. Doch das Grundrecht auf Asyl ist denjenigen vorbehalten, die in ihrer Heimat verfolgt werden – so sehr es uns anrührt, wenn einer Familie aus dem Kosovo die baldige Abschiebung droht. Im Angesicht der Einzelschicksale erscheinen notwendige politische Standards und ihre Anwendung oft unbarmherzig.

Fünftens: Der Zwang zum Kompromiss macht einen Unterschied. Der barmherzige Samariter kann seinem

Herzen folgen. Ein Politiker muss um Mehrheiten werben: in der Partei, in der Fraktion, in einer Regierungskoalition, in der Abstimmung mit den Bundesländern oder auf europäischer Ebene. Was im Ringen um Kompromisse heraus kommt, ist oft der kleinste gemeinsame Nenner dessen, was die einzelnen Beteiligten für richtig halten. Doch ohne Bereitschaft zum Kompromiss, ohne Bereitschaft zur Abweichung vom eigenen Herzensanliegen funktioniert keine Demokratie.

Und schließlich sechstens: Taktisch vorgehen zu müssen, macht einen Unterschied. Der barmherzige Samariter braucht keine Taktik. Ganz anders dagegen der zum Helfen entschlossene Politiker! Der Wirtschaftsnobelpreisträger James Buchanan hat dafür den Begriff »Samariterdilemma« geprägt. Damit ist gemeint, dass bedingungslose Hilfsbereitschaft in bestimmten Fällen Hilfsbedürftigkeit zementiert, weil sie Eigeninitiative verhindert oder Mitverantwortliche aus der Verantwortung entlässt. In der Politik begegnet man dem Samariterdilemma auf Schritt und Tritt: zum Beispiel, wenn Sozialleistungen ab einer bestimmten Höhe dazu führen, dass Arbeiten sich nicht lohnt. Oder wenn Regierungen von EU-Mitgliedsländern sich darauf verlassen können, dass die Europäische Union ihre Versäumnisse ausgleicht. Oder wenn – so wie wir es auf dramatische Weise gerade erleben – Deutschlands Aufnahmebereitschaft gegenüber Menschen in existentieller Not es anderen Ländern erleichtert, sich in Zurückhaltung zu üben. Taktieren für eine gute Lösung gehört deshalb zum politischen Handwerk. Unmittelbar einem moralischen Impuls zu folgen kann diesem Impuls dagegen auf lange Sicht zuwider laufen.

Man kann die eingangs zitierte Aussage von Julius Kardinal Döpfner also auch umdrehen: Der barmherzige Samariter muss keine Resolution verabschieden, er kann einfach helfen. Er kann seinem Herzen folgen. Der Politiker dagegen handelt in einem Spannungsfeld, das der Soziologe Max Weber in seinem berühmten Vortrag »Politik als Beruf« mit dem Begriffspaar »Gesinnungsethik und Verantwortungsethik« abgesteckt hat. Gesinnungsethisch betrachtet ist politisches Handeln durch ihr Motiv, durch die Gesinnung des Handelnden gerechtfertigt, während die Verantwortungsethik von den Folgen einer Handlung ausgehend moralisch urteilt – von Folgen, die man nicht allein in der Hand hat, wie in den Verhandlungen auf europäischer Ebene zur Verteilung asylsuchender Menschen auf die einzelnen EU-Länder.

Wo bleibt dann in der politischen Kultur überhaupt Raum für ein mitfühlendes Herz, für Barmherzigkeit? Kann die Botschaft der Bibel überhaupt Kompass für politisches Handeln sein? Als Politikerin bin ich mir der Umstände bewusst, die verantwortungsethisches Denken erfordern. Als gläubige Christin ist es mir ein Anliegen, meine christliche Gesinnung, meine Glaubensüberzeugungen auch in meiner politischen Arbeit zu leben. Der barmherzige Samariter ist kein Leitbild für die Politik, und dennoch – das ist meine Überzeugung: Wir brauchen Barmherzigkeit auch als politische Tugend – als Wurzel einer der Menschenwürde verpflichteten Politik, als Wegbereiterin für Verständigung und Toleranz und als Begleiterin der Freiheit.

Wurzel einer der Menschenwürde verpflichteten Politik ist die Barmherzigkeit insofern, als sie uns für soziale Notlagen – und damit gesetzgeberischen Handlungsbedarf – sensibilisiert. Die katholische Soziallehre verortet Gerechtigkeit, ausgehend von der Würde jedes Menschen als Ebenbild Gottes, in der Rahmenordnung der sozialen Marktwirtschaft. Diese Rahmenordnung eröffnet einerseits Raum für Freiheit und Eigenverantwortung: Jeder soll mit seinen Talenten wuchern können. Sie stellt aber andererseits auch den Ausgleich zwischen Stärkeren und Schwächeren her und spannt ein soziales Netz, das uns bei Arbeitslosigkeit, Krankheit, Pflegebedürftigkeit oder im Alter auffängt. Die soziale Marktwirtschaft verbindet Freiheit und Eigenverantwortung mit Solidarität. Darin liegt ihre moralische Qualität nach christlichem Verständnis. Dennoch lässt sich die Verantwortung, Leid zu lindern, nicht an die Rahmenordnung delegieren. Es gibt Menschen, die selbst ein dicht geknüpftes soziales Netz nicht auffangen kann. Es gibt Risse im Netz, es gibt Stellen, wo das Netz dichter geknüpft oder erweitert werden muss, weil die Gesellschaft sich verändert, weil neue Probleme entstehen. So wie ein starker Baum gesunde Wurzeln braucht, so braucht deshalb auch eine der Menschenwürde verpflichtete politische Ordnung ein gesundes moralisches Empfinden der politisch Verantwortlichen. In diesem Sinne bin ich Angela Merkel sehr dankbar, dass sie den Gedanken der Barmherzigkeit angesichts einer drohenden humanitären Katastrophe im September 2015 zum Leitbild ihrer Flüchtlingspolitik gemacht hat – bei allen Risiken und Unwägbarkeiten, mit denen eine Entscheidung dieser Tragweite verbunden ist, und auch, wenn die Mühen der Integration unser aller Kraft und Engagement erfordern werden.

Noch schlimmer als daran zu scheitern wäre, es nicht einmal versucht zu haben.

Ein zweiter Punkt: Barmherzigkeit als Zugewandtheit des Herzens ist auch als Wegbereiterin für Verständigung und Toleranz und damit für das Funktionieren unserer Demokratie unverzichtbar. Wir leben in einer pluralistischen Gesellschaft, in der wir tagtäglich konfrontiert werden mit Lebensweisen, die uns fremd sind, mit Meinungen und Weltanschauungen, die wir nicht teilen, mit kulturellen Eigenheiten, die wir nicht verstehen, vielleicht sogar ablehnen. Es ist eine der größten zivilisatorischen Errungenschaften, das Gemeinsame über das Trennende stellen zu können – das Menschliche über die Unterscheidung zwischen gläubig und ungläubig, zwischen deutsch und nicht-deutsch, zwischen weiblich und männlich, zwischen muslimisch und christlich. Barmherzigkeit ist die Fähigkeit, auch im Fremden den Nächsten zu sehen – und es ist nicht zuletzt diese Fähigkeit, die es braucht, um unsere Demokratie gegen ihre Feinde, gegen religiöse Fundamentalisten und politische Extremisten, zu verteidigen.

Ein dritter Punkt ist mir wichtig: Politische Kultur umfasst nicht nur unsere Rahmenordnung, die soziale Marktwirtschaft, und die Art und Weise, wie wir in einer pluralistischen Gesellschaft mit all ihren Konflikten friedlich zusammen leben können. Politische Kultur äußert sich auch darin, wie wir mit den Freiheiten umgehen, die die Demokratie uns gewährt. Die Kunstfreiheit – das ist die Lehre, die wir aus zwei Diktaturen gezogen haben – ist wie die Presse- und Meinungsfreiheit konstitutiv für eine Demokratie. Kreative und Intellektuelle sind das Korrektiv einer Gesellschaft. Mit ihren Fragen, ihren Zweifeln, ihren Provokationen beleben sie den demokratischen Diskurs und sind so imstande, unsere Gesellschaft vor gefährlicher Lethargie und damit auch vor neuerlichen totalitären Anwandlungen zu bewahren. Die Freiheit der Kunst zu schützen, ist deshalb heute oberster Grundsatz, vornehmste Pflicht der Kulturpolitik. Dabei lässt sich allerdings nicht leugnen, dass eben diese Freiheiten es Menschen ermöglichen, andere auch zu verletzen. Als religiöser Mensch fühle ich mich oft tief getroffen, wenn – legitimiert durch die Kunstfreiheit – mein Glaube verhöhnt wird. Als Politikerin empfinde ich es als verletzend, wenn mir – legitimiert durch Presse- und Meinungsfreiheit – Verachtung entgegen schlägt. Doch eine Kunst, die sich festlegen ließe auf die Grenzen des politisch Wünschenswerten, die gar einer bestimmten Moral oder Weltanschauung diente – eine solchermaßen begrenzte oder domestizierte Kunst würde sich nicht nur ihrer Möglichkeiten, sondern auch ihres Wertes berauben. Dasselbe gilt für die Medien. Wir müssen die Spannungen aushalten zwischen der Freiheit der Meinung und Verunglimpfung, zwischen der Freiheit der Presse und Verleumdung, zwischen der Freiheit der Kunst und verletzten (religiösen) Gefühlen. Barmherzigkeit beim Gebrauch dieser Fähigkeiten kann die Politik nicht verordnen. Verordnete Barmherzigkeit wäre erstens keine mehr und müsste, zweitens, mit Zensur einhergehen. Umso wichtiger ist es, Barmherzigkeit als Begleiterin demokratischer Freiheiten zu fördern – in Form von Herzensbildung und Fähigkeit zur Empathie.

Zwei Milieus sind es aus meiner Sicht, die imstande sind, der Barmherzigkeit ihren Platz in der politischen

Kultur zu verschaffen – zwei ganz verschiedene Milieus, die eines gemeinsam haben, nämlich dass sie sich mit den existentiellen Fragen des Menschseins beschäftigen. Kunst und Kirche sind es, die uns in die Lage versetzen können, im Fremden den Nächsten zu sehen. In der Kirche ist es die Botschaft Jesu Christi, die uns daran erinnert, wozu wir einander als Menschen verpflichtet sind. Die Kunst wiederum baut Brücken, wo tiefe Gräben klaffen. Ob Poesie, ob Malerei, ob Film, Musik, Theater oder Tanz: Kunst kann gemeinsame Sprache sein, wo unterschiedliche Begriffe Missverständnisse verursachen. Kunst kann gemeinsame Erfahrungen bescheren, wo unterschiedliche Herkunft ab- und ausgrenzt. Kunst kann uns helfen zu verstehen, was uns ausmacht, wer wir sind – als Individuen, als Deutsche, als Europäer. Kunst kann uns aber auch nötigen, die Perspektive zu wechseln und die Welt aus anderen Augen zu sehen. Gerade Literatur, Theater und Film sind imstande, den Bereich das Denk- und Vorstellbaren zu vergrößern, Gebiete jenseits unseres Erfahrungshorizonts zu erschließen und eben dadurch auch die Grenzen unserer Empathie zu weiten – indem sie uns Fremdes vertraut machen und uns auf diese Weise zum Mitgefühl befähigen. Nicht zuletzt in diesem Sinne ist es eine wahrhaft staatstragende und zukunftsweisende Aufgabe, Kunst und Kultur zu fördern.

Im Übrigen sollten wir auch nicht vergessen: Eine Gesellschaft, die mit ihren kulturellen, auch religiös begründeten Eigenheiten ihre eigene Identität pflegt, kann dem Anderen, dem Fremden Raum geben, ohne sich dadurch bedroht zu fühlen. Nur wo es keinen kulturellen Kern gibt, pflegt man Feindbilder, um sich der eigenen Identität zu vergewissern. Auch deshalb brauchen wir Kultur und Kirche als gesellschaftliche Kräfte. Als Christen sollten wir es deshalb nicht zulassen, dass Religion und Glaube in die Abgeschiedenheit des rein Privaten verdrängt werden. Wir sollten vielmehr den Mut haben, uns auch unter Andersdenkenden öffentlich selbstbewusst zu christlichen Werten und Überzeugungen zu bekennen. Ich jedenfalls hoffe, gerade auch im Hinblick auf die großen Herausforderungen unserer Zeit, dass Kirche, Religion und christlicher Glauben in unserer säkularen Kultur wieder mehr Aufmerksamkeit und Wertschätzung erfahren.

Michael Pawlik

Die verkannte Nothelferin

Über die Bedeutung der Barmherzigkeit für das Recht

I.

Die Tugend der Barmherzigkeit ist, so scheint es, zu anspruchsvoll für das Recht. Selbstverständlich kann der einzelne Rechtsgenosse Barmherzigkeit üben, indem er gegen seine Schuldner Nachsicht walten lässt oder sich der Heimatlosen und Ausgestoßenen annimmt. Dies gilt jedoch als seine Privatangelegenheit und wird vom Recht grundsätzlich nicht positiver bewertet als das Verhalten desjenigen, der seine Rechte bis zum Äußersten auszureizen und sich von den damit verbundenen Anstrengungen durch Champagnerbäder zu erholen pflegt. Wie der Frankfurter Philosoph Christoph Menke jüngst in Erinnerung gerufen hat, besteht das spezifisch Moderne am modernen Recht gerade in seiner Indifferenz gegenüber der sittlichen Dignität individueller Rechtspositionen. Diese Indifferenz kann sich das heutige Recht nicht zuletzt deshalb leisten, weil im Zuge der Expansion des Sozialstaats zahlreiche Leistungen, die früher als Werke der Barmherzigkeit galten, von der öffentlichen Hand übernommen worden sind. Für die Betroffenen bedeutet diese Entwicklung einen kaum zu überschätzenden Statusgewinn: Statt auf mildtätige Zuwendungen hoffen zu müssen, können sie jetzt subjektive Rechte ins Feld führen, die sie ausweislich zahlreicher Gerichtsurteile bisweilen mit einer Hartnäckigkeit durchzusetzen suchen, die derjenigen des unbarmherzigen Mr. Scrooge um nichts nachsteht.

Noch schwerer als im Raum privater Rechtsausübung ist der Stand der Barmherzigkeit im Bereich amtlicher Verrichtungen. Die rechtliche Bindung aller staatlichen Herrschaftsausübung bedeutet in erster Linie eine weitreichende Einschränkung der Gesichtspunkte, die zur Beurteilung individueller Sachverhalte herangezogen werden dürfen. Der Richter hat beim Vorliegen der gesetzlichen Voraussetzungen den beantragten Räumungsbeschluss zu erlassen, selbst wenn er weiß, dass er dadurch eine vielköpfige Familie auf die Straße setzt. Der Beamte im Sozialamt hat den Antrag auf eine gesetzlich nicht vorgesehene Leistung abzulehnen, auch wenn er persönlich sie dem Antragsteller von Herzen gönnt. Wie schwer es die Barmherzigkeit im modernen Anstaltsstaat hat, wird exemplarisch deutlich an dem Misstrauen, das seit dem späten 18. Jahrhundert dem landesherrlichen Gnadenrecht entgegengebracht wird. Für Kant ist das Gnadenrecht »wohl unter allen Rechten des Souveräns das schlüpfrigste«. Zwar sei es wie kaum ein anderes dazu geeignet, den Glanz der Hoheit des Souveräns zu beweisen, jedoch tue dieser durch seine Ausübung in hohem Grade Unrecht. Da das Strafrecht nicht der individuellen Dispositionsbefugnis des Souveräns unterliegt – der Fürst ist bei Kant eben nicht mehr der Herr und Eigentümer seines Staates, sondern nur mehr dessen erster Diener –, verfügt dieser durch die Begnadigung nämlich über ein Recht, das ihm nicht zusteht. Im Übrigen gilt auch für das Gnadenrecht, dass seine Bedeutung umso geringer wird, je weiter die Ausdifferenzierung der Rechtsordnung voranschreitet. So fungierte das Begnadigungsrecht im Deutschen Kaiserreich vor allem als funktionales Äquivalent zu der noch weitgehend fehlenden Möglichkeit einer Strafaussetzung zur Bewährung. Mit der Schließung dieser Lücke wurde der schon von den Zeitgenossen als verfehlt gerügte Rückgriff auf das Institut der landesherrlichen Gnade entbehrlich.

II.

Innerhalb der normativen Binnenlogik des Rechts spielt die Tugend der Barmherzigkeit demnach keine eigenständige Rolle mehr. Der in seinem praktischen Tun aufgehende Jurist mag sich mit diesem Befund zufriedengeben und sich aufs Neue seinen Akten zuwenden. Sein rechtsphilosophisch interessierter Kollege wagt hingegen einen zweiten Blick auf das Thema. Die Grundhaltung des Philosophen ist bekanntlich das Staunen. Was seine Mitbürger als selbstverständlich hinnehmen, wird ihm zum erklärungsbedürftigen Problem. Worüber staunt ein Rechtsphilosoph? Meines Erachtens in erster Linie darüber, dass die Zähmung der Macht durch das Recht nicht allein den Gegenstand literarischer Abhandlungen und wohltönender Proklamationen bildet, sondern sich – wie unvollkommen auch immer – in der sozialen Wirklichkeit behaupten kann. Die aus einem solchen Staunen erwachsende Rechtsphilosophie befasst sich, in Hegel'scher Terminologie gesprochen, nicht lediglich mit dem *Begriff*, sondern mit der *Idee* des Rechts: dem Begriff, »zur Wirklichkeit einer Welt gestaltet«. Der Rechtsphilosoph kann sich demnach nicht damit begnügen, Aussagen darüber zu tätigen, wie das Recht aussehen *soll*; er muss sich vielmehr auch damit auseinandersetzen, wie es seine wirklichkeitsprägende Macht *gewinnt* und *bewahrt*.

Kant war noch der Überzeugung, die Aufrechterhaltung der Rechtsordnung könne ausschließlich durch ein die selbstsüchtigen Neigungen der Menschen zuverlässig neutralisierendes Netz staatlicher Behörden bewerkstelligt werden; auf eine entgegenkommende Motivationsstruktur der Bürger komme es nicht an. Das Problem der Staatserrichtung sei deshalb, »so hart wie es auch klingt, selbst für ein Volk von Teufeln (wenn sie nur Verstand haben), auflösbar«. Wie der englische Kriminologe David Garland darlegt, avancierte diese Auffassung zeitweise geradezu zum Credo der »Hochmoderne«. Sie ist jedoch unzutreffend. Da die Obrigkeit in einem Volk von Teufeln ausschließlich auf das Motivierungsmittel der Zwangsdrohung zurückgreifen kann, ist *conditio sine qua non* der von ihr zu bewirkenden Rechtswahrung die Existenz eines schlagkräftigen und weitverzweigten Zwangsapparats. Der Preis für dessen Einrichtung ist jedoch außerordentlich hoch: Er besteht in der Installierung eines umfassenden Überwachungssystems. Fichte hat diese Konsequenz ausdrücklich gezogen: Vor die Aufgabe gestellt, ein Rechtssystem zu konzipieren, das in seinem Bestand von der Moralität der Bürger unabhängig ist, empfiehlt er einen Staat, in dem »die Polizei ... so ziemlich (weiß), wo jeder Bürger zu jeder Stunde des Tags sei, und was er treibe«.

Dies würde allerdings nicht nur die bürgerliche Freiheit zerstören, sondern auch die organisatorischen Kapazitäten des Staates bei Weitem überfordern; dieser würde an seinem Überwachungshunger buchstäblich ersticken.

Die Erzwingungskosten einer Rechtsordnung lassen sich demnach nur dann in einem freiheitstheoretisch akzeptablen Rahmen halten, wenn rechtstreues Verhalten sich für die Rechtsunterworfenen größtenteils von selber versteht. Der Rückzug äußerer Disziplinierungsinstanzen muss mithin durch eine hinreichend verlässliche Selbstzucht der Rechtsgenossen ausgeglichen werden. Diese Selbstzucht kann das Recht nicht erzwingen; sie muss, mit Ernst-Wolfgang Böckenförde gesprochen, vielmehr »aus der moralischen Substanz des einzelnen und der Homogenität der Gesellschaft« hervorwachsen. Insofern lebt der Staat – auch, ja gerade der freiheitliche Staat – nach Böckenfördes berühmtem Diktum »von Voraussetzungen, die er selbst nicht garantieren kann«.

III.

Damit hat es jedoch nicht sein Bewenden. Auch in einer von ihren Angehörigen als im Großen und Ganzen funktionierend erlebten Rechtsordnung kommen, wie die Kriminologie lehrt, Tag für Tag Massen von Rechtsbrüchen vor. Welcher Jugendliche fährt nicht gelegentlich schwarz, welcher Autofahrer übertritt nicht mehrmals pro Fahrt die vorgeschriebenen Geschwindigkeitsbegrenzungen und welche Mittelstandsfamilie erspart sich nicht allzu gern die Steuern und Sozialabgaben für ihre Putzfrau? Dass diese Rechtsbrüche in aller Regel unverfolgt bleiben, mag vom Standpunkt eines strengen Rechtsdenkens her bedauerlich erscheinen; aus der Warte einer wirklichkeitssensiblen Rechtsbetrachtung ist es jedoch ein Glück. Kein System sozialer Normen kann einer perfekten Verhaltenstransparenz ausgesetzt werden, ohne sich entweder maßlos zu übernehmen oder aber, wie der Soziologe Heinrich Popitz es ausdrückt, sich angesichts der Fülle nichtsanktionierter Normverstöße zu Tode zu blamieren. »Tiefstrahler können Normen nicht ertragen, sie brauchen etwas Dämmerung«, und diese Dämmerung wird erzeugt durch vielfältige Strategien des Wegschauens, Ausweichens und Herunterredens im Hinblick auf Normverletzungen. Dadurch wird eine Sphäre eröffnet, in der sich »das Normen- und Sanktionssystem nicht beim Wort nehmen muss, ohne doch seinen Geltungsanspruch offenkundig aufzugeben«.

Wer sich solcher Entdramatisierungsstrategien bedient, kann dafür ganz unterschiedliche Gründe haben, beispielsweise ein generelles Desinteresse an der staatlichen Normenordnung oder den Wunsch, sich Arbeit und Ärger zu ersparen. Nicht selten, vor allem wenn es um Täter aus dem eigenen persönlichen Umfeld oder um junge Menschen geht, spielen aber auch andere Motive in die Entscheidung hinein, die Dinge auf sich beruhen zu lassen: »Eigentlich ist er doch kein schlechter Kerl«, »Wir sind alle keine Engel«, »Ich bin schließlich auch einmal jung gewesen«. Die Haltung, die derartigen Äußerungen zugrunde liegt, lässt sich als die *kleine Münze der Barmherzigkeit* bezeichnen. Aus ihr spricht zwar kein Heroismus der Tugend, die ihren Inhaber für ein Heiligsprechungsverfahren prädestiniert, aber doch eine Großzügigkeit, die das Miteinander-Leben, welches sich häufig genug in einem Einander-Ertragen erschöpft, leichter gelingen lässt und es den Rechtsgenossen – nochmals mit Popitz gesprochen – ermöglicht, sich ein über Gebühr günstiges Bild von der Geltungskraft rechtlicher Normen zurechtzulegen.

Womöglich noch größer ist die befriedende Wirkung, die von dem Verzicht auf eine Rechtsdurchsetzung um jeden Preis ausgeht. Der bis in die letzte Instanz hinein ausgefochtene »Kampf ums Recht« (Rudolf von Jhering) ist – aus der Warte der Rechtspflegeinstitutionen ist zu ergänzen: gottlob – die seltene Ausnahme. Die meisten Menschen suchen, auch wenn sie davon überzeugt sind, das Recht auf ihrer Seite zu haben, in Konfliktfällen zunächst einen Kompromiss und sind dabei häufig auch zu erheblichen Konzessionen bereit. Zwar können die Beweggründe eines solchen Verhaltens erneut von ganz unterschiedlicher Qualität sein; nicht selten wird die Angst, sich auf dem unübersichtlichen Terrain des Rechts auf einen Kampf mit einem vermeintlich übermächtigen Gegner (etwa einem großen Unternehmen) einzulassen, den Einzelnen davon abhalten, sein Recht mit dem in dieser Situation erforderlichen Nachdruck geltend zu machen. Nur ein mit einem hohen Maß an Blindheit gegenüber der Lebenswirklichkeit geschlagener Beobachter kann jedoch leugnen, dass das Bestreben, den anderen zu schonen, ihn »leben« und seine Selbstachtung wahren zu lassen, in vielen Fällen ebenfalls eine erhebliche Rolle spielt. Spätestens wenn das Gericht den Prozessbeteiligten nachdrücklich eine einvernehmliche Konfliktbeilegung nahelegt, kommen viele Streithansel zur Besinnung, rücken von ihrem vermeintlichen guten Recht ab und öffnen sich einer Verständigungslösung – eine im mentalitätsgeschichtlichen Vergleich alles andere als selbstverständliche rechtskulturelle Leistung, deren Beitrag zu einem friedfertigen gesellschaftlichen Gesamtklima nur selten die gebührende Würdigung erfährt.

IV.

Zusammenfassend gesprochen bedeutet dies: Die Rechtsordnung kann ohne einen generösen Umgang mit Rechtsbrüchen und Rechtskonflikten nicht bestehen, diese Generosität aber entspringt in vielen Fällen aus einer Einstellung unspektakulär-alltäglicher Nachsicht und Verständigungsbereitschaft. Die so verstandene, gleichsam zu kleiner Münze gewechselte Barmherzigkeit gehört deshalb zum Kreis jener Tugenden, auf deren weitgehend selbstverständliches Vorhandensein das Recht sich um seiner eigenen Existenz willen verlassen muss, ohne sie mit seinen Mitteln *schützen* oder auch nur *schätzen* zu können. In einem Wort: Die Barmherzigkeit ist eine verkannte Nothelferin des Rechts.

Hermes Andreas Kick

Zur Barmherzigkeit in der therapeutischen Situation

I.

Greift man zu modernen Standardwerken ärztlicher Therapeutik, wird man den Begriff der Barmherzigkeit vergeblich suchen. Dies gilt auch für renommierte Lehrbücher der psychotherapeutischen und psychosomatischen Praxis und Theorie[1] oder für hinsichtlich ethischer und grundlegender theoretischer Fragen kompetente Werke.[2] Barmherzigkeit steht offensichtlich nicht im Reflexionsbereich heutigen ärztlichen Handelns. Bemerkenswert ist, dass auch die antike Medizin in ihren ethischen Grundsätzen unter Einbeziehung der klassischen Tugenden, wie sie sich im *Corpus Hippocraticum* verdichten, sich vorwiegend beschäftigt mit Themen des Eingreifens, der Einflussnahme und auch der Machtausübung des Arztes in Verantwortung gegenüber dem Leben.[3] Selbstverständlich vorausgesetzt wurde, dass der Arzt als Helfender und Heilender dem

1 Vgl. Thure von Uexküll / Wolfgang Wesiack, *Theorie der Humanmedizin. Grundlagen ärztlichen Denkens und Handelns*, München 1988.
2 Vgl. Karl Eduard Rothschuh, *Prinzipien der Medizin. Ein Wegweiser durch die Medizin*, München/Berlin 1965.
3 Hermes Andreas Kick, »Die therapeutische Situation. Handlungsfeld zwischen Macht und Ohnmacht, Gewalt und friedensstiftender Form«, in: Hermes Andreas Kick / Theo Sun-

ausschließlich lebensdienlichen Handeln verpflichtet war, das die Grundlage des Vertrauens bildete für den, der in Not war, weswegen er wagen konnte, sich in eine *therapeutische Situation* zu begeben, um Hilfe zu erlangen.

Mit der Zusammenführung antiker und christlicher Perspektiven in der Philosophie des Mittelalters erweiterten sich die anthropologischen Grundmuster im Blick auf normative Kriterien auch im Bereich der Medizin. Die Leiblichkeit und eben auch der *leidende Leib* gewinnen in der Erlösungs-Dramaturgie der christlichen Religion, die auf die Auferstehung des Leibes als eines ganzheitlichen Geschehens hin konzipiert ist, eine hohe Bedeutung. Außer Frage stand daher, dass das fragile Gehäuse des *Homo patiens* einer ganzheitlichen Zuwendung des behandelnden Arztes bedurfte, darüber hinaus allerdings auch einer *Ars vivendi*, damit er durch eigenverantwortliche Lebenskultur zur Heilung und zum Heil beitragen konnte.[4] Mit Beginn der Neuzeit zerfiel die ganzheitliche menschenbildliche Perspektive, wesentlich befördert durch die zunehmende Dominanz eines empirisch verengten Ansatzes, der sich auf die unbestreitbaren Erfolge des reduktionistischen Wissenschaftsverständnisses beziehen konnte. Darauf folgte eine fundamentale Verunsicherung der bis dahin gültigen therapeutischen Ethik und Identität,[5] die sich über

dermeier (Hrsg.), *Gewalt und Macht in Psychotherapie, Gesellschaft und Kunst*, Berlin 2014, 45-60.

4 Heinrich Schipperges, *Die Technik der Medizin und die Ethik des Arztes. Es geht um den Patienten*, Frankfurt a.M. 1988, 76-77.

5 Hermes Andreas Kick, »Ethische Verantwortung des Therapeuten. Die Rolle von Patienten und Kunden«, in: *Deutsches Ärzteblatt* 103 (2006), 1206-1208, 38-39.

Jahrhunderte auf das ganzheitliche Menschenbild gestützt und ihre Handlungslegitimität darauf bezogen hatte. In dieser Unklarheit stellte sich die Frage der Legitimation ärztlichen Handelns und Eingreifens neu. Diese sich gegenüber den neuen wissenschaftstheoretischen Anforderungen ergebende Handlungsunsicherheit, in der sich die dringende Notwendigkeit einer weiter zu differenzierenden und neu zu bestimmenden ärztlichen Identität und Ethik anzeigte, gelangte in der Folge zu fragwürdigen Lösungsvarianten. Die umfassende ärztlich-klinische Perspektive war in der Mitte des 19. Jahrhunderts in einem sich deutlich abzeichnenden Traditionsabbruch verloren gegangen in jener Wende zum naturwissenschaftlichen »reduzierten Modelldenken« in der Klinik, wie sie Schipperges[6] dargestellt hat. Naturwissenschaftliches Denken und objektivierende Distanz schienen ausreichend und zudem die einzig verbindliche Bezugsebene ärztlicher Handlungskompetenz und zugleich also auch der Ethik zu sein.

Entscheidend ist nun, dass in dieser Krise tatsächlich deutlicher wurde, dass zum einen ein verabsolutierter, naturwissenschaftlich-objektivierender Standpunkt zur Erfüllung des ärztlichen Auftrages nicht tragfähig genug ist: Es war zu offensichtlich, dass objektive Naturerkenntnis, zumal angesichts der Grenzen des wissenschaftlich Erkennbaren, die Gefahr mitmenschlichen Desinteresses und der Ratlosigkeit in sich barg und zu einem Verfehlen des therapeutischen Humanum führte. Andererseits zeigte sich in der subjektiven Vereinseiti-

6 Vgl. Heinrich Schipperges, *Die Technik der Medizin und die Ethik des Arztes. Es geht um den Patienten. Frankfurt a. M. 1988.*

gung die Gefahr einer Auflösung der Verantwortungsstrukturen und schließlich einer Handlungsunfähigkeit des Arztes. Jede dieser Ebenen konnte somit, wenn sie lediglich isoliert zur Geltung kam, dem Legitimationserfordernis ärztlicher Handlungszusammenhänge nicht entsprechen. Das Bewusstwerden dieser in der ärztlichen Situation offensichtlich angelegten und dem wissenschaftlichen Erkennen vom Menschen inhärenten Aporien verlangte nach einer *Neubesinnung*.

II.

Von grundlegender Bedeutung für die therapeutische Offerte ist der Umstand, dass die Rahmenbedingungen, zu denen der Beginn und das Ende der Situation gehören, nicht frei bestimmbar sind, sondern durch die Krankheit diktiert werden. Daraus resultiert, dass die Rahmenbedingungen in der *akuten* therapeutischen Situation nicht zum Verhandlungsgegenstand werden können und dürfen. Dazu gehören auch Fragen der Bezahlung bzw. der Höhe des Honorars für eine bestimmte therapeutische Leistung. Wenn der Therapeut zur Verfügung stehende Mittel im Bedarfsfall einsetzt oder nicht einsetzt, sind damit ethische Fragen der Verteilungsgerechtigkeit innerhalb der therapeutischen Situation angesprochen. Sie sind dem Arzt nicht abzunehmen. Sie sind im individuellen Falle nicht immer einklagbar, unterliegen jedoch stets dem *Barmherzigkeitsgebot*.

Hier sieht sich der heute tätige Arzt vor einem schwierigen integrativen Aufgabenfeld. Eine Leitlinie für den verlangten integrativen Balanceakt kann hier nur durch eine Orientierung hin auf die vorgegebene *therapeutische Situation* und durch eine Klärung ihrer anthropologischen Grundvoraussetzungen gewonnen werden. Hierzu hat von Gebsattel[7] Ausführungen von fundamentaler Bedeutung gemacht. Er unterscheidet *drei Sinnstufen* ärztlichen Erkennens und Handelns. Auf jeder dieser Stufen begegnen sich der Arzt und der kranke Mensch in anderer Weise. Zunächst nennt von Gebsattel die *elementar-persönliche Stufe*. Sie ist die Begegnungsstufe des unmittelbaren Angerufenseins durch die Not des Leidenden, welche den Kontakt zwischen Helfer und Patienten herstellt. Sie ist zugleich die Begegnungsstufe, in der mit der Befangenheit des Patienten in seinem Leid die Subjektivität des Patienten und eine elementare Empathie des Arztes dominiert. Zu beachten ist zweitens die *sachlich differenzierende Entfremdungsstufe*, das heißt eine Sehweise, die auf dem Boden einer ärztlichen Untersuchung und Befunderhebung näherungsweise Objektivität ermöglicht. Diese *distanzierend-objektivierende Ebene* ist für den diagnostischen und therapeutischen Prozess unerlässlich; die diagnostische Objektivierung ist eine unabdingbare Komponente der Indikationsstellung für einen ärztlichen Eingriff. Da jeder *Eingriff* ein Wagnis umschließt, bedarf dieser eben einer *besonderen Legitimation*. Die Begründung auf der ersten und zweiten Ebene hat sich jedoch auf einer weiteren, eben der *dritten Begegnungsebene*, zu bewähren, derjenigen nämlich der *Partnerschaft von Arzt und Patient*. Eine zentrale ärzt-

7 Viktor Emil von Gebsattel, »Die Sinnstruktur der ärztlichen Handlung«, in: *Studium generale* 6 (1953), 461-471.

liche Aufgabe besteht darin, sich der jeweiligen, relevanten Begegnungsstufe bewusst zu sein und praktische Folgerungen für das Erkennen und Handeln daraus zu ziehen.

Nun aber stellt sich die Frage, ob sich überhaupt ein Weg für die praktische Umsetzung dieser weitgespannten ethischen Ansprüche finden lässt, der die *Aufhebung der initialen Machtfrage* in einem neuen gemeinsamen Wert, einem Zusammenfinden von Arzt und Patient ermöglicht. Kann es dazu überhaupt feste Handlungsanweisungen geben oder ist es nicht vielmehr so, dass Lösungen über die Möglichkeiten einer professionalisierten und institutionalisierten Heilwissenschaft hinausgehen? Zwar gilt, dass nur im Rahmen von institutionellen Strukturen Daseinsformen zu entwickeln, Rechtssatzungen und Vorschriften zu geben sind, durch die nicht nur die Überlieferung der Lehre und Kunst möglich würde, sondern auch Gefahren abgewehrt werden könnten, so Jaspers.[8] Doch können *institutionelle Strukturen* umgekehrt die *Verwirklichung des ärztlichen Auftrages* und der ärztlichen Ethik *nicht gewährleisten*. Hierzu bedarf es einer Transzendierung der institutionellen Gegebenheiten und professionellen Muster, die erst die Möglichkeit hin zu einer personalen Synthese eröffnet.

Hier trifft man auf das Problem, dass institutionelle bzw. staatliche Rahmenbedingungen *Ressourcen verteilen* und *begrenzen*. Sie limitieren die Ressourcen und werfen damit sozialethische und politische Fragen der

8 Karl Jaspers, *Allgemeine Psychopathologie*, Berlin/Heidelberg/New York 1965, 679.

gerechten Verteilung und der *Humanisierung der Limitierung* auf.[9] Natürlich sieht sich das *Gesundheitswesen* in unserem politischen System wie andere Kulturprodukte auch stets mit Fragen der Wirtschaftlichkeit konfrontiert. Die Besonderheit hinsichtlich des Gegenstandsbereiches Gesundheitswesen indes ist, dass bei Misslingen dieses Unternehmens stets grundlegende humane Werte gefährdet sind. Wenn die These richtig ist, dass die ungeklärten Fragen unseres Gesundheitswesens die inneren Systemwidersprüche unserer freiheitlichen, liberalen und sozialen Demokratie paradigmatisch widerspiegeln, so kann in der Bearbeitung der damit deutlich werdenden Probleme eine Überlebensfrage gesehen werden. Es wäre nicht das erste Mal, dass sich so aus einem medizinischen Modell weitergreifende politische Lösungsansätze ergeben.

Der innere Systemwiderspruch unserer Gesellschaftsordnung und so auch unseres Gesundheitswesens liegt darin, dass es *wirtschaftlich* als Überlebensstrategie auf *Rentabilität* setzen muss, jedoch sich daraus die Lösung der sozialen Fragen und mit ihr die *Verwirklichung menschlicher Werte keineswegs von selbst* ergibt. Die Verwirklichung von menschlichen Werten, Förderung der Schwachen, Sorge um die Kranken, bedarf ihrerseits freilich einer wirtschaftlichen Basis, soll sie auf Dauer gelingen. Ein System, das den Kontakt zu den wirt-

9 Hermes Andreas Kick, »Patienten oder Kunden – Therapeutische Offerte oder Marketing: Anthropologische Unterscheidung und ethische Konsequenzen«, in: Hermes Andreas Kick / Jochen Taupitz (Hrsg.), *Gesundheitswesen zwischen Wirtschaftlichkeit und Menschlichkeit,* Münster 2005, 151-177, 174.

schaftlichen Ressourcen verliert, kann nicht überleben und wird damit auch in der humanen Umsetzung der Werte scheitern. Unser freiheitliches System hat den Vorteil, dass diese *Systemwidersprüche* gesehen und *offengelegt werden können.*

III.

Therapeutische Identität ist auf situative Ethik hin angelegt und hat in innerer und äußerer dialogischer Auseinandersetzung um Ausgleich zwischen der objektivierenden Ebene und der Subjektstufe besorgt zu sein, um schließlich zu einer *personalen Synthese der Perspektiven zu gelangen.* Es ist dies die *dritte Stufe* nach von Gebsattel, der Ort der *Begegnung*, die Stufe der *Partnerschaft* von Arzt und Kranken. Mit der jeweils sehr individuellen Begegnungsgestaltung auf der dritten personalen Stufe ergibt sich die Chance neuer Wertbildung, der Erfassung und Gestaltung vorher nicht gesehener Lösungsmuster für Patient und für Therapeut. Die damit sich abzeichnenden Konsequenzen der Differenzierung der Sinn-Ebenen ermöglichen die Verwirklichung dessen, was als *Barmherzigkeit* in der *therapeutischen Situation* in den Blick gelangen muss. Wir sind abhängig von liebender Zuwendung vom ersten bis zum letzten Tag. Weder die biologischen noch seelischen noch sozialen Ausgangsbedingungen für unsere Existenz konnten wir selbst bestimmen. Der Dialog mit einem sterbenden Menschen, der Dialog mit einer schwangeren Frau, die offensichtlich ein krankes Kind zur Welt bringen wird, hat, wird er existentiell stimmig geführt, eine andere zwischenmenschliche Struktur als die einer Abfrage und eines Feststellens von Merkmalen, aus denen dann Schlüsse zu ziehen und Handlungsentwürfe zu entwickeln sind.

Wenn die Würde des Menschen primär in der autonomen Selbstbestimmung begründet wäre, so wäre eigentlich jeder Zustand, in dem der Mensch sich nicht selbst bestimmen kann, ein »menschenunwürdiger« Zustand. Eine Ethik der Fürsorge könnte allenfalls gerechtfertigt werden, wenn sie die Selbstbestimmung zum Ziel hat oder verlorengegangene Autonomie auf dem schnellstmöglichen Wege wiederherstellte. Damit bliebe das Ethos der Fürsorge der Ethik der Autonomie untergeordnet. Wenn die Fürsorge fehlt, bietet die Ethik der Autonomie keinen Schutz mehr, sondern sie macht aus dem Recht der Selbstverfügung ein Recht auf Verfügung über das Leben anderer bis hin zu seiner Vernichtung. Die Forderung nach Euthanasie ist Ausdruck einer Radikalisierung der Freiheit hin zu einer Autonomie-Vorstellung, die die letztlich immer bleibende Abhängigkeit vom anderen, der Natur, der Umwelt, den Mitmenschen aufheben möchte, einer Vorstellung, die das Leben nur sich selbst verdanken möchte. Barmherzigkeit dagegen leitet ein Handeln, das sich in den Gegensatz von Fürsorge und Autonomie begibt. Dieser Ansatz kennt auch eine Ethik des Verzichtes und des Erleidens und nicht nur eine Ethik der aktiven Lebensgestaltung. Er kennt nicht nur eine Ethik der Macht, die die Ohnmacht durch Macht zu überspielen versucht, sondern auch eine Ethik des »Seinlassens«, der inneren Annahme des »Verfügten« (Schicksal).

In einem solchen therapeutischen Gestaltungsraum

kann die *Barmherzigkeit* seitens des therapeutischen Akteurs ebenso Raum finden wie die korrespondierende *Dankbarkeit* des Empfangenden. Dass dieser Prozess nicht etwa als Abwertung oder Überhöhung einer der Akteure missverstanden werden darf, ist Aufgabe, die Arzt und Patient, beide, zu bewältigen haben.

Barmherzigkeit ist so in der therapeutischen Situation bei den sich auftuenden Spannungsfeldern zwischen einer adäquaten, d.h. gerechten Verteilung begrenzter Güter und der menschlich notwendigen Zuwendung die *Antwort auf die Not des Entscheiders in der Grenzsituation.* Barmherzigkeit ist die Lösung der Not des Entscheiders, der die individuelle Not und die begrenzten Ressourcen zu berücksichtigen hat und der dieses Dilemma beantwortet mit seinem persönlichen Einsatz des Sehens und Handelns. In der therapeutischen Situation ist Barmherzigkeit als *leibliches* wie als *geistiges* Werk zu realisieren. Sie ist insofern transzendierende Antwort auf die erkannten Dilemmata; sie hat zu tun mit der Hoffnung auf das Neue,[10] wie dieses bisher nicht zu fassen war, aber jedem wahren Kunstwerk eigen ist.

10 Zentralkomitee der deutschen Katholiken 1995, *Barmherzigkeit – eine neue Sichtweise zu einem vergessenen Aspekt der Diakonie*: »Der Sozialstaat bedarf der erneuernden Impulse aus dem Geist der Barmherzigkeit.«

Kein billiges Mitleid. Barmherzigkeit als Grundhaltung

Ein Gespräch mit Schwester Basina Kloos FBMVA

Liebe Schwester Basina, Barmherzigkeit ist ein Thema mit ungeheuer weiten Facetten. Wenn Sie an wichtige Momente in Ihrem Leben denken, in denen Sie Barmherzigkeit erfahren oder selbst barmherzig gehandelt haben: Was bedeutet Barmherzigkeit für Sie ganz persönlich?

Der Begriff Barmherzigkeit hat sich für mich mit meinem Gottesbild verändert. Ich habe früher, in jungen Jahren, an einen Gott geglaubt, der sehr an Normen und Gesetzen gebunden war. Seit etwa 20 Jahren orientiere ich mich an einem barmherzigen Gott. Die Barmherzigkeit ist für mich dabei zu einer Grundhaltung geworden, die aber nicht Gefahr laufen darf, dass jeder, der diese von mir erfährt, mich ausnutzen kann. Für mich ganz persönlich bedeutet die Barmherzigkeit, dass ich zwei Verhaltensweisen verinnerlicht habe: zum einen das Erbarmen mit den Menschen und zum anderen die Haltung, den Menschen mit dem Herzen zu sehen. Aber auch der Schöpfung gegenüber sollte man barmherzig sein. Das ist ein anderes Thema, auf das ich später eingehen möchte.

Ich gebe jedem Menschen, bei dem ich die Erfahrung mache, dass er oder sie Barmherzigkeit notwendig hat, eine Chance. Gerade wenn man in einem großen Unternehmen eine Führungsrolle wahrnimmt, habe ich mir damit häufiger Probleme eingehandelt. Andere denken: „Der Mitarbeiter muss raus, der hat bei uns keine Chance. Er bringt die Leistung nicht, viele Gespräche haben nichts gebracht!" Ich sehe das dennoch anders. Ich hole den Menschen da ab, wo er steht. Und dort versuche ich, auf seinen Stärken aufzubauen. Ich gebe ihm so die Chance, aus seinem Leben etwas zu machen. Das tue ich privat, aber auch im Unternehmen.

Wann haben Sie selbst Barmherzigkeit erfahren?

Darauf kann ich nur antworten, dass ich sie täglich erfahre. Meine Mitschwestern müssen mich so nehmen, wie ich bin, und ich nehme sie auch so, wie sie sind. Da ist nicht immer Barmherzigkeit gefragt, aber Toleranz. Diese beiden haben etwas miteinander zu tun. Auch wenn ich Fehler gemacht habe, erfahre ich Barmherzigkeit. Ich gestehe allerdings, dass man, wenn man an der Spitze steht, nicht immer die Wahrheit erfährt, wie also wirklich gedacht wird. Man erfährt auch nicht immer, ob jemand jetzt aus Barmherzigkeit handelt oder aus Anpassung oder Angst.

Ich möchte dennoch sagen, dass ich in meiner Gemeinschaft als Generaloberin oft Barmherzigkeit erfahren habe, denn als Generaloberin macht man Fehler. Je mehr man sie sich eingesteht, umso mehr wird man Mensch für die Mitschwestern und die Mitarbeiter. Ich erfahre dann Barmherzigkeit immer da, wo sie mir verzeihen. Da kommt Barmherzigkeit ins Spiel. Aber das tiefste Geheimnis bedeutet für mich: Ich erlebe Gott als barmherzig, und in Notsituationen erfahre ich immer wieder, dass er mir hilft.

Für mich ist Barmherzigkeit kein billiges Mitleid. Immer dann, wenn ich glaube, dass irgendwo Barmherzigkeit gefragt ist, denke ich darüber nach. Im Moment setzte ich mich damit auseinander, wie die Kirche mit denen, die versagt haben, barmherzig sein müsste. Solche, die einmal einen Fehler gemacht haben, dürfen nicht einfach auf die Seite gestellt, ohne geführt und begleitet zu werden. Das nenne ich nicht barmherzig. Wenn jemand einen Fehler gemacht hat, dann muss er meines Erachtens eine Chance bekommen. Ich habe durchaus schon mehrere erlebt, die ihre Chance nutzten und ihre Rolle sehr gut wahrnehmen, gerade weil sie einen Fehler gemacht und Barmherzigkeit erfahren haben. Wenn ein Mensch Barmherzigkeit erfährt, erlebt er auch für sich selbst wieder Hoffnung. Eine Ausnahme sind für mich Missbrauchsfälle, da sage ich ganz klar »Nein« zu neuen Chancen, denn da liegt die Situation anders. Dennoch bedürfen auch diese Menschen der Barmherzigkeit.

Ist es nicht auch eine Signatur unserer Zeit, dass Barmherzigkeit immer weniger verstanden wird und dass unsere gesamte Gesellschaft sehr stark verrechtlicht ist. Hat dann die Barmherzigkeit, die das Recht sogar unterlaufen kann, vielleicht gar keine Heimat mehr?

Das kann sein. Gerechtigkeit und Barmherzigkeit müssen allerdings unterschieden werden. Ich suche mein Leben lang nach Gerechtigkeit. Wir haben in allen unserer Unternehmen 20.000 Mitarbeiterinnen und Mitarbeiter. Und es gelingt nicht immer, gerecht zu sein. Wenn wir uns nach Gesprächen trennen, war mir immer wichtig, dass Menschen erhobenen Hauptes gehen konnten und sie sich nicht verurteilt fühlten.

Würden Sie denn sagen, dass auch außerhalb der kirchlichen Unternehmen, in Wirtschaft und Politik, Barmherzigkeit notwendig ist? Wenn z. B. junge Menschen heute etwas über Barmherzigkeit hören, fällt es ihnen oft schwer, das Wort überhaupt zu verstehen. Wie kann man in einem säkularen Kontext, der nicht kirchlich geprägt ist, die Notwendigkeit der Barmherzigkeit erklären?

Ich finde das gar nicht so schwierig. Ich bin einmal mit Industriellen der obersten Garde gecoacht worden, mit Vorständen von Austrian Airlines, Siemens, der Schweizer Kreditanstalt und vielen anderen. Ich dachte erst, ich sei unter diesen eine graue Maus. Aber ich habe bereits am zweiten Tag erlebt, dass sie alle mit Wasser kochen und die gleichen Probleme haben wie ich. Einmal haben wir ganz lange über das Thema »Gottesbild« gesprochen. Damals war mein Gottesbild bereits das des barmherzigen Gottes. Viele Teilnehmer verstanden das nicht. Aber über dieses Thema fanden sie einen Zugang zum Thema »Barmherzigkeit« und haben Beispiele dafür gefunden, wie man diese auch in einem Unternehmen umsetzen kann. Ich werde nie vergessen, wie der Teilnehmer einer großen Schweizer Bank sagte: »Sie haben mir jetzt den Schlüssel geliefert! Ich werde jetzt einen Arzt einstellen, der in unserer Bank unseren Leuten hilft, ihre beruflichen Probleme zu lösen. Ist das Barmherzigkeit?« »Ja, ein Ansatz«, sagte ich dann.

Bei der Jugend ist es wieder ein bisschen anders. Ins Gespräch über Barmherzigkeit bin ich mit jungen Leuten mehr über den beruflichen Kontext gekommen. Ich habe lange Krankenschwestern ausgebildet und in der Krankenpflege Ethikunterricht gegeben. Die Schülerinnen und Schüler wollten dann immer das Gleichnis vom barmherzigen Samariter erklärt haben. Die jungen Menschen aber sind heute kritisch. Ein Schüler folgerte: »Aber heute sind doch alle in der Krankenkasse. Wir werden doch bezahlt!« Da war ich einen Moment lang herausgefordert. Im Dialog sind wir uns nähergekommen. Meine Frage: »Begegnen Sie dem Menschen, weil er Gottes Ebenbild ist oder weil Sie bezahlt werden? Er antwortete: »Weil er eine Würde hat«. Wenn wir die Pflege so gestalten, wird sie zu einem Werk der Barmherzigkeit.

Der Samariter ist ja wirklich nach wie vor eine leuchtende Figur. Viele können etwas mit ihm anfangen, selbst wenn sie es vielleicht gedanklich nicht eingeholt haben. Er ist so etwas wie ein »Kreativer« der Nächstenliebe. Sie haben eben sehr schön beschrieben, wie Sie das ihren Schülerinnen und Schülern vermittelt haben, dass man diese Haltung, eben diese Tugend, auch einbringen muss. Ist das denn im Krankenhaus wirklich möglich – trotz der gesamten Vorgaben, Standards und Prozessoptimierungen? Wird das nicht zunehmend schwierig?

Eine große Herausforderung, weil mit immer weniger Mitarbeitern immer mehr geleistet werden muss.

Es gibt Stammmitarbeiter, die für ein Klima der Barmherzigkeit kämpfen. Aber es gibt auch 30 oder 40 Prozent denen die Bedeutung eines einfühlsamen barmherzigen Verhaltens immer wieder vermittelt werden muss.

Das heißt, sie verstehen oft gar nicht das Anliegen?

Sie sind nicht so sozialisiert, sie haben es im Elternhaus nicht mitbekommen. Aber es lohnt sich, es lohnt sich wirklich, den jungen Menschen etwas zu vermitteln. Mich freut es am meisten, wenn von meinen 800 Schülern mir noch viele schreiben und es immer wieder mal durchklingt: »Was wir gelernt haben, hat sich fachlich verändert. Aber was Sie uns an Grundhaltungen mitgegeben haben, das haben wir bewahrt. Danke!«

Doch beginnt es schon bei den Lehrern. Ich glaube, wenn man etwas vermittelt, ist vor allem Selbsterfahrung wichtig. Wir haben Seminare für Sterbebegleitung durchgeführt. Als sich die Lehrer mit der Frage auseinandersetzen mussten, was der Tod für sie selbst bedeutet und was sie von Gott erwarten, kam es durchaus auch zu Tränen. In dem Moment sind sie alle beim barmherzigen Gott gelandet, weil sie ihn sich selbst wünschen. Lehre alleine bringt es nicht, sondern es braucht auch Selbst- und Glaubenserfahrung.

Man braucht Zeugen oder konkrete Vorbilder. Denn es gibt ja die Gefahr – vielleicht ist das auch die Krise der Barmherzigkeit in der Kirche –, dass man die Barmherzigkeit oft zu einer ganz abstrakten Tugend gemacht hat, zu einem lebensfernen Prinzip. Es ist interessant, dass für viele Menschen die Kirche ganz unbarmherzig wirkt – und das oft ganz zu Recht. Auch deshalb drehen Menschen der Kirche den Rücken zu. Wir haben jetzt sehr viel über Barmherzigkeit im Verhältnis Gottes zu den Menschen und der Menschen untereinander gesprochen. Gibt es eine Barmherzigkeit gegenüber der

Natur, den Tieren? Und was bedeutet das heute, in einer Zeit, in der wir ein Naturverhältnis haben, das oft ganz unbarmherzig ist. Sie hatten ja zu Anfang schon auf die Barmherzigkeit gegenüber der Schöpfung hingewiesen.

Ich bin Franziskanerin, und als Franziskanerin ist mir sehr früh der Gedanke der Beziehung zur Tierwelt, aber auch zur Natur vermittelt worden. Darum wollen wir uns auch dafür einsetzen, dass mit Tieren als Geschöpf gut umgegangen wird. Was ich persönlich als schwierig erlebe, selbst in meiner Gemeinschaft, ist, dass die Bedeutung der Barmherzigkeit gegenüber der Schöpfung im Ganzen so schwer zu vermitteln ist: Das beginnt beim Umgang mit Waschmaschinen und mit dem Wasserverbrauch. Was soll mit dem Abfall geschehen? Die Grünen hatten ja mal einen ganz guten Ansatz. Damals sagte man: »Franziskus war der erste Grüne.« Aber inzwischen sind sie so politisiert, dass diese Barmherzigkeit mit der Schöpfung nicht mehr so deutlich wird. Dennoch kann ich selbst nur immer wieder diese Bedeutung der Barmherzigkeit gegenüber der Natur bewusstmachen, sie vorleben und mich einmischen. Mit den kleinen Dingen beginnt es. Denn was wollen wir über Atomkraftwerke reden, wenn wir dort, wo wir selbst etwas ändern können, nichts tun. Wir sehen am Klimawandel, wie wir die Schöpfung verletzen. Der Dichter Rainer Kunze hat in seinem Haus ein großes Bild, auf dem steht: »Wir haben die Erde verletzt. Sie schlägt zurück.« Das liest jeder, der in das Haus kommt.

Gibt es die Notwendigkeit einer Barmherzigkeit auch gegenüber sich selbst?

Ja, die gibt es. Meine Mitschwestern sagen mir immer, dass ich mit mir wenig barmherzig bin. Das ist für mich ein Lernprozess, gerade jetzt, wo ich mehr Abstand vom Arbeitsprogramm nehme, denn ich habe immer zuerst die Aufgaben gesehen und habe mich dann erst um mich gekümmert. Es stimmt: Ich bin mir gegenüber wenig barmherzig. Wenn ich Fehler mache, brauche ich lange, bis ich sie mir verzeihe. Auf die Frage meines geistlichen Begleiters: »Ist das vielleicht auch Stolz?« denke ich nach. Ob ich es noch lerne, wird sich zeigen. Aber ich denke, wir wollen ja bis zum Ende des Lebens lernen.

Wir wünschen es Ihnen! Vielen Dank, Schwester Basina, für unser Gespräch!

Die Fragen stellten Martin W. Ramb und Holger Zaborowski.

Beate Glinski-Krause

Barmherzigkeit: globale Kraft der Mitmenschlichkeit

So wie sich Musikstile weltweit einander annähern, sich Musikschaffende anderen Kulturen öffnen, so ist Barmherzigkeit in die interkulturelle Dimension der Mitmenschlichkeit gerückt. Je mehr Menschen unterschiedlicher Kulturen miteinander zu tun haben, desto mehr ist auch ein Wissen um die jeweils andere Kultur erforderlich, um barmherzig sein zu können. Wer als Pflegender und Sterbebegleiter die Sterberituale anderer Kulturen nicht kennt, kann dem Sterbenden auch Leid antun. Barmherzigkeit ist heute nicht nur unmittelbare Zuwendung, sondern bedarf der Reflexion über sich selbst und den jeweils anderen.

Kirchensprachlicher Ursprung der Barmherzigkeit

Das Wort barmherzig (*misericors*) kommt aus der Kirchensprache. *Misericors*, das ist in der Übersetzung jemand, der ein Herz für Unglückliche, für Menschen in Not hat. Texte zur Barmherzigkeit finden sich nicht nur in den religiösen Texten des Judentums, des Christentums und des Islams, sondern auch in anderen Religionen. Das Neue Testament kennt sieben Werke der Barmherzigkeit: den Hungrigen sättigen, den Durstigen stillen, den Kranken pflegen, den Fremden beherbergen, den Nackten kleiden, den Gefangenen besuchen und den Toten bestatten.

Eine christliche Legende der Barmherzigkeit

Barmherziges Handeln kennen wir im Christentum aus den Heiligenlegenden. Die vom heiligen Martin, der einen Frierenden kleidet, ist die bekannteste. Sie sei kurz erläutert:

In Amiens geschah um 334 ein wichtiges Ereignis. Es begegneten sich zwei Menschen in unterschiedlichen Lebenslagen. Der eine hatte die Möglichkeit, dem anderen etwas zu geben, was der andere gerade nicht hat, aber dringend benötigt. Der heilige Martin teilt der Überlieferung nach seinen Militärmantel bei klirrender Kälte in zwei Teile, um die eine Hälfte einem um Erbarmen bittenden Bettler zum Schutz zu geben und mit der anderen sich zu schützen. Dies bringt Martin den Spott seiner Mitmenschen ein, gar eine Strafe für die Beschädigung militärischen Eigentums. Der Erzählung nach handelte Martin vom Geist Gottes durchdrungen barmherzig.

Barmherzigkeit und solidarischer Sozialstaat

Übertragen auf die demokratische Rechtsstaatlichkeit können wir immer noch sagen, dass Martin für den anderen wie auch für sich selbst der Situation entsprechend barmherzig gehandelt hat. Er hilft dem Bettler und schützt auch sich – vor Kälte wohlgemerkt, nicht gegen Anfeindungen und Strafe. Der sich Erbarmende könnte heute allerdings schief angesehen werden, weil der Bettler ja selbst schuldig an seinem Leid ist, weil er sich nicht um sozialstaatliche Hilfen gekümmert hat. Denn die solidarisch finanzierte Sozialleistung entkoppelt das Verhältnis von Mensch zu Mensch, wenn es um unmittelbare Zuwendung geht. Barmherzigkeit erscheint dann gar als antiquiert, ja unnötig.

Andererseits ist der heutige Sozialstaat ohne Barmherzigkeitskultur gar nicht zu denken. Für die Schutzsuchenden und Bedürftigen sichern der Staat und das Gemeinwesen gesetzlich Verpflegung, Unterkunft, medizinische Versorgung und Pflege. Der Staat bezieht Kraft und Legitimation aus dem Grundsatz des gemeinsamen Mittragens. Das sollten wir nicht vergessen. Auch dann nicht, wenn wir schon inmitten einer sich selbst absichernden Situation leben, wo das Mittragen Züge von Entmündigung erhält. Das erfährt jeder Arbeitslose, jeder Flüchtling, jeder Kranke und auch schon jeder Schüler am eigenen Leib.

Institutionelle Zwänge verkürzen menschliches Miteinander

Jetzt haben wir folgende Lage, dass sich zwischen die unmittelbaren Begegnungen von Menschen (z.B. innerhalb der Agentur für Arbeit oder innerhalb von Krankenhäusern und Schulen) Gesetze schieben, die zeitlich eng begrenztes Handeln nach gesetzlichen Regularien vorschreiben und vom allgemein menschlichen Fühlen für eine Situation abtrennen. Das dient auch dazu, Institutionen vor Klagen und gerichtlichen Auseinandersetzungen zu schützen. Mit Einführung des Qualitätsmanagements wurde das verstärkt, versachlicht, messbar gemacht. Das fördert die Tendenz, dass sich der Berufstätige am Regelwerk orientieren muss und nicht an der erlebten Bedürfnislage des Kranken, des Schülers oder Pflegebedürftigen.

Sondersituation – kultursensible Altenpflege in Frankfurt

Altenpflege ist heute eine geläufige Dienstleistung, ein im Neuen Testament noch unerwähnter Akt der Barmherzigkeit. Und mittlerweile ist sie ein leistungsrechtlicher Auftrag, der mit dem Pflegeversicherungsgesetz seit 1995 besteht. Barmherzig kann Pflege eigentlich nur dann sein, wenn sie nicht im Minutentakt nach dem Pflegekatalog den Pflegeprozess abarbeitet, sondern sich dem Menschen als Menschen zuwenden kann.

In den Altenpflegeeinrichtungen Frankfurts, für die ich hier sprechen kann, hat sich die zugewandte individuelle Betreuung als unbedingt zu finanzierendes Gut Geltung verschafft. Denn seit 2002 finanziert die Stadt – nach eindrücklicher und sehr überzeugend dargelegter Sachlage seitens der Pflegeheime – psychosoziale Betreuung stationär und ambulant.

Zugewandtes Handeln wird über alle Kulturen und Lebenslagen hinaus als ein hohes Gut erfahren, das in der professionellen Pflege einen gewissen Grad an Selbstreflexion fordert. Und das ist, anders als in Zeiten karitativen Handelns, selbstverständlich auch eine Kostenfrage.

Wenn immer vom Herzen bei der Barmherzigkeit die Rede ist, dann hat das schon sein Recht aus der Tradition. Doch anders als noch zu Zeiten des Martin aus Amiens hat sich mit dem Aufkommen von Nationalstaaten und sich ausformender Landeskultur – ganz unabhängig einmal von den religiösen Ausrichtungen – eine Vielfalt an kulturellen Eigenheiten ergeben. Und jede mit dem Impetus von Abgrenzung gegen das aus seiner nationalen Sicht her Fremde. Wäre der barmherzige Martin heute unterwegs und wollte er einem Bedürftigen die Hälfte seines Mantels geben, dann müsste er sich noch das Wie überlegen: vom Pferd herab oder auf Augenhöhe, vor Publikum oder möglichst ohne Zeugen, den andern ansprechen oder sich gar nicht zu erkennen geben, also anonym.

Die alte Messestadt Frankfurt a.M. hat einen hohen Ausländeranteil, verlangt aber nicht nur von den Migranten eine Anpassung an die deutschen Sitten, sondern gibt dem gegenseitigen Kennenlernen breiten ökonomischen und kulturellen Raum. Die Stadt ist an dem Wohlergehen und dem gelingenden Zusammenleben seiner Neu- und Altbürger sehr interessiert. In diesem Mikrokosmos der Kulturenvielfalt ist das Altenpflegeheim unterdessen eine interkulturelle Gemeinschaft geworden.

Wer heute Pflegeheime besucht oder Pflegeleistungen von ambulanten Diensten erhält, macht vielfach Bekanntschaft mit Pflegekräften, die aus anderen Ländern dieser Welt zu uns gekommen sind. In Frankfurt stammt fast jede zweite Pflegekraft nicht aus Deutschland. Auch die Zahl von Pflegebedürftigen aus anderen Kulturen nimmt zu, so dass sich hier, wenn die Kommunikation unter den Pflegekräften klappt, das Arbeitsklima stimmt und die Zeit zur Verfügung steht, die große Chance eröffnet, sich interkulturell und gegenseitig über eigene Sitten, Gebräuche und Rituale zu verständigen. Dieser Austausch gelangt schließlich in die Pflegehandlung und in den Arbeitszusammenhang.

Um den Zusammenhang zur Barmherzigkeit wieder herzustellen, so besteht das barmherzige Handeln gerade darin, »dem anderen etwas zu geben, was der andere gerade nicht hat, aber dringend benötigt«. Barmherzigkeit erkennt, was der andere will. Und hier ist es dann der kultursensible Pflegende, der trotz der begrenzten Ressourcen und Vorgaben seitens der Gesetze und Arbeitgeber im Idealfall noch so viel Kraft aufbringt, dem anderen menschlich zu begegnen. Das ist der größte Dienst am Nächsten und ein Akt der Selbstliebe im Anderen.

Gleichwohl bleibt Barmherzigkeit das, was sie ist, nämlich Ausdruck einer unmittelbaren Zuwendung, ein Wissen aus dem erfahrenden Leben darum, dass es ein durch alle Kulturen hindurchgehendes Mittragen gibt. Mögen wir die Barmherzigkeit mit der Religion verbinden, so kommt sie doch aus den Tiefen des lebendigen Lebens aller Kulturen unserer Welt.

Barbara von Wulffen

Courtoisie – Barmherzigkeit mit der Schöpfung

Franz von Assisi ist ein Heiliger für unsere Tage, dem Papst Franziskus durch die Wahl seines Namens neue Bedeutung verliehen hat. Er zeigte damit, dass es inzwischen auch darum geht, Verantwortung und Barmherzigkeit für die Schöpfung zu übernehmen. Denn je nach der Übersetzung von Gen 2,15 heißt es, wir sollten diese bebauen und behüten. Der kluge Chesterton nannte Franz' von Assisi Mitleid und seine Barmherzigkeit für die Armen, die er nicht vom hohen Ross herab gewährte, lieber ehrerbietige »Courtoisie«, eine höfische Haltung, die der Erkenntnis gemeinsamen Geschaffenseins aller Dinge und Lebewesen aus der Liebe des Schöpfers entspringt. Damit konnte der Poverello außer den Mitmenschen auch Erde, Wasser und Wind, Gestirne, Bäume, Blumen, Vögel und sogar den Wolf als Geschwister anerkennen. Er ermunterte Schwester Grille zum Singen, und die Geschwister Vögel ermahnte er mit »Sang und Gebärden zu Gottes Lob, denn ihr habt einen bunten zierlichen Habit und einen Gesang vom Schöpfer euch eingegeben«. Er befahl den Schwalben, auch einmal zu schweigen, denn »Ihr habt genug geredet. Verhaltet euch ruhig bis meine Predigt vorüber ist.« Und sie gehorchten!

In unserer die Erde immer rücksichtsloser ausplündernden Epoche wäre dringend eine liebende, ehrfürchtige und schützende »Courtoisie« der Schöpfung gegenüber fällig, damit wir nicht mit ihr zusammen einem vorzeitigem Untergang entgegentaumeln. Denn die Ratlosigkeit wächst, wie wir unseren Enkeln einen zum Überleben noch geeigneten Globus hinterlassen sollen. Diese Frage steht im Zentrum von Papst Franziskus' Enzyklika *Laudato si'*, in der er unermüdlich fordert, die Schöpfung als Gottesgeschenk anzuerkennen und dankbar zu hüten.

Großes Echo darauf kam aus dem Bundesstaat Chiapas, dem Armenhaus Südmexikos im Bistum San Cristóbal de las Casas, wo Bischof Felipe Arizmendi Esquivel seit langem dazu ermutigte, »Mutter Erde mit ihrer Vielfalt der Geschöpfe, bis hin zu Wasser und Klima in die Seelsorge einzubeziehen«. Ebenso stammt der Begriff »Mitwelt« – anstelle der weiterhin oft genutzten anthropozentrischen »Umwelt« – aus Lateinamerikas Kirche und fordert ein Umdenken des Westens, dem die Umwelt nur noch mit Blick auf unsere eigenen Interessen, auf Freizeitvergnügen, Gesundheit und vor allem auf Bioenergie als schonenswert gilt. Bischof Felipes Hinweis, dass sogar Pflanzen und Tiere Seelen hätten, die Descartes ihnen ja absprach, als er sie zu Automaten herabwürdigte, wirft schwierige Fragen auf. Sie seien hier nicht diskutiert, es sei nur darauf hingewiesen, dass im modernen Weltbild die Cartesianer das Wort haben, die in der Natur bloß eine gigantische Maschine sehen.

Den Tieren hat Gott eine eigene Würde als Geschöpfe aus seiner Hand verliehen, damit wir sie als Miterschaffene lieben und achten können in jubelndem Dank, dass nicht Nichts ist und dass auch sie »hoffen dürfen, aus der Knechtschaft der Vergänglichkeit befreit zu werden zur Herrlichkeit der Kinder Gottes« (Röm 8,20). Wenn es bei Markus heißt, dass »Jesus mit den wilden Tieren lebte«, muss er wohl mit ihnen vertraut gewesen sein, von denen Jes 43 sagte: »Die wilden Tiere werden mich preisen.« So steht es auch am Ende des Psalters: »Alles was Atem hat preise den Herrn.« (Ps 150,6).

Als Gott Adam beauftragte, den sprachlosen, demnach ihm nicht ebenbildlichen Wesen Namen zu geben, »wollte er sehen, wie dieser sie benennen würde. Und wie der Mensch jedes lebendige Wesen benannte, so sollte es heißen.« (Gen 2,19) Der Auftrag, Namen zu geben, gilt bis heute für die selten gewordenen Entdecker einer neuen Art. Diese muss einen Namen bekommen, wenn wir sie lieben und uns um sie sorgen sollen. Das Behüten des Gartens Eden galt von Anfang an, wurde aber vergessen und liegt jetzt als schwere Verantwortung auf unseren Schultern als eine Haltung, zu der Tiere selber nicht fähig sind.

Ein Pflänzchen der Hochmoore heißt »Sonnentau«. Es hat an den Blättern zarte rote Tentakel mit Glitzertröpfchen eines Verdauungsferments, in dem Insekten kleben bleiben. Im kargen Hochmoor fehlt es nämlich an Pflanzennahrung. Uns bringt der Sonnentau keine Vorteile, aber allein um seiner schönen Besonderheit willen sollte Hochmoortorf nicht zur Energiegewinnung verbrannt werden oder unsere Gartenerde auflockern. Auch zu diesem kleinen Geschöpf muss der Mensch barmherzig sein, denn es ist erschaffen, um zu leben statt durch uns vor der Zeit auszusterben.

Ein anderes Beispiel: Vogelfreunde belauschen im weiten Chiemsee-Niedermoor den Maigesang der Rohrsänger, der Blau-, Schwarz- und Braunkehlchen sowie der zentralasiatischen Karmingimpel, von denen einige vor Jahrzehnten »beschlossen«, ihr Brutgeschäft von Kirgisien nach Bayern zu verlegen und nach dem langen Rückflug in Südindien zu überwintern. Wozu dieser gewaltige Umweg? Um ihre vokalklare Kurzstrophe auch im Voralpenland zu singen? Wer weiß! Jedenfalls Grund genug, aus Courtoisie ihnen Habitatschutz zu gewähren und letzte Niedermoore nicht der Entwässerung für Straßenbau und Landwirtschaft zu opfern.

»Fukushima« verursachte eine politische Eilentscheidung und ließ vergessen, dass ein erdbebenverursachter Tsunami hierzulande keineswegs zu erwarten ist. Denn Deutschland liegt nicht am Ozean und hat seine Vulkanphase seit 5000 Jahren hinter sich. Das sind erdgeschichtlich nur fünf Minuten, jedoch eine lange Epoche, der wir viel verdanken. Aber weiterhin Atomstrom? Lieber nicht! Oder eine Energiewende, die uns vorerst scheinbar sanft den Wind in Strom umwandelnde Rotoren schenkt? Diese stehen allerdings auf einer Schicht einst wunderschön singender, doch, weil sie nachts migrieren, daran zerschmetterter Grasmücken und an geplatzter Lunge verstorbener Fledermäuse. Und als Danaergeschenk lebensfeindliche Maismonokulturen, verbunden mit dem Massensterben unentbehrlicher Insekten, die Garten- und Feldfrüchte bestäuben sollten, statt im Nebel von Insektiziden zu sterben. So endet die Hoffnung auf Biosprit vorerst im Desaster und in der Wahl zwischen Skylla und Charybdis: Energie um den Preis von Artenschwund, Vogel- und Insektensterben, Fracking, Tiefseebohrungen nach Öl und Klimaprobleme. Aber was gehen uns in unserer Notlage Insekten, Vögel oder unerforschte Tiefseebewohner an? Nichts, so stellen mündige Bürger fest und beziehen ihren Strom aus der Steckdose, während rauschende Riesenwindräder das Verkabeln der Landschaft erfordern und sich bei Sturm oder Windstille gar nicht erst drehen.

Wie viel Besonnenheit, sogar Askese wäre notwendig! Ist doch auch die Vielfalt der Lebewesen heilig und auf Erbarmen angewiesen, um sie unseren Kindern und Kindeskindern weiterzugeben. Oder sollen sie in der Schöpfung den Schöpfer nicht mehr erkennen? Er war Maler des Vogels Quetzal, dessen grün glänzende Schmuckfedern die Krone der Maya-Könige bildeten. Er war Choreograph für die Tänze der Paradiesvögel, die ihr fantastisches Federkleid in Wendungen und Sprüngen so geschickt zur Geltung bringen, als ob sie wüssten, wie sie sich dem Weibchen am schönsten präsentieren. Sie wissen es nicht, aber sie tun es. Er war Komponist der Motive in Amsel- oder Drosselstrophen und auch Konstrukteur komplizierter, oft »grausamer« Insektenkreisläufe, die wir gar nicht genug bewundern können.

Betrachten wir die schöne Sandwespe Ammophila. Für das Gedeihen ihrer nächsten Generation geht sie erstaunlich zielstrebig vor, lähmt mit ihrem Giftstachel einer fetten Kohleulenraupe vom Bauch her jedes Körpersegment, schleift die Hilflose zum Erdnest und legt sie ihrer eigenen Larve als lebendige unverderbliche »Speckseite« bis zur Verpuppung als Fraß vor. Doch woher weiß die Larve dieser nektarschlürfenden Wespe, in welcher Reihenfolge sie als Fleischfresserin ihre Beute verspeisen muss, damit die nicht vorzeitig stirbt und verdirbt? Nichts weiß sie und kann alles.

Der provenzalische Insektenforscher und Dichter

Jean-Henri Fabre schrieb Ende des 19. Jahrhunderts: »Die Natur als wilde Amme kennt das Mitleid nicht und handelt, wie es einem anthropozentrisch Urteilenden ganz widerwärtig erscheint.« Aber Schönes wie Schauderhaftes verkörpern gleichermaßen die Würde aller Geschöpfe, die wahr sind, weil sie da sind in ihrer so starken wie verletzlichen Gegenwärtigkeit. Im hohen Alter sagte Fabre einem Freund: »Ich glaube nicht an Gott, ich sehe ihn« – in allem was er in der Natur geschaffen hat. Denn sie sei weder moralisch noch pazifistisch, sondern voller Wunder und Geheimnisse, die zu bestaunen Jean-Henri gar nicht aufhören konnte.

Papst Franziskus betont unermüdlich, dass Barmherzigkeit der Name Gottes sei, und erinnert an Marias Jubel im Magnifikat, die als werdende Gottesmutter rief: »Er erbarmt sich von Geschlecht zu Geschlecht« (Lk 1,50). Ebenso müssen wir uns dringend der Schöpfung erbarmen wie jene aufopfernden Vogelschützer in Burghausen, die einige in den Alpen lange ausgestorbene Waldrappe, schwarze, rot-kahlköpfige Ibisse, großziehen und ihnen, wenn sie erwachsen sind, in einem Leichtflugzeug eine Route über die Alpen zum neuen Winterquartier in der Toskana weisen, von wo sie selbständig wieder zum Nistplatz zurückkehren. Als Elterntiere der nächsten Generation fliegen sie dann im Herbst ihren Jungen selbständig in die Toskana voraus, von wo auch diese im nächsten Frühjahr selbständig zum Nistplatz zurückkehren. Die Begeisterung ihrer überglücklichen Zieheltern belohnt diese für alle Mühe zur Rettung der Art.

Martin Luther hat uns den Rat hinterlassen, »am Rande des Abgrundes, der uns zu verschlingen droht, ein Apfelbäumchen zu pflanzen«, das vielleicht das drohende Desaster noch eine Weile aufhält, uns eine weitere Ernte verspricht und einer Grasmücke als Singwarte dienen könnte. Aber wir kennen weder Zeit noch Stunde der Apokalypse und sollten sein Wort ernst nehmen.

Peter Daniell Porsche

Den Keim der Barmherzigkeit enthüllen

»Denn es müssen in Zukunftszeiten die Menschen füreinander sein und nicht der eine durch den andern. So wird das Weltenziel erreicht, wenn jeder in sich selber ruht und jeder jedem gibt, was keiner fordern will.«

Rudolf Steiner

Wenn wir unsere Welt betrachten und uns Menschen, so sind wir umgeben von kosmischen und irdischen Einflüssen. Wir sind umgeben hier auf der physischen Erde von verschiedenen Reichen: dem Mineralreich, dem Pflanzenreich, dem Tierreich und als Krönung dem Menschenreich. Betrachten wir das Mineralreich, so erstreckt sich dieses auf alle Substanzen, die eben tot und mineralisch sind, aber dennoch in sich eine unverwechselbare Formkraft enthalten – denken wir etwa hierbei nur an die Bildung von Kristallen. Das Pflanzenreich benötigt das Mineralreich, um die Körperlichkeit seiner Erscheinungsformen aufzubauen. Darüber hinaus jedoch verfügt das Pflanzenreich auch über lebendige Prozesse. Das Thema Tod und neue Geburt tritt hier erstmals in ganz besonderer Weise zum Vorschein. Sind Pflanzen lebendig und einem Wachstum folgend, so sind sie dennoch an einen Ort gebunden. Dort, wo der Same fällt, wächst das Korn. Anders ist dies im Tierreich. Das Tierreich erbaut ebenso seinen physischen Leib aus mineralischen Substanzen. Das Tierreich als weitere Stufe trägt aber in sich noch einen weiteren Entwicklungsschritt. Tiere sind nicht an einen Ort gebunden und sie tragen in sich das, was man Empfindung und Trieb nennt. Der Trieb der Tiere führt sie dazu, sich zu erhalten. Der Trieb der Tiere und die Empfindung aber überhöht sie über das Pflanzenreich.

Wenn wir nun das Menschenreich betrachten, so sehen wir hier eine weitere Überhöhung. Der Mensch ist als einziges Lebewesen dieses Planeten imstande, aufrecht zu stehen, aufrecht zu gehen und frei zu denken. Er ist also ebenso aus mineralischen Substanzen aufgebaut, trägt in sich die formerhaltenden Wachstumskräfte des Pflanzenreiches, ist durchzogen von Gefühlen, Emotionen und Trieben aus dem Tierreich, hat aber die Möglichkeit durch sein freies Denken, sich über all jene Prozesse, die ihn unfrei machen würden, hinwegzusetzen und kann so zu freiem Handeln gelangen. Der Mensch hat ein eigenes und ganz individuelles Ich. Dieses Ich ist es auch, das uns in jedem anderen Menschen, dem wir begegnen, etwas Geistig-Göttliches wahrnehmen lässt, wenn wir nur offen dafür sind. Durch dieses Wahrnehmen von etwas Geistig-Göttlichem wird die Grundlage der Barmherzigkeit geschaffen.

Betrachten wir die uns umgebende Welt und unser Alltagsleben, so finden wir hier drei wesentliche Bereiche: 1) Wissenschaft und Wirtschaft, 2) Kunst und Kultur sowie 3) das Soziale, das Therapeutische und das Pädagogische. Diese drei Bereiche sind die Grundeckpfeiler eines Tetraeders, an dessen Spitze der Begriff Religion steht. Religion im Sinne des Wortes *religere*, völlig konfessionsfrei und nicht gebunden an irgendeine Tradition. Das Wort *religere* bedeutet so viel wie »sich wieder verbinden«, »sich wieder verbinden mit etwas Göttlich-Geistigem«. Dies ist die Aufgabe der heutigen Menschheit. Gelingt uns dieser Schritt, dann müssen wir uns nicht mehr die Frage stellen, was Barmherzigkeit ist und wie wir zu ihr finden, sondern dann lebt in uns das, was in den oben zitierten Worten von Rudolf Steiner zum Ausdruck gebracht wurde.

Das Kulturzentrum in St. Jakob am Thurn ist ein Zentrum, das versucht, die drei Bereiche Wissenschaft und Wirtschaft, Kunst und Kultur sowie Soziales, Therapeutisches und Pädagogisches unter einem Dach zu vereinen. Das Bio-Gasthaus »Der Schützenwirt« stellt den wirtschaftlichen Part dar. Regionale und nachhaltige Produkte werden hier verarbeitet und als fertige Speise dem Gast überreicht. Durch diesen Prozess entsteht ein Mehrwert, und dieser Mehrwert ist wirtschaftlich von Bedeutung.

Im Jakobisaal finden wir Kunst und Kultur. Kunst und Kultur aber ist nicht imstande, durch sich selbst zu existieren. Die tatsächlichen Kosten der verschiedensten Aufführungen, Vorstellungen und Darbietungen können durch einen angemessenen Eintrittspreis in den meisten Fällen nicht erwirtschaftet werden. In diesem Fall ist es notwendig, aus wirtschaftlichen Prozessen Gelder zuzuschießen. Der Mehrwert, welcher durch die Überhöhung eines Produktes durch Umwandlung und Veredelung desselben entsteht, bildet die Grundlage dafür, Kunst und Kultur zu fördern. Kunst und Kultur hingegen sind wichtiger, als es uns zunächst erscheinen mag. Durch gute Kunst und Kultur lernen wir Menschen, uns anders zu den Dingen zu stellen und anders über vieles zu denken. Auch dies ist ein Grundstein für Barmherzigkeit.

Soziales, Therapeutisches und Pädagogisches – das ist der dritte Bereich, welcher in den meisten Fällen auch nicht imstande ist, sich durch sich selbst zu tragen. Auch hier ist es notwendig, aus dem Wirtschaftsbereich Gelder zuzuschießen, um einen entsprechenden Betrieb in den gegebenen Bereichen zu ermöglichen. Ein Kindergarten, eine Schule, ein Therapeutikum, ein Krankenhaus ... sie alle können aus sich selbst heraus nicht existieren. Über Umwege versuchen wir, dies in unserer heutigen Zeit mit Steuergeldern und anderen Mitteln zu ermöglichen.

Barmherzigkeit, ein großer Begriff in unserer heutigen Zeit. Ein Begriff, den man manchmal schon gar nicht mehr hören kann. Man kann ihn nicht mehr hören, weil er so oft auch missbräuchlich verwendet worden ist. Barmherzigkeit ist kein blindes Vertrauen. Barmherzigkeit ist keine alte Tradition, Barmherzigkeit ist auch keine religiöse Pflicht. Barmherzigkeit ist eben nur dann Barmherzigkeit, wenn sie aus der tiefsten inneren Seele eines Menschen, wenn sie aus dem tiefsten, bewussten Herzensentschluss einer Persönlichkeit gefasst wird. Barmherzigkeit zeigt sich dort, wo aus innerer Einsicht nach außen geholfen werden kann. Barmherzigkeit kann nicht auferlegt werden, Barmherzigkeit darf keine Pflicht sein, Barmherzigkeit muss in jedem von uns zu einem Wunsch gedeihen. Wenn wir es schaffen, in den heutigen Tagen und diesen Zeiten des Umbruchs nicht wegzuschauen, sondern hinzublicken auf das, was uns täglich umgibt, und wenn wir imstande sind, das zu geben, was uns möglich ist, und dort zu helfen, wo es vonnöten ist, in großen, aber auch in kleinen Schritten, so ist das Barmherzigkeit. So wie die Wirtschaft eine soziale Verpflichtung in sich trägt, so trägt jeder Mensch in sich den Keim der Barmherzigkeit. Dieser Keim kann nicht herausgeschlagen werden, aber er soll herausgebildet werden, so wie der Steinmetz, der Künstler, eine Plastik aus dem Stein heraus bildet. Dieser Keim der Barmherzigkeit muss in jedem von uns enthüllt werden – enthüllt aus innerer Einsicht, aus tiefer Liebe und aus Vertrauen auf etwas Höheres, das uns täglich umgibt und das uns über unser Leben hinaus leitet.

So bin ich persönlich bemüht, aus den mir zur Verfügung stehenden Mitteln unserer Wirtschaftskonzerne, Volkswagen und Porsche, dem Kulturzentrum in St. Jakob am Thurn in entsprechender Weise finanzielle Mittel zur Verfügung zu stellen, um damit zu ermöglichen, dass Kunst und Kultur und dass Soziales, Therapeutisches und Pädagogisches in rechter Weise zur Wirkung kommen können. Wenn möglich, leistet auch das Bio-Gasthaus »Der Schützenwirt« einen finanziellen Beitrag zum Gesamten. Barmherzigkeit spielt auch eine große Rolle in der Paracelsus-Schule Salzburg, einer Bildungsstätte für seelenpflegebedürftige Kinder und Jugendliche, welche den dritten Bereich des Kulturzentrums in St. Jakob darstellt. Bis zu vierzig Kindern und Jugendlichen wird hier die Möglichkeit gegeben, in ihren schweren Lebenssituationen einen Schritt hin zum eigenen Leben zu gehen. Barmherzigkeit im Sinne des Helfens, Barmherzigkeit im Sinne der Entwicklung und Barmherzigkeit im Sinne des Vertrauens auf gegenseitiges Verständnis und gegenseitige Anerkennung und Achtung:

Das Schöne bewundern
Das Wahre behüten
Das Edle verehren
Das Gute beschließen.

Es führet den Menschen
Im Leben zu Zielen
Im Handeln zum Rechten
Im Fühlen zum Frieden
Im Denken zum Lichte.

Und lehrt ihn vertrauen
Auf göttliches Walten
In allem, was ist:
Im Weltenall
Im Seelengrund.

Rudolf Steiner

Annette Hilt

Gnade und Dankbarkeit – Das Glück der Vergebung

»Alles zu verstehen heißt alles zu verzeihen.« Diese Sentenz, Madame de Staël zugeschrieben,[1] ist in den politischen Wirrungen des 20. Jahrhunderts und insbesondere in der Frage, ob Gewalt und Grausamkeit soziologisch, psychologisch und politisch vergleichbar seien, moralisch indes als unverzeihbar gelten müsse und solle, vielfach aufgegriffen und gewendet worden: Fordert Verstehen Verzeihen? Ergibt sich aus der Implikation, alles verstehen zu können, gleichsam eine Generalamnestie? Treffen hier nicht epistemischer Anspruch, was ist, und moralischer, was sein soll (oder nicht sein darf), unvereinbar aufeinander?

Der Wille (oder auch der Wunsch) zu verzeihen, stößt sich an unserer Erinnerung über erlittenes oder getanes Unrecht, löscht nicht das Gedächtnis daran, was nie hätte geschehen dürfen. Was heißt es zu verstehen, damit Verzeihen möglich wird? Verzeihen nicht nur als ein Akt der Barmherzigkeit, der von einem ausgeht, sondern als ein wechselseitiges Geschehen, das Basis gemeinsamer Freiheit ist, die durch eine Schuld unmöglich geworden war.

»Glück der Vergebung«, ein Neuanfang, einander zu

1 Vgl. Germaine de Staël, *Corinna oder Italien* (1807), Buch 18, Kap. 5. München 1979.

begegnen und sich anders zu verstehen denn als Täter und Opfer, setzt Veränderung in mehrerlei Hinsicht voraus, vor allem jedoch in jener, wie wir – der eine, der andere, der Dritte, die Nachgeborenen – einander, unsere Erinnerungen und die Möglichkeiten, mit ihnen umzugehen, verstehen. Diese Veränderungen lassen sich nicht definitiv wollen, bestimmen und abschließen. Glücken sie, glückt das Verzeihen, dann übersteigt dies Akt und Urteil eines Einzelnen; nicht allein einer verzeiht einem anderen, auch der andere nimmt die Vergebung an und muss sie erwidern, denn: Wie lebt er mit der Vergebung? Kann er selbst mit dem anderen wieder neu beginnen, in eine Beziehung mit ihm eintreten, auch wenn er sich als Schuldigen erinnert? Vergebung als geistliches Werk der Barmherzigkeit – den Beleidigern gerne zu verzeihen, aber auch die Sünder zurechtzuweisen – ist ein gemeinsam gelebtes Geschehen. Barmherzigkeit wird als ein gemeinsam gelebtes Werk gespendet, als Gabe ist sie wechselseitig, und erst als geteilte übersteigt sie den Akt des einen, der in ihrem Namen vergeben, getanes Unrecht zurechtrücken will, dazu aber auch verstehen muss, was es heißt zu verzeihen und was dabei vergeben wird.

Dass Vergebung erwidert wird, ist das »Glück der Vergebung« und bedeutet »Dankbarkeit«, die in einer Beziehung beruht, die über das Verstehen und den Akt der Vergebung hinausweist. Der französische Philosoph Paul Ricœur hat diesen Komplex von Erinnerung und Gedächtnis, Vergeben und Verzeihen und die Wandlung des »alles Verstehens« in die *reconnaissance* – in das Anerkennen im Sinne des Etwas-neu-Erkennens – im Spannungsfeld der Gnade, einer außerordentlichen

Gabe verhandelt. Um Gnade und die Möglichkeit eines glücklichen Verzeihens, das sich mit den Schwierigkeiten des Verstehens wie der Vergebung auseinandersetzt, geht es in folgender Geschichte.

Seit dem Mauerfall sind mehr als fünfundzwanzig Jahre vergangen, viele Dokumente sind gesammelt und aufgearbeitet worden, Prozesse wurden geführt, einiges ist in dieser Zeit bereits Geschichte geworden, vieles auch vergessen. Doppelt so alt, wie er damals war, möchte ein Mann nun Einblick nehmen in seine Stasi-Akten. Er lebt schon lange im Westen, erinnert sich an sein Unbehagen in der DDR, die kleineren und größeren Einschränkungen, daran, nur mühsam einen Studienplatz und nicht in dem Fach, das er studieren wollte, erhalten zu haben, seine beiden Geschwister beide republikflüchtig, er damals als Jugendlicher allein mit der Mutter zurückgeblieben, Hausdurchsuchungen und Befragungen durchlebt, aber auch Freundschaften geschlossen, die nicht vom Verdacht getrübt wurden und bis heute gehalten haben. Er will wissen, was die Akten von ihm berichten. Er hat seine Erinnerungen und weiß, dass es ihm nicht darum geht, Groll zu hegen oder Schuldige zu benennen, sagt sich, dass jetzt eine gute Zeit ist, zu wissen, mit wem er es damals zu tun hatte.

Der Antrag auf Akteneinsicht wird bei der Behörde gestellt, es kann dauern, für manche, die älter sind als er, ist weniger Zeit zu warten. Es dauert auch, mehr als zwei Jahre, Zeit, sich Gedanken zu machen, was er machen wird: Ansprechen möchte er die, die damals über ihn an die Stasi berichtet haben, er möchte verstehen, warum sie es getan haben, mehr nicht, aber auch nicht weniger.

Schließlich kommt der Bescheid, dass die Akten zu seiner Person nun gefunden und für die Einsicht in einer Außenstelle der Behörde zur Einsicht bereitliegen. Eine Woche später dann die Gewissheit, dass ein Freund, mit dem er gemeinsam studiert, viel erlebt und geteilt hat, mit dessen Familie er und ein ganzer Kreis von anderen auch jetzt immer noch engen Kontakt pflegen, damals über ihn und den Verdacht, in den Westen zu fliehen, an die Stasi berichtet hat: Einschätzungen über den politischen Standort, über Liebes- und Trennungsgeschichten, über gemeinsame Freizeit. Der Mann versucht sich zu erinnern und weiß auch, dass er einen Freund verlieren kann. Er sagt sich, dass er verzeihen kann. Was damals aus der Überwachung und Denunziation gefolgt war, hat für ihn heute keine Folgen mehr außer der, dass er nicht weiß, wer sein Freund für ihn ist, außer der, dass der ihm ein Gespräch verweigern kann. Wie kann er ihn darum bitten?

Verstehen zu wollen, heißt für diesen Mann, sich nicht nur mit einer ihm fremd gewordenen eigenen Geschichte auseinanderzusetzen, sondern auch mit der eines anderen, und die liegt nun nicht nur im Archiv wie seine Akten, die wurde verschwiegen, vergessen, vielleicht verdrängt und schmerzlich verborgen. Alles zu verstehen, um dann zu verzeihen? Was ihm widerfahren ist, hat nicht sein Leben zerstört, wie es vielen anderen Menschen in der DDR geschehen ist, das anerkennt er, und doch weiß er nicht, wie er mit der Schuld, die zwischen ihnen steht, umgehen soll. Der Mann hat eine Ahnung, dass für seinen Freund das Erinnern mit dem Anspruch, es dem Freund schuldig zu sein, vielleicht schwerer werden wird als ihm selbst die Auseinandersetzung mit seiner eigenen getäuschten Erinnerung; es wird nicht leicht für ihn sein, von ihm entgegenzunehmen: »Lass uns weiter Freunde sein, ich möchte das.« Er weiß auch, dass selbst zu schweigen keine Lösung ist, dass nun etwas zwischen ihnen beiden steht. Um darüber zu sprechen, braucht es nicht nur seinen ersten Schritt, verstehen zu wollen, sondern auch die Bereitschaft seines Freundes, den nächsten zu tun, einen weiteren Schritt, mit dem, was geschehen ist, umzugehen, etwas zu vergessen, ohne es totzuschweigen, und im Vergessen auch etwas zu bewahren.

Wir wenden uns an ein Archiv, konsultieren die in Akten archivierten Spuren stets schon mit einer Fragestellung: Der Historiker mit seinem Erkenntnisinteresse; derjenige, der dies in eigener Sache, um seiner eigenen Geschichte willen tut, mit dem Wunsch, Gewissheit über dieses Leben zu erhalten, Gewissheit über die Freunde, über die, die vielleicht keine waren: »Die Dokumente sprechen nur, wenn sie irgendeine Hypothese verifizieren.«[2] Die Akten allein sprechen nicht, aber mit der Einsichtnahme in die Akten verändert sich auch die Fragestellung; man muss sich wiederum ihrer vergewissern, wissen, was man verstehen will. Sprechen die Akten nicht, bedarf es der Erinnerung, der Vergewisserung, wer ich war und bin, der ich eine Antwort erwarte.

Der Historiker im Archiv bringt die Spuren »zum Sprechen«, macht sie zum Zeugnis einer Vergangenheit und zum historischen Dokument, indem er sie aus der

2 Paul Ricœur, *Gedächtnis, Geschichte, Vergessen*, München 2004, 274.

vergangenen Gegenwart hebt, in der jemand seine Beobachtungen hastig für die Stasi zu Papier brachte oder auf deren Fragen er vor eingeschalteten Tonband antwortete: »Sein Gegenstand hat aufgehört, eine Erinnerung im eigentlichen Sinn zu sein«, weil er sie einbettet in seine Fragestellungen, die sie verifizieren oder auch in Frage stellen können.[3] Dann bedarf es weiterer Spuren, es stellt sich die Notwendigkeit der Quellenkritik. Er bringt sie zum Sprechen, indem er Geschichte schreibt, eine Form dafür findet, was an Daten, Orten, Namen, Vorgangs- und Zustandsbeschreibungen genannt wird, und mit dem verbindet, was einmal im lebendigen Gedächtnis von denen war, die die vergangene Gegenwart erlebt haben. Erst so wird die Spur, der Bericht, das Tonbandprotokoll zum Dokument in einer historiographischen Operation, begleitet vom methodischen Zweifel, aus einem Faktum erinnertes Geschehen bzw. aus diesem ein historisches Faktum zu machen. Verstehen zu wollen heißt, diesem Zweifel darstellend zu entsprechen: wie der Erinnerung historiographisch zu begegnen ist. Das Verzeihen ist hier (noch) nicht im Spiel.

So ist es in unserer Geschichte: Verstehen zu wollen, sich ins Archiv zu begeben, ist für den, der Antwort sucht, bereits damit konturiert, sich selbst in den Spuren zu erkennen, darin, wie er seiner Geschichte Sinn gibt und diese Geschichte einem Gedächtnis zuschreiben kann: nicht nur seinem eigenen Gedächtnis, sondern auch dem der ihm Nahestehenden und schließlich

3 Ebenda, 275.

auch einem kollektiven Gedächtnis.[4] Das Gedächtnis der uns Nahestehenden spielt dabei eine besondere Rolle. Dieses Gedächtnis erst ermöglicht, zu diesen Nahestehenden, denen, mit denen ich eine Gegenwart geteilt habe und immer noch teile, Beziehungen aufzunehmen und zu gestalten. Über diese Beziehung bezeugt sich erst, wer ich war und wer ich bin.

Entzieht sich hier das Verstehen-Können, dann ist auch die Einschreibung meiner Geschichte in ein Gedächtnis gefährdet. Um zu verstehen, bedarf es erneut eines Erkennens – der *re-connaissance*. Ich bin auf die Anerkennung (*reconnaissance*) durch den Anderen verwiesen, und die steht nicht in meiner Macht, selbst wenn ich ihm entgegengehe, um seine Geschichte zu hören und zu verstehen. Mein Verstehen muss mit anderen geteilt werden, damit es das bekräftigt, wer ich war, wer ich bin und sein kann: Unersetzlich mit anderen, unvertretbar als Freund und Partner. Diese Selbstschätzung in der Anerkennung durch andere[5] ist im getäuschten Gedächtnis, zumindest in der Ungewissheit, wer der Freund ist, in Gefahr geraten: Sie steht hier im Zweifel.

Vergebung gelingt nur dann, wenn Verzeihen gewährt, angenommen und der Verzeihung vertraut wird. Verstehen und Verzeihen zeigt sich hier als ein wechselseitiges Geschehen mit einer anderen Logik als derjenigen der Vergeltung, die Gerechtigkeit für eine widerfahrene Schuld einfordert. Was als Erklärung gefordert

4 Vgl. ebenda, 205.
5 Vgl. Paul Ricœur, *Das Selbst als ein Anderer*, München 1996, 234f.

wird, was als Erklärung womöglich auch geleistet wird, erfüllt noch nicht das Verstehen, aus dem Anerkennung erwachsen kann. Verzeihen muss als Gabe erkannt werden, die Hierarchie zwischen dem, der vergibt, und demjenigen, dem vergeben wird und von dem gewünscht wird, dass er die Vergebung auch annehme und in einer nun neu bekräftigten Freundschaft anerkenne, muss durchbrochen werden.[6] Hier kommt nun die Dankbarkeit ins Spiel, sie macht die Last der Verpflichtung zur Gegengabe, wie sie in der Logik der Vergeltung, des Ausgleichs in einer Logik der Gerechtigkeit, die der eine dem anderen schulde, herrscht, leichter, so Ricœur: »Im Reich der Dankbarkeit sind der Wert der ausgetauschten Geschenke und der Warenpreis inkommensurabel.«[7] Dankbarkeit, die Wunsch und Wille zur Vergebung nicht einfordern können, teilen der eine und der andere; sie teilen auch die Erinnerung: an das, was ihr vorausging, an die Erinnerung, die zerstört wurde, an eine Schuld, an die Dankbarkeit.

Der Mann und sein Freund treffen sich, ein Wochenende auf dem Land, der Freund erzählt seine Geschichte: Er wurde unter Druck gesetzt, als Spitzel verpflichtet um eines Angehörigen willen, dem selbst als Angehöriger der Staatssicherheit eine Verfehlung zur Last gelegt wurde, die auszugleichen nun der Bruder dem Staat einen Dienst erweisen musste. Eine perfide Logik, von der der Freund indes sagt, er habe im Nachhinein sich selbst zur Last gelegt, dass er sich nicht einfach gewei-

6 Vgl. Paul Ricœur, *Wege der Anerkennung. Erkennen, Wiedererkennen, Anerkanntsein*, Frankfurt a.M. 2006, 287.
7 Ebenda, 303.

gert habe. Auch hier eine Schuld zwischen einander Nahestehenden, den beiden Brüdern und der Familie, auch hier der Wunsch, sich und andere verstehen zu können. Verzeihen zu können heißt, verstehen zu können, aber auch sich darauf verstehen zu können, wie man sich weiter begegnet, damit ein »verwahrendes Vergessen«[8] teilt, zugleich aber auch ein verdoppeltes Gedächtnis in einer auf die Zukunft angelegten Aufmerksamkeit – *considération* –, einer Nachsicht,[9] die Gerechtigkeit widerfahren lässt, indem sie sich um den Anderen sorgt, auch seine Vergangenheit und die Anerkennung seiner Erinnerung und Selbstschätzung wahrt.

Vergeben, um zu verstehen, bleibt ein Außerordentliches. Dieses Außerordentliche im Glück der Vergebung, das erst das Vertrauen zwischen Menschen stiftet, stellt die Dankbarkeit dar: die *gratitude*, die ohne Preis ist. Sie ist kein Rechtsverhältnis, sondern eröffnet vielmehr einen »Abstand der *Ungenauigkeit*«,[10] der dann wieder in einer gemeinsamen Ordnung gestaltet werden muss, die Raum geben kann zu verstehen. Vergebung als »Sehbedingung [...] und Antriebskraft«.[11] Ein gemeinsam erlebtes und gemeinsam geleistetes Werk der Barmherzigkeit wird so zur Quelle des Nach denkens und Neubestimmens unserer gesellschaftlichen

8 Paul Ricœur, *Gedächtnis, Geschichte, Vergessen*, 773.

9 Vgl. ebenda, 729, Fußnote 25 des Übersetzers, der die Bedeutungsvarianten des frz. Begriffs entwickelt: Nachsicht, Berücksichtigung, Aufmerksamkeit, Überlegung.

10 Paul Ricœur, *Wege der Anerkennung. Erkennen, Wiedererkennen, Anerkanntsein*, 303.

11 Walter Kardinal Kasper, *Barmherzigkeit. Grundbegriffe des Evangeliums – Schlüssel christlichen Lebens*, Freiburg 2012, 191.

und politischen Ordnung: Wer wir sind, die wir vergeben wollen und auch können, und in welchen Dimensionen – in der Herausforderung, mit Schuld, privater und auch der im institutionalisierten Rahmen begangenen und geduldeten, umzugehen – Gerechtigkeit als ein Grundwert unserer Gesellschaft gedacht werden muss.

Martin Gak

Die Menschlichkeit des Hundes

Taten der Barmherzigkeit sind Akte des Gebens, geleitet von der Bedürftigkeit dessen, der sie empfängt. Barmherzigkeit nährt die Hungernden, bekleidet die Nackten und heilt die Kranken. Der Barmherzige wird vom Hunger, von der Nacktheit und von der Krankheit angefleht. Der englische Begriff für Barmherzigkeit, *mercy*, zeigt deren ökonomische Natur. Dieses Wort impliziert, dass in der Barmherzigkeit ein Gut, ein *merces* (lat. Sold), den Besitzer wechselt.

Doch um welches Gut handelt es sich hierbei? Barmherzigkeit mag der säkularste aller konstitutiven religiösen Werte sein. Natürlich ist Barmherzigkeit in den drei großen monotheistischen Religionen ein Attribut des Göttlichen, aber Barmherzigkeit äußert sich zuallererst unter Menschen und wird – im buchstäblichen Sinne – bei den Menschen mit Herz sichtbar. Dies sind tatsächlich diejenigen, die ein Herz haben, dessen Venen geöffnet werden und zu Staub verfallen können, deren Körper brechen und verwesen können. Die Wärme ihres Blutes verliert sich in der harten Erde, über welcher das Blut vergossen wird, um vom Regen der Jahrhunderte weggespült zu werden. Barmherzigkeit ist das Los derer, die taumelnd am Abgrund stehen. Barmherzigkeit zögert den letzten Schritt hinaus und verhindert, dass die Knochen zu Stein werden und dass das Herz nur noch Gewebe, der Atem bloßer Sauerstoff ist.

Barmherzigkeit kann Verlust verhindern: den Verlust von Leib und Leben, von körperlicher und seelischer Unversehrtheit. Die Natur der *merces,* der Gabe, wird offensichtlich, wenn man den Gequälten in den Blick nimmt. Welche Gabe zu geben ist, zeigt sich deutlich in dem verbrauchten Gesicht, in der von Hunger gezeichneten Brust, unter welcher die Rippen hervortreten, und am schwindenden Körper, der bereits den Blick auf das Skelett freigibt.

Welche Gabe zu geben ist, zeigt sich deutlich im gebrochenen Willen desjenigen, der alles verloren hat, und in den gekrümmten Gesten des Verwundeten sowie im geisterhaften Stöhnen der Kranken. Es zeigt sich im Ausdruck der Panik, wenn die Füße nicht mehr gehorchen und den Gang zum Galgen verweigern, und im Betteln um das eigene Leben. Die Gabe ist Ernährung angesichts von Hunger, ein Obdach angesichts von Vertreibung, die tröstende Hand in der Stunde des Scheiterns, die Halt gebende Schulter nach verheerendem Verlust, die Erleichterung von Schmerz, die Heilung von Krankheit, die Erlösung von Leid und das Verschonen des Lebens. Der niedergestreckte, gekrümmte und gebrochene Körper, die offenen Hände, die ihre Leere und Bedürftigkeit zeigen, die grell leuchtenden Augen, erfüllt von einem unerschöpflichen Verlust, und die Stimme, gezeichnet von stetem Betteln, verdeutlichen die Bedürftigkeit. Hierhin liegt die nackte Forderung nach Barmherzigkeit, die hilflose Bitte des Ohnmächtigen.

Das nährende Brot, die haltende Hand, die Halt gebende Schulter, Heilung und Milde bringen den Menschen zurück zu seiner Identität und eine Identität zurück zum Menschlichen. Unabhängig von ihrer jeweiligen Erscheinungsform befassen sich alle Akte der Barmherzigkeit mit der verlorenen Integrität desjenigen, der nicht gegessen hat, desjenigen, der verwundet ist, oder desjenigen, der nicht mehr sein wird. Das Gut, das in der Barmherzigkeit gegeben wird, ist die Würde, welche die Integrität der Menschen konstituiert. Barmherzigkeit nährt und lindert nicht einfach, Barmherzigkeit bringt Menschlichkeit zurück zu demjenigen, der taumelnd am Rande des Abgrundes steht.

Wie viele religiöse Traditionen zeigen, kann manchmal sogar der Tod die Würde zurückgeben, welche die Integrität, die Heiligkeit und die Fülle der Form wiederherstellt. Göttliche Formen zeigen ihre wahre Natur, wenn der Körper ausgelöscht ist oder seine Funktionen eingestellt sind. Die Idee eines sterbenden und auferstehenden Gottes, die Bestandteil vieler religiöser Kosmologien ist, zeigt die Heiligkeit des Todes, der als Bedingung der Möglichkeit der Auferstehung die göttliche Identität zeigt. In der Tat haben menschliche Gemeinschaften erfahren, dass Töten ein Akt der Barmherzigkeit sein kann. Angesichts eines Leidens, das so tief ist, dass es Menschen auf das rein Animalische reduziert, auf den quälenden Schrei, auf die Verunstaltung der Vernunft zum Wahnsinn des Selbstverlusts, kann der Tod die Würde wiederherstellen. Als *Misericordia* (lat. Mitleid, Barmherzigkeit) wird ein schmaler Dolch bezeichnet, der die mittelalterliche Waffe war, mit der tödlich verletzte Soldaten erlöst wurden. Diese Waffe wurde benutzt, um dem Kameraden in einem Akt der Barmherzigkeit den letzten Stoß zu versetzen.

Vielleicht aber ist Barmherzigkeit nicht nur der Situation eines tiefen Schmerzes vorbehalten. In einer sehr schlichten Art zeigen sich uns die Menschen täglich in ihrer Unvollkommenheit, die oftmals durch ihre Ambitionen, Bedürfnisse, Wünsche, Hoffnungen und Ängste ausgedrückt wird. Die Ausrichtung ihrer Blicke in Richtung Zukunft zeigt ihre Unvollkommenheit. Und angesichts dieser Unvollkommenheit befinden wir uns alle in einer Gemeinschaft der Prekarität. Wenn wir den Menschen in seiner Nacktheit ansehen, konfrontiert mit einer ihn überrollenden Zukunft, mit der existentiellen, aber auch, profaner, mit der sozialen, wirtschaftlichen und politischen Zukunft, sehen wir deutlich die Fragilität seiner Integrität und den potentiell drohenden Verlust seiner Würde. Elend und Armut appellieren an die Kapazität jedes Einzelnen, Integrität und Würde stets wiederherzustellen, denn beide sind nicht als bedingungslos gegeben zu verstehen. In der Gemeinschaft derer, die gemeinsam in die Zukunft blicken, muss die Arbeit an der Würde immer wieder neu beginnen, und selbst wenn es so scheint, als sei sie beendet, muss sie immer wieder von Neuem aufgenommen werden.

In einer solchen Ökonomie der Fürsorge bestimmen das Geben der Gabe und das Aufnehmen der Angst des Anderen in das eigene Herz die Identität des Selbst und die eigentliche Natur des Herzens. Das Selbst, das den Schmerz aufnimmt und von sich etwas abgibt, macht sich im Akt der Barmherzigkeit zu jemandem, der barmherzig ist, und stellt, indem es dies tut, seine eigene Würde wieder her. Es bestärkt die Integrität seiner eigenen Identität – ähnlich einer Beruhigung, nachdem man in die unsichere Zukunft des Anderen geschaut hat, ähnlich einer Auferstehung nach der quälenden Erfahrung des Mangels. Indem jemand gibt, um die Würde des Anderen wiederherzustellen, wird er vollständig in seiner Menschlichkeit bestätigt. Die Identität des Barmherzigen wird bestimmt von dem, der die *merces* empfängt und dabei seinerseits gibt. Und heißt das nicht auch, dass wir im Zurückweisen des Anderen, der leidet und bedürftig ist, in der verpassten Chance, das Elend des Anderen auf uns zu nehmen, die Möglichkeit, unsere Menschlichkeit geltend zu machen, haben verstreichen lassen?

Die Ökonomie der gegenseitig bedingten Würde ist nicht das Ergebnis einer Berechnung und kann es auch gar nicht sein. Das Aufnehmen der Angst in das eigene Herz und das Geben der Gabe können nur in sich selbst ihren Grund haben. Die Universalisierung der Regeln, der Nutzen als Bedingung und die rationalen Erwägungen gehören zu einer kalkulierenden, den Gewinn maximierenden und berechnenden Person. Aber sie führen noch zu keiner barmherzigen Lebensweise.

Das Geben, gerechtfertigt durch die Gewinnmaximierung oder durch die Belohnung, kann einem Mann in Not seine Würde wiedergeben. Sie stellt eine kalkulierte Identität für den Gebenden her, aber sie kann keine barmherzige Identität konstituieren. Die barmherzige Identität kann nur durch Gunst bestimmt werden. Vielleicht sollten wir so barmherzig sein wie ein Hund.

In seiner Aufsatzsammlung *Difficile liberté* erzählt Emmanuel Lévinas von der Begegnung mit einem Hund in einem Arbeitslager der Nationalsozialisten. Gefangene waren ihrer Menschlichkeit beraubt worden, der Blick der anderen sprach ihnen jegliche Spur menschlicher Würde ab:

> Und dann, etwa nach der Hälfte unserer langen Gefangenschaft, trat für einige kurze Wochen, bis die Wächter ihn wieder davonjagten, ein streunender Hund in unser Leben. Eines Tages stieß er zu uns, als wir streng bewacht von der Arbeit kamen. ... Von da an erschien er zur Morgenversammlung und erwartete uns, vor Freude springend und bellend, als wir zurückkehrten. Für ihn bestand kein Zweifel daran, dass wir Menschen waren. Dieser Hund war der letzte Kantianer im nationalsozialistischen Deutschland, ohne das Gehirn für die Verallgemeinerung von Maximen und Antrieben zu brauchen.[1]

Am Ende der Menschlichkeit stellt der Hund die Menschlichkeit der Menschen wieder her. Und er, der Hund, bekommt einen Namen. Bobby ist Teil einer Gemeinschaft von Namensgebung und Bedeutungsgebung und damit Teil einer Gemeinschaft existentieller Bestimmtheit, die damit beginnt, ohne sichtbare Berechnung der Masse von Menschen Menschlichkeit zurückzubringen. Der Hund bildet für sie eine Gemeinschaft von Integrität und Würde. Lévinas erkennt hierin einen Akt der Würde, und er gibt dem letzten Kantianer des nationalsozialistischen Deutschlands die Identität menschlicher Barmherzigkeit und dabei einen prominenten Platz in seiner Geschichte der politischen Moral des 20. Jahrhunderts.

1 Emmanuel Lévinas, »Nom d'un chien ou le droit naturel«, in: *Difficile liberté*, 3. Aufl., Paris 1976, 215f. (Zitat übersetzt von Felicitas Zeeden).

Babette Babich

Martin Heidegger: Mitleid und Fürsorge

Das Gleichnis vom Barmherzigen Samariter veranschaulicht die Frage, was wir, in Bedrängnis geraten, der Fürsorge anderer verdanken (oder was umgekehrt uns im Blick auf andere obliegt), vor allem jener, die uns nicht auf eine persönliche Weise vertraut sind. Ich möchte das Gleichnis hier anführen, wie wir es alle kennen, nämlich als die Antwort auf die Frage, was wir tun müssen, wenn das Gesetz gilt: »Deinen Nächsten sollst du lieben wie dich selbst!« Dann tritt nämlich, ganz gleich wessen Dialektik wir folgen, stets die Frage auf: »Und wer ist mein Nächster?«

> Ein Mann ging von Jerusalem nach Jericho hinab und wurde von Räubern überfallen. Sie plünderten ihn aus und schlugen ihn nieder; dann gingen sie weg und ließen ihn halb tot liegen. Zufällig kam ein Priester denselben Weg herab; er sah ihn und ging weiter. Auch ein Levit kam zu der Stelle; er sah ihn und ging weiter. Dann kam ein Mann aus Samarien, der auf der Reise war. Als er ihn sah, hatte er Mitleid [ἐσπλαγχνίσθη / *misericordia*], ging zu ihm hin, goss Öl und Wein auf seine Wunden und verband sie. Dann hob er ihn auf sein Reittier, brachte ihn zu einer Herberge und sorgte für ihn. Am andern Morgen holte er zwei Denare hervor,

gab sie dem Wirt und sagte: Sorge für ihn, und wenn du mehr für ihn brauchst, werde ich es dir bezahlen, wenn ich wiederkomme. (Lk 10,30-35)

Es wird schnell deutlich, dass das »Mitleid«, das der berühmte »gute« Samariter dem halbtoten Mann zukommen lässt, mehr ist als das, was wir üblicherweise unter Mitleid verstehen. Das griechische ἐσπλαγχνίσθη bezieht sich ursprünglich auf das qualvolle Reißen im Gedärm und wird üblicherweise mit »Mitgefühl« oder »Barmherzigkeit« übersetzt. Der lateinische Begriff dafür lautet »misericordia«. Reines Mitleid – im Gegensatz zu einer solchen leiblichen Barmherzigkeit oder zu solchem Mitgefühl, an das Nietzsche uns erinnert (die griechische Koine im Hinterkopf) – verlangt nicht mehr, als jemanden irgendwie zu bedauern. Dieses Mitleid ist ausgesprochen kompatibel mit dem Verhalten des Priesters sowie des Leviten, die beide den halb tot Geschlagenen womöglich doch bedauern, um dann aber ihrer Wege weiterzugehen und den Mann im Graben liegen zu lassen. Nur der Samariter unterbricht seine Reise und behandelt eigenhändig die Wunden des Geschundenen, um ihn anschließend persönlich und auf eigene Kosten einem Gastwirt zur Genesung zu übergeben. Er überträgt also die Aufgabe, sich des verletzten Mannes anzunehmen, an jemanden, dessen entlohnte Profession es darstellt, Fremden Fürsorglichkeit zukommen zu lassen. Aber die Barmherzigkeit des Samariters besteht darin, dass er es nicht dabei belässt, sondern – genau darin liegt das Ausmaß seiner Umsicht und Rücksicht – verspricht, auch darüber hinaus Sorge für den Verletzten zu tragen und bei seiner

Rückkehr sämtliche angefallenen Kosten auf sich zu nehmen.

In diesem Sinne beinhaltet die Fürsorge in ihrem positiven Sinn, etwas zu tun (was auch immer das ist), dessen der Andere bedarf, selbst dann, wenn dies einen von dem Weg abbringt, den man selbst üblicherweise einschlagen würde. Trotz des Aufwands, der damit für einen selbst verbunden ist, geht es dabei nicht darum, für den anderen einzuspringen (der sich bis dahin »jenseits aller Sorge«, am Rande des Seins, wie wir fantasiereich sagen, aufhielt), sondern darum, den Anderen für eben seine eigenen höchst weltlichen Sorgen zu »befreien«. All seiner Mittel beraubt, wie es das Opfer war, wären diese Schwierigkeiten für den Beraubten immens gewesen, und es sind diese Schwierigkeiten des Lebens, die der Samariter ihm »erst eigentlich als solche« zurückgibt.

Vielleicht ist es diese äußerste ethische Verpflichtung auf *beiden* Seiten, auf der Seite dessen, dem geholfen wird, wie auf der Seite dessen, der dem Anderen hilft (möglicherweise nicht ganz ohne Bezug zu Heideggers Begriff der »Eigentlichkeit«), die uns als Leser alarmiert und unser Beharren darauf, dass das, worüber Heidegger spricht, keine Ethik sein kann, nachdrücklich unterstreicht. So zu handeln – da sind wir uns ganz sicher – kann nicht das sein, was uns in ähnlichen Fällen abverlangt wird. Das gilt vielleicht für Heilige oder biblische »gute Samariter«, ist aber doch sicher keine Regel. Und daher, trösten wir uns, kann es keine Ethik sein. Und gibt es überdies nicht Institutionen, die man speziell für solche Fälle eingerichtet hat? Die Polizei, die Ambulanz und so weiter?

Wie für Kant und Schopenhauer gilt auch für Heidegger, dass nur das, was wir *tun*, ethisch relevant ist, nicht bloß unsere persönliche Gesinnung und das, was aus ihr folgt. Was wir bei Kant anerkennen, ist die Regel, die auch dann verpflichtet, wo wir sie nicht (in einem eigentlichen Sinne) beachten. Wenn Kant sich große Mühe gibt zu zeigen, dass er mehr macht als einfach nur die goldene Regel zu verfechten, dann erlaubt uns das Gesetz, das er gibt, nämlich der kategorische Imperativ, unsere eigene Maxime danach zu beurteilen, ob sie als universelles Gesetz taugt, bis dahin, dass sie uns im Sinne eines Naturgesetzes die Option der Tatenlosigkeit verweigert. Es fällt also auf, dass der übliche Fokus der philosophischen Ethik (abgesehen von der Tugendethik, aber selbst dort) dazu neigt, den Fokus auf das Handeln der anderen zu legen. Auf dem Wege der Ethik erklären wir also *anderen*, wie Schopenhauer zu sagen pflegte, was zu tun ist.

Eine Ethik in Heideggers Sinne dagegen bewegt sich in Richtung einer tragischen oder herakliteischen Ethik, die etwas mit dem eigenen Charakter zu tun hat und die die anderen bis zu dem Punkt einschließt, dass man grundsätzlich nicht nur um seinen eigenen entworfenen Entwurf weiß, sondern ebenso um die Entwürfe der anderen. Aus diesem Grund hat man eine umsichtige Achtsamkeit nicht nur für seine eigenen »eigensten Möglichkeiten«, sondern auch dafür, was der Andere als seinen eigenen Entwurf vor sich hat, und diese Fürsorge wird immer und in jedem Fall eine spezifische für einen bestimmten Anderen in einem spezifischen Moment sein: Es handelt sich also um eine Individualethik, die darauf zielt, einem jedem Individuum zu helfen, und zwar dadurch, dass man sie insofern befreit, als man sie darin unterstützt, ihren Entwurf anzuerkennen und zu leben, indem man sie also gewissermaßen »sein lässt«. Wie das Beispiel vom guten Samariter verdeutlicht, handelt es sich dabei ausdrücklich nicht darum, die Gedanken des anderen zu lesen oder besser als er zu wissen, was gut für ihn wäre. (Dieses Beispiel schließt also all die Arten von Sorge darüber aus, was eine obdachlose Person, die um ein Almosen bittet, mit diesem Geld später *macht oder nicht macht*).

Es gibt viele Arten von umsichtiger Aufmerksamkeit für das, was um uns herum ist, einschließlich der anderen. So kann man auf einer geschäftigen Straßenkreuzung jemanden bemerken, der sich unter gefährlichen Bedingungen langsamer bewegt als die anderen; und doch muss diese Beobachtung keineswegs bedeuten, dass man sofort an seine Seite eilt – es gibt viele Möglichkeiten der »fließenden Einmischung«, ohne in das Tun der Leute selbst eingreifen zu müssen (und Kant warnt vor der eigennützigen Aufdringlichkeit, die stets die Gefahr solcher Eingriffe darstellt). Lehrer und Freunde haben andere Möglichkeiten, auf solche achtzugeben, die in ihrer Verantwortung sind, und das, was Heidegger als Fürsorge bezeichnen würde, stellt auf jeden Fall kein Gesetz auf und folgt auch keinem solchen, da sie insofern eine zu spezifische und individuelle Fürsorge darstellt, als es um das betroffene Individuum mit seinen individuellen Möglichkeiten geht, dem wir in jedem Fall anders und neu unsere Fürsorge zukommen lassen.

Für Heidegger sind wir stets zur Fürsorge für den Anderen herausgefordert, ob nun auf positive (eher selten) oder auf negative Weise (die den alltäglichen Modus darstellt, in dem sich unsere Umsicht in einem voraussetzungsvollen Umgang mit den Menschen um uns herum ausdrückt). Daher ist – als »Mitsein« und »Dasein«, das heißt in diesem Fall als Menschen, die wir immer mit anderen Menschen zu tun haben, und angesichts unserer geteilten *conditio humana* –, wenn wir uns einem Bedürftigen gegenüberfinden, jemandem, der unserer Zeit bedarf, unserer Aufmerksamkeit, unserer Hilfe im weitesten Sinne (und in dieser Zeit der allgemeinen Beschränkungen gibt es kein städtisches Milieu, in dem wir nicht mit solchen Bedürfnissen konfrontiert werden), daher ist unsere allerhäufigste Antwort auf solche Forderungen die Nicht-Antwort, das heißt das, was Heidegger Fürsorge – wenngleich in ihrer negativen Form – nennt.

Insofern wir *sorgfältig* wegsehen, handelt es sich klarerweise um einen negativen Modus der Fürsorge, wie es auch eine negative Form der Fürsorge darstellt, wenn wir Sorge dafür tragen, unsere Unaufmerksamkeit zu rechtfertigen (wenn auch nur vor uns selber), indem wir davon ausgehen, dass die soziale Fürsorge oder andere institutionalisierte Formen der Unterstützung sich gewiss dieser Sache annehmen werden, oder, auch das ist ein Fall negativer Fürsorge, wenn wir die Sorge tragen, darüber zu urteilen, dass der verletzten oder bedürftigen Person die Schuld höchstwahrscheinlich selbst zugesprochen werden muss und sie daher sich selbst überlassen werden »sollte« bzw. »müsste«.

Diese fehlende Sozialität, wie wir sagen könnten, die den Grund und Boden für die Notwendigkeit unserer institutionalisierten »Sozial«-Systeme bildet, gilt auch im Hinblick auf die Sorge, die man für sich selbst tragen sollte, insofern man zunächst und zumeist sich selbst gegenüber unaufmerksam ist, und dies stellt wohl die Basis der Psychoanalyse sowie anderer therapeutischer Einrichtungen dar, wie Heidegger es im darauf folgenden »Das alltägliche Selbstsein und das Man« ausführt. Zusätzlich zu unserer menschlichen, allzumenschlichen Abneigung gegen seine drastischen Folgerungen (wir ahnen, dass diese Art von Ethik vermutlich Forderungen an uns stellen wird) ist das, was Heideggers Ethik des Seins qua Fürsorge verdunkeln kann, dies, dass eben diese Ethik zugleich bedacht darauf ist, die Allgegenwart dessen zu betonen, was Heidegger »Verfallenheit« nennt.

Clara-Elisabeth Vasseur

»Komm, wir setzen uns!«

Eine kleine Phänomenologie des Erbarmens

Kommt ein Kind, wütend oder verletzt, traurig oder gekränkt zu seiner Mutter, wird sie es mit diesem kleinen Satz empfangen: »Komm, wir setzen uns!« Sie will nicht das Kind von ihrer überragenden Körpergröße her trösten, sie zieht es an sich und setzt sich zu ihm. Kommen Sie selbst zu einem Arzt, Notar oder Anwalt, wohin auch immer, es wird Ihnen ein Stuhl angeboten: »Bitte, nehmen Sie Platz!«

Einen Sitzplatz anzubieten ist eine höfliche und zugleich menschliche Geste. Es kann aber auch heißen, sich erbarmen. Denn wenn ich jemanden meine Überlegenheit spüren lassen möchte, lass ich ihn vor mir stehen. Der Mensch steht vor dem Anderen, wenn er als Angeklagter vor ihn zitiert wird. Jesus steht vor Pilatus, der selbst auf dem Richterstuhl sitzt (Mt 27,19). Der, der sitzt, ist der Höhere. Kaiser oder Könige sitzen auf einem Thron. Ein Thron ist nichts anderes als ein erhöhter Stuhl, der den Sitzenden noch über den, der steht, künstlich erhebt. In der Kirche führen Päpste, Bischöfe und Priester den Vorsitz bei Gottesdiensten. Der erhöhte Platz verweist auf ihren höheren Rang. Die Hierarchie tritt deutlich hervor; die Struktur der Gemeinschaft, der Kirche, wird dadurch sichtbar. Es gibt den ersten und den letzten Platz. Besonders begehrt sind die höheren, nicht die niedrigen Plätze (vgl. Mt

23,6). In den Evangelien sind es die Schriftgelehrten und Pharisäer, die als religiöse Lehrer des Volkes für sich erhöhte Plätze beanspruchen. Schwierig wird es, wenn es an der Zeit ist, diesen erhöhten Platz zu verlassen und einem andern zu überlassen. Mit der gleichen Gelassenheit und Demut den Vorsitz zu führen, als ob man auf einem Schemel oder auf einem Kissen auf dem Boden säße, ist Zeichen einer großen inneren Würde.

In der Regel des heiligen Benedikt wird großer Wert auf die Rangordnung in der monastischen Gemeinschaft gelegt: Kommt ein älterer Bruder, wird der Jüngere ihm den Platz anbieten, und »der Jüngere nehme sich nicht heraus, sich wieder zu setzen, bevor ihn der Ältere dazu auffordert. So geschieht, was geschrieben steht: ›Kommt einander in gegenseitiger Achtung zuvor‹.« (Regel Benedikts 63,16-17) Sich zu erheben, ist das Zeichen des Respekts des Jüngeren vor dem Älteren; zum Sitzen einzuladen, ist die entsprechende liebende und barmherzige Haltung des Älteren. Er *kann* einen Sitzplatz anbieten, er muss es aber nicht tun.

Für den, der sich nach jenen erhöhten Plätzen sehnt, ist die Botschaft Jesu unbequem. Denn diese in unseren Augen so wichtige Rangordnung wird im Evangelium auf den Kopf gestellt, wenn es heißt: »Die letzten werden die ersten sein.« (Mt 19,30) Um diese neue göttliche Ordnung deutlich zu machen, soll der Amtsträger, der einen erhöhten Platz einnimmt, sein Amt so verstehen und ausüben, dass er dem Niedrigeren dient. So wird der Papst, der *Pontifex maximus*, zum »Diener der Diener Gottes«, wie Gregor der Große sich selbst bezeichnet hat.

Sich selbst als Diener zu benennen, genügt aber nicht. Das Entscheidende ist die Haltung, die es zu verkörpern gilt. Das demütige und einfache Handeln Jesu soll in der Kirche fortwährend als sichtbares Zeichen dieser Neuordnung präsent bleiben. Jesus tat Sklavendienst, indem er sich vom Mahl erhob und sein Gewand ablegte, um seinen Jüngern die Füße zu waschen (vgl. Joh 13,4f.). Wer so handelt, handelt nach einer Ordnung, die von Gott stammt. Gott, der über allen Himmeln thront, erniedrigt sich und zeigt sich darin barmherzig, weil er so dem Menschen nahe kommt. Der Mensch, der des Erbarmens bedarf, ist der gebrochene Mensch, der »am Boden zerstört« ist. Die Asymmetrie in der Begegnung zwischen dem Notleidenden und dem Helfer, dem Kranken und dem Arzt, dem Blinden und dem Sehenden, dem Aussätzigen und dem Reinen kann nur dadurch aufgehoben werden, dass beide sich als Menschen erweisen – im völligen Wissen, dass es nur eine Frage der Zeit ist, bis der Arzt selbst zum Patienten eines anderen Arztes wird. Deshalb brauchen wir die Augen der anderen, um uns selbst wahrnehmen zu können. Alle Ungleichheit unter den Menschen wird letztendlich aufgehoben, wenn wir vor den Richterstuhl Christi hintreten müssen. Deshalb sollten wir einander nicht richten, sondern barmherzig sein, damit wir Barmherzigkeit erfahren.

Wir Menschen verfehlen uns täglich untereinander. Deshalb brauchen wir aufgrund der vielen Konflikte im Kleinen wie im Großen wahrhaft barmherzige Richter und Schlichter. Was gerichtet und worüber geurteilt wird, sind die Taten des Menschen. Zum Abt, der der Gemeinschaft vorsteht und dem Menschen anvertraut sind, wird gesagt: »Er hasse die Fehler, er liebe die Brüder.« (Regel Benedikts 64,11) Was heißt das konkret?

Es gibt doch die Fehler niemals ohne die Brüder. Benedikt schildert sehr anschaulich, was er hier meint. Er verweist auf zerbrechliche Gegenstände, die mit Sorgfalt zu behandeln sind, wenn wir sie heil erhalten wollen:

> Muss der Abt aber zurechtweisen, handle er klug und gehe nicht zu weit; sonst könnte das Gefäß zerbrechen, wenn er den Rost allzu heftig auskratzen will. Stets rechne er mit seiner eigenen Gebrechlichkeit. Er denke daran, dass man das geknickte Rohr nicht zerbrechen darf. Damit wollen wir nicht sagen, er dürfe Fehler wuchern lassen, vielmehr schneide er sie klug und liebevoll weg, wie es seiner Absicht nach jedem weiterhilft; wir sprachen schon davon. Er suche, mehr geliebt als gefürchtet zu werden. (Regel Benedikts 64,12-15)

Die Weisheit des maßvollen Umgangs mit der Sündhaftigkeit des Menschen ist hier charakteristisch für den Geist der Regel Benedikts. Die Liebe erweist sich dadurch, dass Barmherzigkeit zwar die Gerechtigkeit nicht außer Kraft setzt, sie aber dort ergänzt, wo diese einen Hang zu herzloser Härte aufweisen könnte. Barmherzigkeit ist mehr als Gerechtigkeit, die Gleiches mit Gleichem vergilt oder einen Ausgleich zu schaffen versucht. Im Vergleich mit der Rache liegt in der Anwendung der Gerechtigkeit ein Fortschritt: Sie schafft das mehrfache Vergelten ab. Im Hinblick auf das Reich Gottes wird aber mehr gefordert: Der Mensch wird aufgefordert, zwei Meilen zu laufen, wo nur eine gefordert wäre. Er gibt zum geforderten Mantel noch freiwillig das Hemd hinzu. Barmherzigkeit ist die Wurzel der Feindesliebe, weil ich im Akt der Barmherzigkeit anfange, zu verzeihen und gut zu sein – und zwar zu einem Menschen, der mir selbst nicht gut gesinnt ist oder sogar Böses angetan hat. Wer sich im Verzeihen übt, erlernt das Erbarmen. Wem verziehen wird, der erfährt, was Barmherzigkeit ist.

Nun kehre ich zum Beginn dieser Überlegungen zurück, zur Einladung zum Sitzen. Vermutlich lesen Sie diese Zeilen und sitzen dabei. Leicht können Sie sich also aufrichten und einige Male tief ein- und ausatmen. Beim Ausatmen lassen Sie los, was Sie sonst beschäftigt und bedrückt. Sie können für einige Sekunden die Augen schließen oder in die Weite schauen. Tief Luft zu holen heißt, wieder weit zu werden, wo Enge sich meiner bemächtigt hat. Wer sich bewusst hinsetzt, auf eine gerade Haltung achtet, kann besser atmen und frei werden. Erbarmen hat mit Großzügigkeit zu tun.

Die aufrechte Haltung – zwar auf dem Boden, aber »in Hoheit und Würde« – zeigt, dass es nicht darum geht, sich »klein zu machen«. Das Gegenteil ist der Fall. Wer im Geist wieder frei werden will, frei von dem, was ihn belastet und auf ihm lastet, muss sich äußerlich und innerlich aufrichten und von dem befreien, was ihn nach unten drückt. Die physische und die geistliche Haltung sind nicht voneinander zu trennen. Die Körperhaltung offenbart die Gesinnung und Gestimmtheit eines Menschen.

Die positive und heilsame mögliche Wechselwirkung zwischen Leib und Geist wird nicht nur in der Medizin, sondern auch in religiösen Praktiken berücksichtigt. Der Osten hat mehr als der Westen die jahrtausendealte Tradition des Sitzens in der Stille, Zazen genannt, wachgehalten. Diese praktische Übung, die als Lebensweg angelegt ist, zielt auf die Wiederherstellung einer Einheit, die durch die Kämpfe der Leidenschaften im Herzen und im Leib immer wieder gefährdet ist. Die Macht der Dämonen, der bösen Geister ist das Vielerlei. Die Kraft Gottes bewirkt die Einung des Herzens. Mit dieser heilenden und einenden Kraft in Berührung zu kommen, sich ihr ganz zu öffnen, ist Ziel der Übung. Das, was der Mensch tun kann, ist, sein Herz zu öffnen und Gott zu bitten, darin zu wohnen.

Der Mensch, der sich vom ursprünglichen Einssein mit Gott, der Welt und sich selbst löst, wird hin und her getrieben und versucht verzweifelt zu erreichen, was der Befriedigung seiner Triebe dient. Die Leidenschaften zielen auf ein Mehr im Bereich des Habens, die Tugenden, d.h. die durch Übung verfestigte Neigung zum Guten auf das Sein.

Das Sitzen ist eine Übung, deren geistliche Qualität von der Ernsthaftigkeit seiner physischen Komponenten abhängt: Gerades Sitzen, gutes Atmen, guter Kontakt mit dem Sitz und dem Boden. Es geht nicht um reine Gymnastik, sondern um eine ganzheitliche, heilsame Haltung, die Inneres und Äußeres wieder in Einklang zu bringen vermag. »Das Innerste meines Inneren ist auch das Innerste meines Äußeren. Dass dies in einem beglückenden Erwachen aufleuchtet, das ist der Sinn der Übung. Und das macht alles konkret und transparent nach außen und innen im Kleinsten und Größten: im Erbarmen«, schreibt Johannes Kopp.[1]

1 Johannes Kopp, *Schneeflocken fallen in die Sonne. Christuserfahrungen auf dem Zen-Weg*, Annweiler [3]2002, 145.

Ob dies gelingt, zeigt sich nicht allein, während der Mensch in der Stille sitzt, sondern wenn er wieder in den Alltag zurückkehrt. Der Weg des Zen ist alltäglicher Geist und zugleich auch Anfänger-Geist. Groß ist, wer den Anfänger-Geist bewahrt hat oder mit dem heiligen Paulus sagen kann: »Ich vergesse, was hinter mir liegt, und strecke mich nach dem, was vor mir ist.« (Phil 3,13) Der Fortgeschrittene ist zu allen Neuanfängen bereit. Er gibt auch anderen diese Chance des Neuanfangs. Dies ist auch ein prägendes Merkmal des barmherzigen Umgangs mit seinen Mitmenschen.

Barmherzigkeit hat mit dem Vertrauen zu tun, dass Gott viele Türen offen hält, auch dort, wo Menschen gerne andere ausschließen, weil sie anders sind oder anders denken als sie selbst. Wer des Erbarmens nicht bedarf, wird nicht barmherzig handeln können, denn Barmherzigkeit ist ein gnädiges Handeln am Anderen. Der Vorrang des barmherzigen Handelns ist absolut. Die Weisung gilt für den Abt, der im Klostergefüge die höchste Autorität besitzt: »Immer gehe ihm Barmherzigkeit über strenges Gericht, damit er selbst Gleiches erfahre.« (Regel Benedikts 64,9) Für den Mönch, der in allen Anliegen des Alltags auf die anderen angewiesen ist, gilt: »Wer mehr braucht, werde demütig wegen seiner Schwäche und nicht überheblich wegen der ihm erwiesenen Barmherzigkeit.« (Regel Benedikts 34,4) Letztendlich geht es darum, dass das, was ich im Leben mir selbst nicht zu verschaffen vermag, nämlich geliebt und angenommen zu werden, auch dann, wenn ich viele Unzulänglichkeiten aufzuweisen habe, mir allein im Akt des Erbarmens zufällt:

Gelübde der Menschlichkeit

Besänftigt und gefasst
lasst uns erwachen zum Wahren Selbst;
völlig Erbarmende werden;
völlig unsere Fähigkeiten nutzen,
wie immer es unserer Berufung entspricht;
das Leiden erkennen
von Mensch und Gesellschaft
und die Wurzeln des Leidens;
die richtige Richtung erfassen,
wohin die Geschichte gehen soll.
Wir reichen einander die Hände,
miteinander verwandt,
weit jenseits von Rasse, Nation oder Klasse;
lasst uns voll Mitgefühl geloben,
dass wir unser tiefes Verlangen
verwirklichen
nach Befreiung
und eine Welt gestalten,
in der alle leben können
in Wahrheit und Fülle.[2]

Shin'ichi Hisamatsu

Erbarmen ist gegenseitiges Geschehen, das die Liebe fließen lässt und für ein Mehr offen ist. Wo dieser Fluss zum Erstarren kommt, wird die Beziehung der Men-

2 Vgl. für das »Gelübde der Menschlichkeit« https://mystikaktuell.wordpress.com/tag/shinichi-hisamatsu/ (abgerufen am 20.06.2016).

schen untereinander, aber auch auf Gott hin gestört und gehemmt. Barmherzigkeit ist die Antwort der Liebe, die uns allein von innen her verwandeln kann. Wer wirklich liebt, liebt den Anderen noch mehr als sein eigenes Leben – und er kann nicht anders. Wer kann einer solchen Liebe würdig werden? Wer bereit ist, zu lieben, wie er von ewigen Zeiten her von Gott geliebt worden ist! Dies ist die Lektion, die es zu erlernen gilt (vgl. Mt 18,32-33): »Komm, wir setzen uns!«

Sitzerbarmen

sich setzen
ins bodenerbarmen

in der bauchhöhle
zum erbarmen finden

im sitzen
erbarmen freisetzen

sedes sapientiae –
mater misericordiae

Sebastian Debour OSB

Bruno Galasek-Hul

Kann man Barmherzigkeit trainieren?

Reflexionen über eine christliche Tugend aus buddhistischer Sicht

Da die Angst zu einer Gefahr für diejenigen werden kann, die sie empfinden, darf man nicht zulassen, dass sie beherrschend wird. Sie dient als Hauptrechtfertigung für Verhaltensweisen, die häufig als ›unmenschlich‹ bezeichnet werden.

Tzvetan Todorov[1]

Während die Krisen unserer Zeit dringenden Handlungsbedarf auf politischer Ebene erfordern, offenbaren sie und die mit ihnen verbundenen Diskurse meines Erachtens aber auch etwas Fundamentales: die alte Frage nach der eigenen Identität in einer globalisierten Welt und der der anderen, und nach dem Umgang miteinander.[2]

In diesem Essay soll der Begriff der Barmherzigkeit im weitesten Sinne und aus buddhistischer Perspektive beleuchtet werden. Gleichzeitig soll der universale

1 Tzvetan Todorov und Ilse Utz (Übers.), *Die Angst vor den Barbaren Kulturelle Vielfalt versus Kampf der Kulturen*, Hamburger Edition HIS, 2011, 17.

2 Siehe hierzu auch, Dominique Moïsi, *The Geopolitics of Emotion: How Cultures of Fear, Humiliation, and Hope are Reshaping the World*, New York 2009, 22f.

Charakter dieser Tugend hervorgehoben werden, die die Grundlage für unser menschliches Zusammenleben enthält.

Der scheinbare Erfolg der hässlichen Präsidentschaftskandidatur eines Donald Trump in der USA und das Erstarken xenophober und nationalistischer Agenden bisheriger politischer Außenseiter in Europa[3] scheinen die von Dominique Moïsi und Tzvetan Todorov beschriebene These der Zunahme von negativen *social passions* in der Atmosphäre einer westlichen »Kultur der Angst« zu bestätigen.[4] Es werden stereotype Feindbilder generiert durch die Reduktion komplexer Individuen und ihrer Motivationen auf prädefinierte Merkmale und durch die Verwechslung und Vermischung verschiedener Ebenen kollektiver Identität. In der komplexen, globalisierten Welt von heute jedoch haben Individuen Anteil an einer Kultur, meistens aber an mehreren, also bereits gemischten Kulturen. Sie sind Bürger eines Staates und teilen bestimmte Wertesysteme. Kulturen und kulturelle Unterschiede sind dabei niemals als Ganzes moralisch bewertbar (absolute Werturteile sind immer nur möglich mit Bezug auf bestimmte Handlungen als barbarisch oder zivilisiert).[5] In der globalisierten Welt

3 Siehe Hans-Georg Maaßens Rede zum Europäischen Polizeikongress: »Auswirkungen der irregulären Migration auf die Arbeit des BfV (= Bundesamt für Verfassungsschutz)« (29. Februar 2016), Niederschrift: Deutsche Wirtschaftsnachrichten (29. Februar 2016), online: http://deutsche-wirtschafts-nachrichten.de/2016/02/29/eine-wichtige-rede-vom-verfassungsschutz-deutschland-radikalisiert-sich/ [Stand: 27.1.16].

4 Siehe T. Todorov, *Die Angst vor den Barbaren*, 14-16, et passim; Dominique Moïsi, *The Geopolitics of Emotion*, 90-123.

5 T. Todorov, *Die Angst vor den Barbaren*, 72: »Es sei noch

können wir »die anderen« und ihre Identität nicht länger ignorieren. In den USA ist das Gefühl der »Kulturdominanz« besonders ausgeprägt. Im Land ist es quasi Tradition, dass kulturelle Unterschiede möglichst im großen Schmelztiegel des *American Way of Life* nivelliert oder ignoriert werden. Einer der hier zugrundeliegenden psychologischen Mechanismen ist der *false-consensus bias*,[6] also die Annahme, dass alle anderen so sind wie wir. Wenn demgegenüber (an)erkannte Pluralität auf Offenheit statt Angst trifft, birgt sie den Vorteil, verschiedene Sichtweisen und Perspektiven zu ermöglichen, wodurch sich unser Blick auf die Wirklichkeit erweitert. Eine einer Kultur der Angst entgegengesetzte Reaktion besteht in der vollen Akzeptanz und Anerkennung von Vielfalt im Ausdruck bei gleichzeitigem Gewahrsein der fundamentalen Einheit der Menschheit.

Im Buddhismus heißen die Gegenmittel gegen Angst die vier »unermesslichen Geisteshaltungen« (Sanskrit *apramāṇa*). Ihre Stufenfolge wurde im Buddhismus als

einmal betont: Die Vielfalt der Kulturen (ein unbestreitbares Faktum) ändert nichts an der Einheit der Menschheit (ein weiteres unbestreitbares Faktum) und auch nichts daran, dass es Akte der Barbarei und zivilisierte Verhaltensweisen gibt. Keine Kultur ist an sich barbarisch, kein Volk durch und durch zivilisiert; allen steht der Weg in jede Richtung offen. Das ist ein Wesensmerkmal der menschlichen Gattung.«

6 »In der Psychologie nennt man die [weitestgehend unbewusste] Überzeugung oder Meinung, dass alle anderen genauso seien wie wir auch ›Verzerrung durch falschen Konsens‹ oder ›Konsensüberschätzung‹.« (»In psychology, the idea that everyone is like us is called the ›false-consensus bias‹«) [meine Übersetzung]. (Sean Blanda, »The ›Other Side‹ Is Not Dumb«, online: https://medium.com/@SeanBlanda/the-other-side-is-not-dumb-2670c1294063#.1slp75plo [blogposting vom 7. Januar 2016] [Stand: 11.1.16]).

Heilsweg zur Läuterung des eigenen Geistes konzipiert. Hier möchte ich mich allerdings auf ihren »sozialen« Aspekt beschränken, also auf die Kultivierung bestimmter Geisteshaltungen, die unsere Sichtweise auf andere und unseren Umgang mit anderen im täglichen Leben beeinflussen können. Die vier Unermesslichen heißen der Reihe nach: Wohlwollen oder uneigennützige Liebe (Skt. *maitrī*; Pali *mettā*), Mitleid oder Mitgefühl (Skt. *karuṇā*), Mitfreude (Skt. *muditā*) und Gleichmut (Skt. *upekṣā*). Uneigennützige Liebe besteht in dem wohlwollenden Wunsch, dass es den anderen und einem selbst gutgehen möge: »Mögen alle Lebewesen Glück erfahren und mögen bei Ihnen die Ursachen für Glück vorhanden sein; mögen alle Wesen in Sicherheit sein; mögen sie gesund sein; mögen sie über ausreichende, gute und menschenwürdige Lebensgrundlagen verfügen; mögen sie Wohlwollen und Liebe erfahren!« So inspiriert erzeugt man ein starkes innerliches Gefühl von liebender Güte und Wohlwollen. Man beginnt die Übung mit der Vorstellung einer Person oder eines Lebewesens, der oder dem gegenüber sich das Gefühl des Wohlwollens leicht einstellt, und dehnt es anschließend aus, bis man sich in der Lage sieht, selbst seinen Feinden gegenüber mühelos Wohlwollen und liebende Güte zu empfinden. Diese Übung des Ausdehnens kann schrittweise, also in mehreren Übungssitzungen während eines bestimmten Zeitraums oder in einer einzigen Sitzung geschehen. Befindet sich das Bewusstsein stabil in einem dieser vier unermesslichen Zustände, ist das Auftreten jeglicher negativer Emotionen wie Gier, Hass und Ignoranz blockiert. Etymologisch ist *mettā* mit dem vedischen

Sanskritwort *mitra* (Bündnis, Bündnispartner, Freund) verwandt. Vielleicht ist mit der Bündnis-Idee auch die sehr alte, der *mettā* nachgesagte Schutzfunktion verbunden. Der beste Schutz bei Gefahr, erklärte der Buddha, bestehe im »Ausstrahlen« von Wohlwollen und Liebe in alle Himmelsrichtungen.

Mitleid oder Mitgefühl, das am ehesten der Tugend der Barmherzigkeit entspricht, ist durch den Wunsch charakterisiert, dass der/die andere frei von Leid sein möge. Man beginnt die Visualisierungsübung hier damit, sich eine Person vorzustellen, von der man sich weder abgestoßen noch angezogen fühlt – also eine »neutrale« Person – und die momentan großes Leid erfahren muss – starke Schmerzen etwa, eine schwere Krankheit oder Verfolgung. Mitfühlend verbalisiert man innerlich den Wunsch, dass dieser Mensch von seinem Leid befreit sein möge, und weitet dann wie zuvor das Gefühl unendlich aus. In spontan entstehendem Mitgefühl drückt sich unsere natürliche Verbundenheit mit unseren Mitgeschöpfen aus und die inhärente Fähigkeit zur Anteilnahme und Sorge.

Während Wohlwollen und Mitgefühl wortwörtlich ausgestrahlt werden, beziehen sich Gleichmut und Mitfreude unmittelbarer auf den eigenen Geisteszustand. Wenn wir uns beispielsweise ehrlich über den Erfolg und die guten Eigenschaften anderer freuen, wirkt das Eifersucht entgegen, und geistig teilen wir sogar die Qualitäten derer, mit denen wir uns zusammen freuen. Indem wir den anderen und die andere als Menschen wie uns selbst erkennen und wenn wir gleichzeitig anerkennen können, dass er/sie die Welt anders erlebt als wir selbst, wird jede Begegnung interessant, weil sie immer die Möglichkeit enthält, unseren eigenen begrenzten Horizont zu erweitern.

Der Gleichmut wird im Kontext der vier Unermesslichen Geisteshaltungen kultiviert, um Gefühlen wie Depression oder Frustration vorzubeugen. Denkt man viel über die Leiden der Welt nach, besteht die Gefahr, dass sich ein Gefühl der Hoffnungslosigkeit einstellt. Das ist nicht das Ziel der Mitgefühls-Übung. Im sozialen Kontext dient der Gleichmut dazu, dass man nicht leicht seine Mitte verliert, zu voreilig Partei ergreift oder in Extreme verfällt. Hat man ein gewisses Maß an Gleichmut kultiviert, etwa durch das Nachdenken über die Vergänglichkeit aller Dinge und Zustände, fällt es einem leichter, eine gewisse Distanz zu den heute so schnell wechselnden Dingen und Ereignissen zu entwickeln, eine »innere Pufferzone« sozusagen, die es einem erlaubt, nicht sofort reagieren zu müssen. Das Bedürfnis, sich sofort auf Informationen eine Meinung bilden und sie beurteilen zu müssen – meist mit unzureichendem Informationshintergrund –, ist ein Symptom der globalisierten Medienlandschaft und des *world wide web*. Nicht, dass dies an sich etwas Schlechtes wäre. Ganz im Gegenteil: der freie Zugang zu Informationen für jeden ist nur zu begrüßen. Allerdings muss der Umgang mit dieser revolutionär-neuen, horizontalen Informationsflut erlernt werden, am besten schon in den Schulen.

Die Standardformel oder Perikope für die Einübung der Unermesslichen Geisteshaltungen in den kanonischen Texten des frühen Buddhismus lautet so:

Er [/sie] verweilt, zuerst eine Himmelsrichtung

> mit seinem von uneigennütziger Liebe (*mettā*) erfüllten Geist durchdringend, genauso die zweite Himmelsrichtung, genauso die dritte, genauso die vierte. So durchdringt er [/sie] auch Zenit und Nadir, dann beide zugleich und schließlich alle Richtungen, überall, die ganze Welt mit einem von uneigennütziger Liebe erfüllten Geist, einem Geist, der weit, ausgedehnt, grenzenlos, ohne Böswilligkeit und frei von Zorn ist.[7]

Im Übungsverlauf wird *mettā* einfach durch die übrigen Begriffe ausgetauscht.

Jemand, dessen Geist so weit geworden ist, ist nicht mehr begrenzt (Skt. *pramāṇa*) durch negative Emotionen, die den Blick trüben, oder durch eine auf bloße Bedürfnisbefriedigung ausgerichtete Existenz. Er/sie ist ein »Mahatma« (Skt. *mahātmā*), wörtlich einer/eine, der/die ein großes Selbst besitzt, dessen/deren Geist und Herz weit geworden sind, d.h. der/die über die Beschäftigung nur mit sich selbst und den eigenen Problemen, Wünschen usw. hinausgelangt ist, des Wohles aller eingedenk.

Der indische buddhistische Gelehrte Śāntideva (ca. 8. Jh. n. Chr.) präsentierte mit seinem vielgelesenen und äußerst populären Werk *Bodhicaryāvatāra* einen »Leitfaden für den Eintritt in das erleuchtete Leben« und die poetisch-inspirierende philosophische Grundlage für

7 Bruno Galasek, »Echte Askese: Uneigennützige Liebe. Das kürzere *Assapura Sutta*«, in: Burkhard Scherer (Hrsg.), *Mögen alle Wesen glücklich sein. Meditationstexte des Buddhismus*, mit Neu-Übersetzungen von Bruno Galasek, Frank Müller-Witte und Jim Rheingans, Freiburg im Breisgau 2011, 38.

die »Goldene Regel«: Leid ist universal und nicht persönlich; wenn wir bei unserer Suche nach Glück das Leiden insgesamt vergrößern, indem wir den anderen Leiden zufügen, was ist dadurch gewonnen?

> Des anderen Leid muss ich beseitigen, weil es Leid ist wie mein eigenes Leid. Und ich muss den anderen helfen, weil sie Wesen sind, wie ich selbst ein Wesen bin.[8]

Auch wenn die Idee der »Sippenverwandtschaft« in Śāntidevas Traktat nicht mehr so explizit durchscheint wie in der Etymologie des älteren Begriffs der uneigennützigen Liebe (*mettā*), so wird doch auch hier – diesmal durch Betonung des universalen Charakters des Leidens – die letztliche Verwandtschaft der ganzen Menschheit betont:

> Herrenlos sind alle Leiden ohne Unterschied. Der Leidhaftigkeit alleine wegen sind sie zu beseitigen. Was könnte da eine Einschränkung auf eigene Leiden oder die anderer begründen?
>
> »Warum muss das Leid beseitigt werden, da es doch zu keinem gehört?« Weil alle dieser Meinung sind. Wenn man es beseitigen muss, dann gilt

8 Ernst Steinkellner, *Śāntideva – Eintritt in das Leben zur Erleuchtung: Poesie und Lehre des Mahāyāna-Buddhismus (= Bodhicaryāvatāra)*, München 1997, 102, Vers 94 (Der besseren Lesbarkeit halber wurde die Orthographie der neuen deutschen Rechtschreibung angepasst und eckige, vom Übersetzer hinzugefügte Klammern entfernt).

das für ein jedes Leid; wenn nicht, dann auch nicht
für das eigene, wie für jedes andere Leid.[9]

Was nach dem Buddhismus alle Menschen verbindet, ist die Suche nach Glück und der Wunsch, frei von Leiden zu sein. In einem tibetisch-buddhistischen Vers zur Geistesschulung (Tibetisch *blo sbyong*) heißt es: »Alle Lebewesen im ganzen Universum, die alle ausnahmslos in irgendeiner früheren Inkarnation einmal unsere Eltern gewesen sind, wollen Glück erfahren, schaffen so aber meist nur mehr Leiden.« Obwohl nach dem buddhistischen Menschenbild der Mensch grundlegend gut ist, verursacht er in seiner permanenten Suche nach Glück und Erfüllung oft mehr Leiden für sich selbst und für andere, wenn seine Handlungen durch negative Emotionen wie Zorn und Hass, Gier und Geiz, Eifersucht und Missgunst, Stolz und Dünkel motiviert sind. Diese letztlich auf dem Nicht-Erkennen der eigenen Natur und der Interdependenz alles Lebendigen beruhenden Emotionen verstärken die künstliche Trennung von Ich und anderen, bewirken deren »Objektivierung«. Die so herbeigeführten, meist kurzsichtigen, Lösungen können niemals befriedigend sein. Das erpresste oder durch Unterdrückung und auf Kosten anderer erlangte Glück kann aus dieser Sicht niemals wirkliches Glück bedeuten. Die Faustformel im Buddhismus des Großen Fahrzeugs (Skt. Mahāyāna) drückt Śāntideva dann so aus: »Die unglücklich sind in der Welt, sie alle sind es durch das Verlangen nach eigenem Glück. Die glücklich sind in der Welt, sie alle sind es

9 Ebenda, 103, Vers 102f.

durch das Verlangen nach dem Glück der anderen.«[10] Die von Śāntideva verschriebene »Medizin« besteht anschließend in der Übung des geistigen Austauschens der anderen und des Selbst, indem man sich meditativ in die Situation der anderen hineinversetzt.

Die hier vorgestellten buddhistischen Übungen zur Geistesschulung und die ihr zugrundeliegenden philosophischen Reflexionen mögen utopisch oder bestenfalls naiv erscheinen, vor allem angesichts der Dimension globaler Machenschaften politischer und ökonomischer Eliten, die sich weitgehend der Kontrolle des Einzelnen entziehen. Um nur ein aktuelles Beispiel herauszugreifen: Dass Russlands Präsident Vladimir Putin Interesse an einer Destabilisierung der Europäischen Union hat, ist ein schlecht gehütetes Geheimnis. Seine Strategie der indirekten Einflussnahme wird u.a. durch massive russische Finanzierung rechter Parteien in Europa verfolgt.[11] Eine individuelle Ethik für unsere Zeit ist nichtsdestotrotz nötig, um die übertriebene (und unzeitgemäße) Identifikation mit kollektiven Identitäten, also z.B. ein Zurückfallen in Nationalismus, zu vermei-

10 Ebenda, 107, Vers 129.

11 Vgl. z.B.: Alina Polyakova, »Putinism and the European Far Right«, in: Institute of Modern Russia (19. Januar 2016), online: http://imrussia.org/en/analysis/world/2500-putinism-and-the-european-far-right (»*multiple reports have exposed how the Kremlin directly finances the European far right.*«); und »Vladimir Putin's war in Syria: Why would he stop now? Russian bombers have brought the regime of Bashar al-Assad within sight of victory, but the bloodshed and dan gers are growing« (20. Februar 2016), online: http://www.economist.com/news/middle-east-and-africa/21693280-russian-bombers-have-brought-regime-bashar-al-assad-within-sight [Stand: 19.3.16].

den. Nach dem dem Buddhismus zugrundeliegenden Menschenbild gibt es kein absolutes Böses. Das universale menschliche Streben nach Glück bedeutet jedoch nicht absoluten Relativismus: Glücksbestreben – besonders, wenn es von negativen Emotionen angetrieben wird – kann auch Barbarei bedeuten und bestehendes Leid vergrößern oder neues schaffen. In unserer modernen Welt sieht sich jeder Einzelne daher mit der Entscheidung konfrontiert, *wie* er/sie das von ihm/ihr vorgestellte Glück zu verwirklichen gedenkt. Und dies in einer globalisierten Welt, die beinahe unendlich viele Entscheidungsmöglichkeiten und ethisch fragwürdige Versuchungen bereithält. Dabei dürfen wir aber keinesfalls die Grundlage menschlichen Zusammenlebens aus den Augen verlieren: Wir alle sind »die Anderen«. Barmherzigkeit geschieht dann, wenn wir uns selbst im Anderen erkennen. Auch wenn die hier vorgestellten Gedanken utopisch erscheinen, liegt es nicht an uns allen, ob wir morgen in einer Eutopie oder einer Dystopie aufwachen?

Markus Hilgert

Herzwissen

Das »Mitleid« des Gilgamesch

1. Prolog: Gilgamesch und Huwawa

Es ist eine der spannungsreichsten Szenen der sumerischen Literatur: Gilgamesch, Herr der südmesopotamischen Stadt Uruk, und sein aus der Steppe stammender Gefährte Enkidu haben sich von Uruk aus auf den Weg gemacht, um das im fernen Zedernwald lebende Ungetüm Huwawa – »sein Maul ist das eines Drachen, sein Gesicht das eines Löwen, sein Brustkorb eine alles verschlingende Flut« – zur Strecke zu bringen. Angetrieben von der schmerzhaften Erkenntnis seiner eigenen Sterblichkeit, nimmt Gilgamesch den langen, mühevollen Weg auf sich, um eine Heldentat zu vollbringen, eine Heldentat, deren Ruhm sein Lebensende überdauern soll: »Weil nun einmal ein Mann über des Lebens letztes Ende nicht hinausgehen wird, will ich in das Bergland ziehen, meinen Namen will ich dort setzen.«[1] Und wirklich, im Gebirge kommt es zur Begegnung mit Huwawa, der sich in seinem »Zedernhaus« verschanzt hat. Es folgt ein hitziges Wortgefecht, dann ein Fausthieb gegen den überlisteten Bewohner des Zedernwaldes, dem augenblicklich bewusst wird, dass sein Leben in Gefahr ist. Unter Tränen wirft Huwawa sich

1 »Gilgamesch und Huwawa« A, Zeile 4.

zu Boden, ergreift die Hand des Gilgamesch und fleht ihn um Schutz und Fürsorge an. Da geschieht das Unerwartete: »uba Gilgamesch dumu gira schagani arḫusch banintuku« / »An diesem Tag ergriff das Herz des edlen Gilgamesch ›Mitleid‹ (sumerisch *arḫusch*)«.[2] Der von Ehrgeiz Getriebene ist buchstäblich erschüttert, hält inne und besinnt sich: »Ach Enkidu, soll doch der gefangene Vogel nach Hause fliegen, soll doch der gefangene Mann zum Schoß seiner Mutter heimkehren.«[3] Doch der ungestüme Enkidu, der, anders als Gilgamesch, ungerührt und nach wie vor von Wut und Zorn besessen ist, schlägt Huwawa den Kopf ab.

2. Was bedeutet »Barmherzigkeit«?

Ich erinnere mich, als wäre es erst gestern gewesen. Im Wintersemester 1992/1993 stand am Institut für Assyriologie und Hethitologie der Ludwig-Maximilians-Universität München die Lektüre der sumerischen Erzählung um Gilgamesch, Enkidu und Huwawa auf dem Lehrplan. Unser Lehrer, Dietz Otto Edzard (1930-2004), einer der einflussreichsten Altorientalisten des 20. Jahrhunderts, bereitete die Erstedition des in verschiedenen Versionen überlieferten Stoffes vor und arbeitete den sprachlich und inhaltlich schwierigen sumerischen Text gemeinsam mit uns durch, Zeile für Zeile. Überliefert ist die Geschichte vom Kampf zwischen den ungleichen Gegnern Gilgamesch und Huwawa auf

2 Ebenda, Zeile 159.
3 Ebenda, Zeilen 161f.

Keilschrifttafeln des frühen 2. Jahrtausends v. Chr., die überwiegend im Süden des antiken Zweistromlandes im heutigen Irak gefunden wurden. Diese Tafeln gehören zu den ältesten Schriftzeugnissen der altorientalischen Gilgamesch-Überlieferung, die ihren literarischen Höhepunkt in dem in akkadischer Sprache verfassten sogenannten Gilgamesch-Epos des 1. Jahrtausend v. Chr. erreicht.

Zum Ringen um das Verständnis von Texten, die in einem anderen kulturellen Umfeld in einer Sprache aufgezeichnet wurden, die keine Gemeinsamkeiten mit der eigenen Muttersprache hat, gehört die aufwendige Suche nach Übersetzungen, durch die zentrale Begriffe so wiedergegeben werden können, dass sie möglichst weitgehend der Intention des Ausgangstextes entsprechen und trotzdem im Zusammenhang des Zieltextes verständlich sind, ganz im Sinne der alten Übersetzungsmaxime »So wörtlich wie möglich, so frei wie nötig.« Die Szene, in der Gilgamesch mit einem Mal von seinem ehemals eisernen Entschluss ablässt, sich durch die Bezwingung des Monsters Huwawa ein Lebensdenkmal zu setzen, verdeutlicht diese immerwährende Aporie des Übersetzens eindrücklich. Was geschieht mit Gilgamesch in diesem Augenblick, als Huwawa vor ihm auf die Knie fällt und seine Hand ergreift? Ist es wirklich Mitleid? Ist es Barmherzigkeit? Oder vollzieht er vielleicht einen Gnadenakt, ausgelöst durch Großmut oder gar Überdruss angesichts des entstellten Äußeren des um Gnade Flehenden? Mit unserem Lehrer Dietz Otto Edzard haben wir seinerzeit lange über diese Frage diskutiert, schließlich ging es um die erste Übersetzung des sumerischen Textes ins Deutsche. Ich erinnere mich, dass ich mich an dem Wort »Mitleid« rieb, als Übersetzung erschien es mir zu gering für das nach meinem Empfinden Gewaltige, das Gilgamesch in dieser Schlüsselszene der Komposition widerfuhr.

Dietz Otto Edzard behielt in seiner wenig später veröffentlichten deutschen Übersetzung der sumerischen Gilgamesch-Huwawa-Erzählung den Begriff »Mitleid« bei, setzte ihn aber in gnomische Anführungszeichen, um die Vorläufigkeit dieser Wiedergabe zu verdeutlichen. In seinem Kommentar zu dieser Passage merkt er allerdings an: »Im Ganzen aber bleibt als Problem beim Übersetzen aus dem Sumerischen, daß wir uns nur schwer von unserer griechisch-römisch und jüdisch-christlich geprägten Begriffswelt lösen und in eine weit ältere Zeit mit ihrer eigenen Begriffswelt begeben können.«[4]

In vielen entsprechend gelagerten Fällen mag es instruktiv sein, sich die Herkunft eines Wortes zu vergegenwärtigen, um die Bedeutung des damit ausgedrückten Begriffs erschließen zu können. Im Falle des sumerischen Wortes *arhusch*, das im Deutschen gemeinhin durch »Mitleid; Mitgefühl; Erbarmen; Barmherzigkeit« wiedergegeben wird, ist die Etymologie jedoch unklar. Immerhin wissen wir, wie babylonische und assyrische Gelehrte im 2. und 1. Jahrtausend v. Chr. dieses Wort aus dem linguistisch isolierten Sumerischen in ihre Muttersprache, das semitische Akkadische, übersetzten. Sie wählten dafür das akkadische

4 Dietz Otto Edzard, *»Gilgamesch und Huwawa«. Zwei Versionen der sumerischen Zedernwaldepisode nebst einer Edition von Version »B«* (= Bayerische Akademie der Wissenschaften, Philosophisch-Historische Klasse, Sitzungsberichte, Jahrgang 1993, Heft 4), München 1993, 56 Anm. 76.

Substantiv *rēmu(m)*, das gewöhnlich ebenfalls mit »Mitleid; Mitgefühl; Erbarmen; Barmherzigkeit« übersetzt wird und von der gemeinsemitischen Wortwurzel RḤM abgeleitet ist. Als Grundbedeutungen dieser Wortwurzel, die beispielsweise auch im Arabischen bezeugt ist, lassen sich sowohl »Mitleid; Mitgefühl; Erbarmen; Barmherzigkeit« einerseits als auch »Mutterleib« andererseits erschließen. Interessanterweise kann das Keilschriftzeichen, durch das das sumerische Wort *arhusch* dargestellt wird, zumindest assoziativ auch mit dieser zweiten Bedeutung des akkadischen Wortes *rēmu(m)* verbunden werden: Es ist eine Kombination des Zeichens für »Haus« oder »umbauter Raum« mit dem Zeichen für »Frau; weiblich«.

Doch auch dieses etymologische oder schrifthistorische Wissen hilft uns nicht dabei, zu begreifen, was genau in Gilgamesch vorgeht, als er sich plötzlich entschließt, Huwawa zu verschonen. Sehr viel aufschlussreicher ist jedoch die Beobachtung, dass der sumerische Text diesen Entschluss mit dem Herzen (sumerisch *scha.g*) Gilgameschs in Verbindung bringt: »uba Gilgamesch dumu gira schagani arḫusch banintuku« / »An diesem Tag ergriff das Herz des edlen Gilgamesch ›Mitleid‹.« Das Herz als derjenige Ort, an dem sich Gilgameschs Haltung gegenüber Huwawa schlagartig und grundlegend verändert, wo sich Ehrgeiz und Aggression in Verständnis und Nachgiebigkeit verkehren können, ist auch unserem Denken und unserer Sprache nicht fremd. Als Lehnübersetzung des lateinischen Wortes *misericordia* (aus lateinisch *miser* »arm, elend« und *cor* [Genitiv *cordis*] »Herz«) geht das neuhochdeutsche Wort »Barmherzigkeit« offenbar auf das althochdeutsche *armherzi* zurück, das eine Person beschreibt, die »ein Herz für den/die Elende/n hat«. Elend sind dabei jedoch nicht nur die, die materielle Not leiden, sondern alle, die wie auch immer geartetes Leid erfahren haben.

Doch was genau bedeutet es, ein Herz für die Elenden zu haben, barmherzig zu sein? Verbirgt sich dahinter lediglich ein moralischer Imperativ, stets Gutes zu tun, insbesondere dann, wenn sich unser Gegenüber in einer Notlage befindet? Tatsächlich würde diese Sichtweise wohl viel zu kurz greifen, denn das, was im Menschen umfassende Barmherzigkeit erzeugt, ist weit mehr als ein Gefühl moralischer Verpflichtung. Es ist vielmehr eine existentielle Grundhaltung, die ihrerseits aus einer ganzheitlichen Erkenntnis, aus einer Weltschau des Herzens stammt. Insbesondere die buddhistischen Lehren über *karuṇā* – ein Wort im Sanskrit, das gewöhnlich mit »Mitleid« oder »Mitgefühl« übersetzt wird – betonen diesen Aspekt der »Barmherzigkeit«. Der buddhistische Mönch und Lehrer Thera Piyadassi beschreibt *karuṇā* als »die Qualität, die das Herz des guten Mannes erbeben und erzittern lässt angesichts der Not der anderen«, »die im guten Mann Zärtlichkeit weckt, wenn er das Leid der anderen sieht«.[5] Nach buddhistischem Verständnis wird diese Qualität eines selbstlosen, spontanen Erbebens des Herzens im Gewahrwerden des Leidens anderer Wesen nicht nur durch entsprechendes

5 Thera Piyadassi, *The Buddha's Ancient Path*, Kuala Lumpur [4]1996, 120: »The quality which makes the heart of the good man tremble and quiver at the distress of others.« »The quality that rouses tender feelings in the good man at the sight of others' suffering.« (Übersetzung in das Deutsche durch den Autor).

Verhalten kultiviert, sondern gerade auch durch die Meditation,[6] durch die Schau der *einen* Realität. Nur so kann nach buddhistischem Verständnis *karuṇā* zu einem »grenzenlosen Zustand«[7] werden, der sich nicht nur auf andere Menschen, sondern auf alle Lebewesen bezieht, der indifferent gegenüber allem ist, was Trennung zwischen diesen Lebewesen verursacht, und der so unterschiedslos allen Menschen Sicherheit gewährt.[8]

3. Herzwissen

Barmherzigkeit geht also aus vom wissenden Herz, das durch die Schau der Realität befreit ist von allem Trennenden und die Aufhebung des Leides um ihrer selbst willen sucht. Das wissende Herz »erbebt«, weil es im Leid der anderen das eigene Leid erkennt, weil mit der Linderung des Leides der anderen die Quelle des eigenen Leides allmählich versiegt: Gilgamesch befreit sich selbst von den Fesseln seines obsessiven Strebens, als sein Herz erbebt, das Leiden Huwawas erkennt und Gilgamesch einen neuen Weg des Handelns weist. Barmherzigkeit aus dem wissenden Herzen ist danach Haltung und Handeln aus der mystischen Schau der Einheit der Welt, geboren aus der prärationalen Erkenntnis, dass das Leid des anderen immer auch mein Leid ist.

Die Vereinten Nationen haben am 25. September 2015 die »Agenda 2030 für eine nachhaltige Entwick-

6 Ebenda, 111.
7 Ebenda.
8 Ebenda.

lung« verabschiedet. In der Einleitung zu dieser Erklärung der Staatengemeinschaft heißt es:

> Wir sind entschlossen, von heute bis 2030 Armut und Hunger überall auf der Welt zu beenden, die Ungleichheiten in und zwischen Ländern zu bekämpfen, friedliche, gerechte und inklusive Gesellschaften aufzubauen, die Menschenrechte zu schützen und Geschlechtergleichstellung und die Selbstbestimmung der Frauen und Mädchen zu fördern und den dauerhaften Schutz unseres Planeten und seiner natürlichen Ressourcen sicherzustellen. Wir sind außerdem entschlossen, die Bedingungen für ein nachhaltiges, inklusives und dauerhaftes Wirtschaftswachstum, geteilten Wohlstand und menschenwürdige Arbeit für alle zu schaffen, unter Berücksichtigung der unterschiedlichen Entwicklungsstufen und Kapazitäten der einzelnen Länder. Wir verpflichten uns, auf dieser großen gemeinsamen Reise, die wir heute antreten, niemanden zurückzulassen. Im Bewusstsein der grundlegenden Bedeutung der Würde des Menschen ist es unser Wunsch, dass alle Ziele und Zielvorgaben für alle Nationen und Völker und für alle Teile der Gesellschaft erfüllt werden, und wir werden uns bemühen, diejenigen zuerst zu erreichen, die am weitesten zurückliegen.[9]

9 Resolution der Vereinten Nationen »A/RES/70/1 – Transforming our world: the 2030 Agenda for Sustainable Development«, abgerufen am 6. März 2016 unter https://sustainabledevelopment.un.org/post2015/transformingourworld.

Wenn wir diese Ziele für unterschiedslos alle Menschen erreichen wollen – und das müssen wir, weil es langfristig gar keine Alternative dazu geben kann –, so brauchen wir vor allem anderen eines: die Barmherzigkeit des wissenden Herzens, das die Einheit der Welt erkannt hat und den Menschen angesichts des Leides Anderer zu selbstlosem Handeln leitet.

Deutsche Übersetzung abgerufen am 6. März 2016 unter http://www.un.org/depts/german/gv-70/a70-l1.pdf.

Ulrike-Rebekka Nieten

Barmherzigkeit als Mitzwa

In den drei abrahamitischen Religionen gilt Barmherzigkeit als eine der herausragenden Eigenschaften Gottes. Fast jede Sure des Korans beginnt mit der sog. Basmala: *Bismi 'llāhi 'r-raḥmāni 'r-raḥīm* / »Im Namen des barmherzigen und gnädigen Gottes«.[1] Erbarmer bzw. Gütiger ist sogar ein Eigenname Gottes, denn in Sure 17,110 steht: Rufet den Erbarmer an.

Raḥamin heißt auch im Hebräischen Barmherzigkeit, daneben existieren aber noch mehrere Äquivalente. Die Wurzel *rḥm* ist gemeinsemitisch, im Hebräischen und Syrisch-Aramäischen bezeichnet sie im Grundstamm *Gott lieben* und im Intensivstamm *sich jemandes erbarmen*, das Mandäische leitet ein Nomen mit der Bedeutung *Freund* ab und im Äthiopischen (*məḥrä*) ist die Primärbedeutung *Mitleid haben*.[2]

In der hebräischen Bibel, dem *Tanach*, wird Gott immer als barmherzig (*raḥūm*) und gnädig (*ḥanūn*) bezeichnet.[3] Es ist schwer, barmherzig und gnädig voneinander abzugrenzen.[4] Auch wenn beide aus unter-

1 Eine Ausnahme ist die Sure neun.
2 Hier findet eine Metathese von *rḥm* statt.
3 Ex 34,6; Ps 86,15; Ps 103,8; Ps 111,4; Ps 145,8; Neh 9,17; Neh 9,31; 2 Chron 30,9.
4 Zumal im Arabischen Formen der gleichen Wurzel zweimal hintereinander erscheinen.

schiedlichen Wurzeln stammen, so sind sie doch Synonyme und stehen somit im Verhältnis des synonymen Parallelismus zueinander. In der semitischen Literatur ist dieses Konzept ein beliebtes Stilmittel, um die Intensität auszudrücken. Während aber *ḥanūn* (gnädig) eine eher geistige Haltung beinhaltet, bezieht sich rḥm (barmherzig) auf eine Emotion. Denn aus der Wurzel *rḥm* wird auch *räḥäm* (Mutterleib) abgeleitet. In der antiken Welt des Orients wurden den Organen Gefühle zugeordnet, das Herz z.B. sah man als den Sitz des Verstandes an, und der Mutterleib galt als der Sitz der absoluten Geborgenheit. Nach der jüdischen Tradition wurden durch die Barmherzigkeit Gottes die Welt und der Mensch erschaffen. Wenn Gott so barmherzig und gnädig ist, warum gibt es dann so viel Leid auf der Welt und warum existiert das Böse? Dies ist eine zentrale Fragestellung der Gnostiker, zu denen auch Bardesanes (154-222) gezählt wird. In seinem dialogartig verfassten *Buch der Gesetze und Länder*, welches das älteste Werk des Syrisch-Aramäischen präsentiert, antwortet Bardesanes einem nicht weiter bekannten Schüler Awida, dass alles dadurch zu erklären ist, dass Gott dem Menschen einen freien Willen gegeben habe, um sich für das Gute oder Schlechte zu entscheiden, denn sonst existiere eine Diktatur des Guten.[5]

Es bedarf somit der Barmherzigkeit der Menschen, da einzugreifen, wo Mangel ist. Dadurch haben sie Anteil an Gottes Handeln, denn Gott ist ja der Allerbarmer, und nur so werden sie ihm – nach Maimonides – ähn-

5 Vgl. F. Nau (Hrsg.), *Liber legum regionum* (= Patrologia Syriaca 2), Paris 1907, 536f.

lich. Bei Maimonides (13. Jh.), einem der bedeutendsten jüdischen Philosophen, heißt es in seinem Werk *Führer der Unschlüssigen* Gen 1,26: »Wir wollen einen Menschen machen nach unserem Bilde (*b-zalmenu*), in Ähnlichkeit mit uns.« Maimonides lehnt vehement eine anthropomorphe Anschauung Gottes ab und erklärt, dass das hebräische Wort *zelem* (Bild) im Gegensatz zu *to'ar* (Gestalt) »auf die natürliche Form, d.h. auf dasjenige, was das Wesen eines Dinges ausmacht (sich bezieht) und wodurch es das ist, was es ist [...] dasjenige, um dessen Willen der Begriff ›Mensch‹ existiert, nämlich die Vernunfterkenntnis. Und wegen dieser Vernunfterkenntnis wird vom Menschen gesagt: Im Ebenbild (*b'zelem*) Gottes schuf er ihn.«[6]

Da der Mensch nach Gottes Ebenbild erschaffen wurde, ist Barmherzigkeit zu üben sogar eine Verpflichtung. Er erwirkt damit Gerechtigkeit, wobei Barmherzigkeit und Gerechtigkeit, als zwei Aspekte Gottes, in einem essentiellen Wechselverhältnis stehen. Barmherzig zu handeln ist jedoch mehr, es ist ein Handeln, das durch Nächstenliebe geprägt ist, die unabhängig von jeglichem Verdienst dem Notleidenden zukommt. Dies macht die Ableitung aus dem Grundstamm »lieben« deutlich. Dahingegen setzt Gerechtigkeit das Einhalten der Gebote und Verbote voraus. Dies kann aber zu einem starren Reglement führen. Ein abschreckendes Beispiel zeigt hier die Gemeinde von Qumran (ca. 180 v. Chr.-68 n. Chr.), deren Mitglieder sich von

6 Zitiert nach: Mose Ben Maimon, *Führer der Unschlüssigen*, Übersetzung und Kommentar von A. Weiss, Leipzig 1923, 28f.

den herrschenden Oberpriestern von Jerusalem trennten, weil diese nicht streng genug die Gesetze befolgten. Die Gruppe, die sich mit dem Lehrer der Gerechtigkeit ans Tote Meer zurückzog, war sehr eschatologisch ausgerichtet, da man täglich das Ende der Welt erwartete. In dieser Endzeit hatte Barmherzigkeit untereinander anscheinend keinen Raum mehr, denn alle Aufmerksamkeit galt der Gerechtigkeit, welche in engem Zusammenhang mit der Gesetzeserfüllung stand. Besonders deutlich wird dies bezüglich des Sabbatgebotes, welches jegliche Arbeit verbietet. So steht in der Damaskusschrift:

> Niemand soll Vieh beim Werfen helfen am Sabbattag. Und wenn es in einen Brunnen fällt oder in eine Grube, so soll er es nicht am Sabbat wieder herausholen [...] Einen lebendigen Menschen, der in ein Wasserloch fällt oder sonst in einen Ort, soll niemand herausholen mit einer Leiter oder einem Strick oder einem (anderen) Gegenstand.[7]

Diesem unbarmherzigen Handeln steht das Judentum diametral gegenüber. Im Babylonischen Talmud, Traktat Sabbat 128b steht sogar: »Wenn ein Tier am Sabbat in eine Lage gerät, in der es Qual erleidet, darf man die Sabbatruhe verletzen, um es aus dieser Lage zu befreien.« Die Verwobenheit von Gerechtigkeit und Barmherzigkeit zeigt sich auch durch den Gebrauch des Wortes *Zedaka*, welches primär Gerechtigkeit bedeu-

7 Zitiert nach: E. Lohse (Hrsg.), *Texte aus Qumran*, Darmstadt [4]1986, 89.

tet, im *Talmud* und *Schulchan Aruch* aber auch für Mildtätigkeit und Almosen steht. Das mildtätige Handeln ist für Juden sogar eine Pflicht – eine Mitzwa –, denn es heißt in Lev. 25,35: »Und wenn dein Bruder verarmt und seine Hand bei dir wankend wird, so sollst du ihn unterstützen.« Nicht zu helfen, nicht barmherzig zu sein bedeutet somit, ein Gebot zu missachten. Man zerstört die Teilhabe an der göttlichen Barmherzigkeit. Im *Kizzur Schulchan Aruch* werden die Vorschriften für die Mildtätigkeiten in 16 Paragraphen angeführt.[8] Sie sind daher von größter Bedeutung, denn

> Mildtätigkeit ist ein Zeichen der Nachkommenschaft unseres Vaters Abraham, so steht (Gen. 18,19): denn ich habe ihn erwählt, auf daß er seinen Kindern gebiete, [...] Mildtätigkeit zu üben [...] Mildtätigkeit und Recht zu üben, wird vom Ewigen den Opfern vorgezogen. (Spr 21,3)[9]

Sogar ein Armer, der von Almosen lebt, ist zur Mildtätigkeit verpflichtet.[10] Und da Barmherzigkeit uns mit Gott verbindet, soll man sie auch mit frohem Herzen ausführen, denn »wer einem Armen Almosen mit böser Miene im Gesicht und zur Erde gewandtem Antlitz gibt, auch wenn er ihm tausend Goldstücke gibt, so hat

8 Der *Schulchan Aruch* (gedeckter Tisch) ist eine Zusammenfassung der religiösen Vorschriften (Halachot), welche im 16. Jh. von Josef Karo verfasst wurden. Eine kürzere Version ist der *Kizzur Schulchan Aruch*, der in jedem jüdischen Haushalt zu finden ist.

9 Salomon Ganzfried, *Kizzur Schulchan-Aruch*, (Ü) S. Bamberger, 2 Bde., Basel 1988, Bd. 1, 196.

10 Ebenda, Bd. 1, 197.

er sein Verdienst zunichte gemacht und verloren«.[11] Barmherzigkeit in Verbindung mit Mildtätigkeit und Almosen bedeutet, dass man dem, der sie empfängt, mit Würde und Respekt begegnet.

> Man darf einen bittenden Armen nicht leer abweisen; selbst, wenn du ihm nur eine getrocknete Frucht gibst; so heißt es (Ps 74,21): Daß der Arme nicht beschämt umkehre! Wenn du nichts bei dir hast, was du ihm geben kannst, so besänftige ihn mit Worten [...] Wehe dem, der einen Armen beschämt; sondern man sei ihm wie ein Vater sowohl an Erbarmen als auch an sanften Worten.[12]

Die Mildtätigkeit, die Zedaka, ist eine Pflicht, eine Mitzwa, den Armen gegenüber, denn »der Mensch muss wissen, daß das Vermögen nicht sein Eigentum, sondern nur anvertrautes Gut ist, um damit den Willen dessen zu vollziehen, der es ihm anvertraut hat«.[13] Barmherzigkeit ist eine Tat der Gnade, die aus der Liebe gewachsen ist. Sie gehört zu den die Welt tragenden Dingen oder Säulen. In der *Mischna*, im Traktat *Pirqej Awot* (*Sprüche der Väter*), Kapitel 1,2 heißt es: »Auf drei Dingen beruht die Welt: auf der Tora, auf dem Kultus und auf der Mildtätigkeit.«[14]

11 Ebenda, 200.
12 Ebenda, 201.
13 Ebenda, 197.
14 Der Mischnatraktat Pirqej Awot steht in jedem Siddur (Gebetsbuch). Vom Sabbat nach Pessach bis zum 17. Tammus, einem jüdischen Fastentag, (in manchen Gemeinden bis Rosch ha-Schana) liest man sie nach dem Minchagebet.

Im Islam gehört das Geben von Almosen zu den vier der fünf Säulen; im Christentum haben die Beispiele vom mildtätigen Samariter und vom heiligen Martin, der den Mantel teilt, einen bedeutenden Stellenwert. Aber was ist Barmherzigkeit in einer säkularen Gesellschaft? Gibt es sie noch oder ist sie nur eine religiöse Tugend? Aus unserem Wortschatz wurde sie im Laufe der Zeit immer mehr durch *Empathie* verdrängt. Aber Empathie ist mehr als ein Gefühl zu verstehen, das nicht zwangsläufig zum Handeln führt. Wie und wo findet Barmherzigkeit noch statt? Vielleicht erschöpft sie sich in anonymen Spendenaktionen, die immer das wohlige Gefühl vermitteln, etwas Gutes getan zu haben. In einer leistungsorientierten Welt hat man wenig Zeit, sich um das Defizit des Anderen zu kümmern. Aber wir haben ja ein gutes Sozialsystem und üben somit eine Art kollektive Barmherzigkeit aus. Barmherzig zu sein und zu handeln, aus einer moralischen Verpflichtung heraus, ist kaum noch anzutreffen. Müssen wir die Tugend der Barmherzigkeit angesichts der Flüchtlingsdramen nicht wieder neu entdecken? Warum werden so viele Menschen unbarmherzig, nur weil sie Angst haben, etwas von ihrem Hab und Gut könnte verloren gehen?

Dass die katholische Kirche gerade das Jahr 2016 zum Jahr der Barmherzigkeit erklärt hat, sollte angesichts des Leids in der Welt alle Menschen zum Nachdenken bringen. Barmherzigkeit zu üben ist generell eine menschliche Pflicht, auch wenn die Religionen – als Tradenten von Ethik und Moral – diese mehr in das Zentrum der Betrachtung gestellt haben. Im *Babylonischen Talmud*, Traktat *Schabbat* 151 b steht: »Wer sich über die Menschen erbarmt, über den erbarmt man sich vom Himmel her; wer sich nicht über die Menschen erbarmt, über den erbarmt man sich nicht vom Himmel her.«

Jeder von uns kann in die Lage geraten, auf Barmherzigkeit angewiesen zu sein. Daher sollten wir dankbar sein, dass wir die Möglichkeit haben, in der Position des Gebers zu stehen. Auch eine einzelne Tat kann sehr wichtig sein, denn: »Wer auch immer ein einziges Leben rettet, der ist, als ob er die ganze Welt gerettet hätte.«[15] Das ist unsere Verpflichtung, damit das Leben für alle lebenswert bleibt oder wieder wird.

15 *Babylonischer Talmud*, Sanhedrin 37 a.

Hermann Jung

»Gib mir dabei, mein Gott! Ein Samariterherz«

Johann Sebastian Bachs Kantaten zum 4. und 13. Sonntag nach Trinitatis

I.

Die Bibel war für Komponisten seit jeher eine Fundgrube von Texten und Ereignissen, die sie zur Vertonung heranzogen. Dabei spielte auch die Thematik der Barmherzigkeit seit dem 18. Jahrhundert immer wieder eine Rolle, insbesondere die »Bergpredigt« in Mt 5-7, Lk 6 und das »Gleichnis vom barmherzigen Samariter« in Lk 10,25-37. So schrieb der gebürtige Belgier César Franck (1822-1890) zwischen 1869 und 1879 ein groß angelegtes Oratorium *Les Béatitudes* (*Die Seligpreisungen*). Teil V befasst sich mit »Selig sind die Barmherzigen, denn sie werden Barmherzigkeit erlangen«. 1957 komponierte Joseph Haas (1879-1960) das Oratorium *Die Seligen – Variationen über die Bergpredigt*, 1980 Günter Bialas (1907-1995) ein Chorstück für 12 Stimmen *Die Bergpredigt* und 1982 eine Orgel-Fantasie mit Lesung *Die Bergpredigt*. Johann Sebastian Bachs geistliche Kantaten greifen in besonderer Weise das Gleichnis vom barmherzigen Samariter auf. Es handelt sich um vier Kantaten zum 4. und 13. Sonntag nach Trinitatis, die im Folgenden nach ihrer Verwendung in den Hauptgottesdiensten in Weimar und Leipzig kommentiert und in ihrer engen Text-Musik-Beziehung gedeutet werden.

II.

Bachs Kantaten sind im besten Sinne gottesdienstliche Gebrauchsmusik.[1] Sie hatten ihren zentralen Platz als »HauptMusic« im Sonn- und Feiertagsgottesdienst der beiden großen Leipziger Kirchen St. Thomas und St. Nikolai. Die liturgische Ordnung fügte die Kantate nach der Lesung des Evangeliums und dem Credo noch vor der Predigt ein. Sie basierte auf einem deutschen Libretto, während die weiteren Messteile des Propriums auf Lateinisch gesungen wurden. Auch die Predigt wurde auf Deutsch gehalten. Dazu kamen als Novum innerhalb der Feier Lieder der Gemeinde, gleichsam als jeweilige Antwort auf die vom Priester gesprochenen oder gesungenen Texte. Bachs Aufgabe – neben der Organisation des Gottesdienstes generell – war, die Lieder »nach Maßgebung derer Evangeliorum« auszuwählen, d.h. sie wie Predigt und »HauptMusic« an den vorgegebenen Zyklus im Kirchenjahr anzugleichen. Die dritte Dienstpflicht des Thomaskantors bestand in der Komposition einer Kantate für jeden Sonntag. Er begann zu Wochenbeginn mit der Vertonung eines von ihm gewählten Librettos, gab nach Abschluss das Werk an die Kopisten zum Auszug der Vokal- und Instrumentalstimmen und wird kaum vor Freitag mit den Proben begonnen haben. Die besten Sänger der Thomasschule traten dann im Sonntagsgottesdienst mit einem Instrumentalensemble, gebildet aus Solisten und

1 Vgl. Ulrich Meyer, »Liturgie und Kirchenraum«, in: Reinmar Emans u.a. (Hrsg.), *Bachs Kantaten. Das Bach-Handbuch*, Bd. 1,1, Laaber 2012, 181-228.

Tuttisten der Ratsmusik, auf. Die Kantatentexte wurden dabei den Gemeindemitgliedern zum Mitlesen ausgeteilt.

Theologisch sind zwei Aspekte dieses Ritus von Interesse. Das in Leipzig durch Schulbildung ausgeprägte »Glaubenswissen« der Hörer sollte einerseits »vom Wissen des Glaubens zur Gewissheit« führen, der »Vergewisserung« dienen.[2] Zum anderen wurde »der aktuellen Komposition [der Kantate] zugetraut, dass sie – als Antwort auf das Evangelium – selber Wort werden und an der Verkündigung des Evangeliums mit ihren Mitteln und Möglichkeiten teilnehmen könnte«.[3] Ordnung und Auslegung basieren auf der Theologie und Musikanschauung Martin Luthers. »Gott hat das Evangelium auch durch die Musik gepredigt«, schrieb der Reformator in seinen *Tischreden* (Nr. 1258). Und das bedeutet: Bachs Kantaten sind Evangelienmusik, sind musikalische Predigten: »Noch bevor der Prediger den Evangelientext von der Kanzel her mit sprachlichen Mitteln auslegte, erklang eine andere, erste Auslegung von der Empore her mit den Mitteln der Musik.«[4]

III.

Die Bergpredigt nach Lukas und Matthäus sowie das Samariter-Gleichnis künden von der Barmherzigkeit Gottes,

2 Ebenda, 223.
3 Ebenda, 197.
4 Ebenda, 196.

die sich auf die Menschen im Umgang miteinander übertragen soll. Die Nachfolge Christi tritt nur derjenige an, der Gottes Forderung nach einem neuen Menschen auch tatkräftig vollzieht und in seinem Leben verwirklicht. »Selig sind die Barmherzigen; denn sie werden Barmherzigkeit erlangen«, heißt es in den Seligpreisungen in Mt 5,7. Und in Lk 6,36-37: »Darum seid barmherzig, wie auch euer Vater barmherzig ist. Richtet nicht, so werdet ihr auch nicht gerichtet. Verdammt nicht, so werdet ihr nicht verdammt. Vergebt, so wird euch vergeben.«[5] Auf die Fragen eines Schriftgelehrten an Jesus, wie man das ewige Leben erwerben könne und wer sein Nächster sei, antwortet der mit einem Gleichnis, einer Beispielerzählung.

> (30) Es war ein Mensch, der ging von Jerusalem hinab gen Jericho und fiel unter die Mörder; die zogen ihn aus und schlugen ihn und gingen davon und ließen ihn halbtot liegen. (31) Es begab sich aber ungefähr, daß ein Priester dieselbe Straße hinabzog; und da er ihn sah, ging er vorüber. (32) Desgleichen auch ein Levit; da er kam zu der Stätte und sah ihn, ging er vorüber. (33) Ein Samariter aber reiste und kam dahin; und da er ihn sah, jammerte ihn sein, (34) ging zu ihm, verband ihm seine Wunden und goß darein Öl und Wein und hob ihn auf sein Tier und führte ihn in die Herberge und pflegte sein. (35) Des andern Tages reiste er und zog heraus zwei Groschen und gab sie dem Wirte und sprach

5 Die Luther-Texte zitiert nach: *Die Bibel nach der Übersetzung Martin Luthers [revidierte Fassung von 1984]*, Stuttgart 1999; Zitat 84.

> zu ihm: Pflege sein; und so du was mehr wirst dartun, will ich dir's bezahlen, wenn ich wiederkomme. (36) Welcher dünkt dich, der unter diesen dreien der Nächste sei gewesen dem, der unter die Mörder gefallen war? (37) Er sprach: Der die Barmherzigkeit an ihm tat. Da sprach Jesus zu ihm: So gehe hin und tue desgleichen! (Lk 10,30-37)

»Im Gleichnis vom barmherzigen Samariter«, so kommentiert und deutet Walter Kardinal Kasper,

> ist bezeichnend, dass Jesus uns ausgerechnet einen Samariter als Beispiel der Barmherzigkeit vorstellt. Die Samariter galten den damaligen Juden nicht als rechtgläubige Juden, sondern als verachtete halbe Heiden. Ebenso musste es die Zuhörer Jesu provozieren, dass zuerst ein Priester und ein Levit achtlos an dem am Straßenrand liegenden Opfer vorbeigehen, während ausgerechnet der Samariter sich seiner annimmt. [...] Nicht irgendein Ferner; vielmehr derjenige, dem du zum Nächsten wirst, derjenige, dem du konkret begegnest und der in dieser Situation deine Hilfe braucht. Jesus predigt nicht Fernsten-, sondern Nächstenliebe. Sie ist nicht an Familienbande, Freundschaft, religiöse oder ethnische Zusammengehörigkeit gebunden; sie hat ihr Maß am konkreten leidenden und hilfsbedürftigen Menschen, der uns am Weg begegnet.[6]

6 Walter Kardinal Kasper, *Barmherzigkeit. Grundbegriff des Evangeliums – Schlüssel zum christlichen Leben*, Freiburg im Breisgau [5]2012, 75.

IV.

Die Kantate »Barmherziges Herze der ewigen Liebe« (BWV 185) war für den 4. Sonntag nach Trinitatis bestimmt und wurde am 14. Juli 1715 in Weimar aufgeführt. Bach war zu dieser Zeit am dortigen Hof als Organist, Violinist und Cembalist und hatte mit seiner Ernennung 1714 zum Konzertmeister zudem die Pflicht, in regelmäßiger Folge Kantaten zu komponieren. Das Libretto zum obigen Werk lieferte der Weimarer Konsistorialrat und Hofbibliothekar Salomon Franck. Es basiert auf dem Evangelientext Lk 6,36-42 der Bergpredigt. Die kantatentypische Folge von Rezitativen und Arien ist der neapolitanischen Oper entnommen, dazu treten normalerweise ein Chorsatz zu Beginn und ein Schlusschoral. Francks enge Anbindung an das Evangelium betrifft auch die beiden Gleichnisse vom Balken im eigenen Auge und von den beiden Blinden, die in die Grube fallen (Nr. 4, Rezitativ). Im Eingangsduett (Sopran/Tenor) »Barmherziges Herze der ewigen Liebe« fügt die Oboe die Melodie des Schlusschorals »Ich ruf zu dir, Herr Jesu Christ« zeilenweise instrumental hinzu. Der Choraltext soll dabei mitbedacht werden, es entsteht eine latente Mehrtextigkeit, wie wir sie in zahlreichen Kantaten Bachs finden.[7] Die ersten beiden Takte des Continuos werden beim Einsatz des Soprans »gespiegelt« (Umkehrung der Intervalle) und bilden zugleich den Kontra-

7 Vgl. Reinhold Hammerstein, »Über das gleichzeitige Erklingen mehrere Texte. Zur Geschichte mehrtextiger Kompositionen unter besonderer Berücksichtigung Johann Sebastian Bachs« [1970], Wiederabdruck in: Reinhold Hammerstein, *Schriften*, Bd. 1, Tutzing 2000, 195-229, insbes. 214-226.

Abb. 1: Bach, Kantate BWV 185, Aria Duetto, Anfang

punkt – möglicherweise ein musikalisch-symbolischer Hinweis auf »das Erregen der menschlichen durch die göttliche Barmherzigkeit«.[8]

Die beständige Forderung nach Barmherzigkeit (»Übt, übt Barmherzigkeit«) im Duett und nachfolgendem Rezitativ in der Alt-Arie »Sei bemüht in dieser Zeit« wird im Hinblick auf das Leben nach dem Tode erneut thematisiert. Die Bass-Arie »Das ist der Christen Kunst« darf als Zusammenfassung und Kern dieser Forderung gelten und wird gleichsam als Motto textlich wie musikalisch mehrfach in Erinnerung gerufen.

V.

Die Kantate »Du sollst Gott, deinen Herren, lieben« (BWV 77) ist für den 13. Sonntag nach Trinitatis geschrieben, an dem der liturgischen Ordnung gemäß als Evangelium das Gleichnis vom barmherzigen Samariter (Lk 10,23-27) vorgesehen ist, dazu die Lesung aus Gal 3,15-22. Der unbekannte Librettist übernahm in freier Umarbeitung einen Text von Johann Oswald Knauer. Er stellt dabei die der Erzählung vorausgehenden Passagen, also die Frage des Schriftgelehrten und die Antwort Jesu, in den Vordergrund. Der Eingangssatz zitiert Lk 10,27: »Du sollst Gott, deinen Herren, lieben von ganzem Herzen, von ganzer Seele, von allen Kräften

8 Alfred Dürr, *Die Kantaten Johann Sebastian Bachs*, Bd. 2, Kassel/Basel 1971, 352. — Die Notenbeispiele sind allesamt der Ausgabe des Verlags Bärenreiter J.S.Bach: *Sämtliche Kantaten, Motetten, Choräle und Geistliche Lieder*, entnommen.

und von ganzem Gemüte und deinen Nächsten als dich selbst.« Bach gestaltet einen motettischen Vokalsatz und baut mit dem Choral »Dies sind die heil'gen zehn Gebot« eine instrumentale Cantus-firmus-Bearbeitung ein, vorgetragen von einer Trompete. Eine komplexe Symbolik tut sich hier auf: Die Trompete steht als Zeichen für die Herrschaft Gottes, der mit den Zehn Geboten das Fundament des Glaubens gelegt hat. Die Choralmelodie ist im Kanon mit dem Continuo (Bass-Fundament) verbunden, sie erklingt genau zehn Mal (Zahlensymbolik) und in der Augmentation (Vergrößerung der Notenwerte) auch im instrumentalen Bass. Dieser Eingangssatz gehört zu den berühmtesten des Thomaskantors und hat in der Bachforschung seit Philipp Spitta eine Vielzahl von Deutungen erfahren.[9] Auch die Sopran-Arie »Mein Gott, ich liebe dich von Herzen« weist in ihrer musikalischen Struktur symbolische Züge auf: Die beiden parallel geführten obligaten Oboen vermitteln dem Hörer wohl den Eindruck einer Innigkeit, die sich dem Text entsprechend in der Liebe des Menschen zu seinem Nächsten und zu Gott zeigt. Das Tenor-Rezitativ (Nr. 4) »Gib mir dabei, mein Gott! Ein Samariterherz« geht dann expressis verbis auf das Gleichnis ein: »Damit ich nicht bei ihm vorübergeh / Und ihn in seiner Not nicht lasse.«

9 Vgl. Martin Geck, *Bach. Leben und Werk*, Reinbek bei Hamburg 2001, 384-388.

VI.

»Allein zu dir, Herr Jesu Christ« (BWV 33) gehört zum Typus der Choralkantaten, d.h. jeder ihrer Sätze geht nach Text und Melodie auf einen Choral zurück. Sie erklang am 13. Sonntag nach Trinitatis am 3. September 1724. Ein unbekannter Dichter hat ein Lied von Konrad Huber umgeformt und, da es recht kurz war, zudem erweitert. Das Sonntagsevangelium vom barmherzigen Samariter wird nur andeutungsweise angesprochen, etwa im Tenor-Rezitativ (Nr. 4) mit den vier Schlusszeilen: »Gib mir nur aus Barmherzigkeit / Den wahren Christenglauben! / So stellt er sich mit guten Früchten ein / Und wird durch Liebe tätig sein.« Erinnerungen an die Kantate des Vorjahres (BWV 77, Arie Nr. 3) weckt das Duett Tenor/Bass »Gott, der du die Liebe heißt« wiederum durch die parallel geführten Singstimmen und die beiden obligaten Oboen. Die Innigkeit des Textes und die Verschmelzung von vokaler und instrumentaler Melodik imaginieren ein opernhaftes Liebesduett. »Gib, daß ich aus reinem Triebe / Als mich selbst den Nächsten liebe; / Stören Feinde meine Ruh, / Sende du mir Hilfe zu!«, lauten die vier Schlusszeilen, Liebe und Harmonie symbolisierend. Der schlichte Choral am Ende des Werks greift textlich die Dreieinigkeit Gottes als Doxologie auf.

VII.

Mit »Ihr, die ihr euch von Christo nennet« (BWV 164) verwendet Bach wie in BWV 185 wiederum einen Text von Salomon Franck aus dessen Sammlung *Evangelisches Andachts-Opfer* von 1715, aufgeführt zum 13. Sonntag nach Trinitatis am 26. August 1725. Franck geht in besonders nachdrücklicher Weise auf das Thema der Barmherzigkeit und das Samariter-Gleichnis ein, seine bildhafte, vom Pietismus geprägte Sprache bringt der Thomaskantor durch gleichartige Charakteristika musikalisch zum Ausdruck. Im Bass-Rezitativ (Nr. 2) werden Teile aus der Bergpredigt paraphrasiert, von Bach durch ein Arioso zu »Die mit Barmherzigkeit den Nächsten hier umfangen / Die sollen vor Gericht / Barmherzigkeit erlangen« besonders herausgestellt. Im gleichen Rezitativ verweist Franck auf das Gleichnis: »Der Priester und Levit, / Der hier zur Seite tritt, / Sind ja ein Bild liebloser Christen; / Sie tun, als wenn sie nichts von fremdem Elend wüßten, / Sie gießen weder Öl noch Wein / Ins Nächsten Wunden ein!« Ein weiteres Rezitativ (Nr. 4, Tenor) geht mit deutlichen Worten auf »meines Nächsten Wehe« ein: »Er sei auch, wer er ist, / Freund oder Feind, Heid oder Christ, / Mir als mein eignes Leid zu Herzen allzeit gehe!« Zwei Arien deuten mit autonom musikalischen Mitteln die jeweiligen Texte. Die Alt-Arie (Nr. 3) »Nur durch Lieb und durch Erbarmen / Werden wir Gott selber gleich. / Samaritergleiche Herzen / Lassen fremden Schmerz sich schmerzen / und sind an Erbarmung reich« symbolisiert durch zwei obligate Querflöten und Seufzermelodik die im Text genannten »Lieb und Erbarmen«.

Im Eingangsritornell des Duetts (Nr. 5, Sopran/Bass) »Händen, die sich nicht verschließen, / Wird der Himmel aufgetan« scheint die Umkehrung des Themas die

Abb. 2: Bach, Kantate BWV 164, Alt-Arie

wechselseitige Beziehung menschlichen und göttlichen Erbarmens zu symbolisieren: »Herzen, die nach Liebe streben, / Will Gott selbst sein Herze geben.« Dies findet hier wie auch im Eingangssatz durch enge kanonische Stimmführungen eine weitere zeichenhaft musikalische Entsprechung.

VIII.

Das enge Zusammenwirken von Text und Musik, von sprachlicher und musikalischer Rhetorik weisen Bachs Kantaten als »musikalische Predigten« aus. Die Hörergemeinde des 18. Jahrhunderts war bibelfester als die heutige, erkannte und verstand die Textaussagen in ihrer kompositorischen Umsetzung, wenn auch nicht in allen Details, wie sie moderne Analysen offenlegen und deuten. Die heutige Aufführungspraxis geschieht zumeist im konzertanten Rahmen, oft auch mit mehreren Kantaten hintereinander. Als Konzertmusik wird Bach so zum ästhetischen Erlebnis außerhalb des sakralen Raumes. Doch immer häufiger wird in sogenannten Kantaten-Gottesdiensten die liturgische Einbettung dieser Werke wie zu Bachs Zeiten realisiert, also mit Evangelienlesung des Sonntags, Predigt und von der Gemeinde gesungenen geistlichen Liedern. Gottes Barmherzigkeit und sein Gebot der Nächstenliebe, vermittelt durch Bachs Musik, können gerade in unseren Tagen das Christentum mit anderen Religionen und Kulturen zusammenführen.

Milad Karimi

Unzeitgemäß glauben

Bereits ein flüchtiger Blick in die Entstehungsgeschichten der Religionen genügt, um zu erkennen, dass sich keine Religion gemäß der Zeit generiert hat. Dies gilt nicht nur für die Religionsstifter selbst, denen eher Verrücktheit und Besessenheit vorgeworfen wurden (vgl. Koran 7,184) oder die zumindest Ärgernis erregten, sondern insbesondere auch für das Urmoment der Religion, für das Unerwartete, gleichsam Unergründliche von Religion. Mehr noch: Immer dann, wenn sich das Religiöse mit der Zeit den Fängen des Gewohnten und Gemütlichen gefügt hat, wenn sie bloß als ein gefügiges Glied ihr Geschäft[1] – denn mehr tut sie dann auch nicht – geführt hat, ist es nicht bloß seiner Natur beraubt; vielmehr schlägt es dann auch ins Unheilvolle, ins Pervertierte um. Das hat sich im Zuge des Zweiten Weltkrieges in Europa, aber auch während des sogenannten »Arabischen Frühlings« vor allem in Ägypten deutlich gezeigt.

Unzeitgemäß meint aber nicht die naive Revolte, dass das Religiöse immer gegen das Bestehende und Funktionierende opponieren müsse. Darin ist die Religion im-

1 Vgl. zum pervertierten Verständnis der Religion: Al-Kindī, *Die erste Philosophie (Fī l-Falsafa al-ūlā)*, übersetzt und eingeleitet von Anna Akasoy, Freiburg 2011, 67.

mer der Zeit gemäß, also immer gegenwärtig. Unzeitgemäß ist die Religion in ihrem Ausgriff auf das Ganze, das ihr innewohnt, da sie, die Religion, im Ausgriff auf das Ganze Sinn stiftet. Die Sinngebung des Menschen als Subjekt der Religion ist deshalb unzeitgemäß, weil sie gerade als ein Zeitigendes nicht den Bedingungen der Zeit folgt und genügt. Die Sinndeutung, welche aus dem islamischen Denken erwächst, ist in der Spannung befangen, immer mehr zu wollen, wofür es aber immer weniger Zeit gibt, sie zielt nicht auf Wachstum, sondern auf Teilung. Die Kunst, endliches Leben bewältigen zu können, besteht in der Zeitteilung; in diesem Akt der Zeitteilung eröffnet sich der Horizont für das Offene und Überschreitende; die Zukunft, die sich in der Gegenwart Gottes ereignet. Sie widerspricht nicht dem Streben nach Wachstum, sie fordert aber sehr wohl Maß und Gerechtigkeit, wofür im Islam der Prophet Muhammad als *Exemplum* gilt, ist er doch entsandt worden als Barmherzigkeit für die Welten, wie es aus dem Koran hörbar wird (vgl. Koran 21,107).

Der Prophet Muhammad, ein Suchender, ein Sinnender, der ein Flüchtling war, begriff die Flucht als Freiheit für den Glauben, für die bedingungslose Güte. Wer glaubt, ist ein Flüchtling, und wer flüchtet, ist von der Hoffnung getragen, dass es Zukunft gibt. Der großartige Europäer Stefan Zweig, der selbst in die Flucht getrieben wurde, schreibt in *Die Welt von Gestern*: »Woche für Woche, Monat für Monat kamen immer mehr Flüchtlinge, und immer waren sie noch ärmer und verstörter als die vor ihnen gekommenen. [...] Jedes Recht wurde ihnen entzogen, jede seelische, jede körperliche Gewaltsamkeit mit spielhafter Lust an ihnen geübt [...]

Und dann standen sie an den Grenzen, dann bettelten sie bei den Konsulaten und fast immer vergeblich, denn welches Land wollte Ausgeplünderte, wollte Bettler?«

Wo sind diese Menschen beheimatet, wenn nicht in der Religion als Inbegriff der Barmherzigkeit? Die Religion des Islam als Reich der Barmherzigkeit lehrt nicht, im Angesicht des Bedürftigen das Bedürfnis zu sehen, welches Verantwortung abnötigen soll; vielmehr lehrt der Islam, dass hinter dem Mantel der Gläubigkeit eine tiefe Haltung verborgen ist, die ohne Einschränkung zuweilen selbstlos Gutes will, Gutes schafft und für das Gute steht. Jede Barmherzigkeit ist letztlich die Barmherzigkeit, die sich nach innen wendet, um den Menschen für das Andere, Fremde zu öffnen. Dieses Offene ist nicht vom Streben nach Wachstum getragen, sondern von der Hoffnung der Teilung, einer geteilten Zukunft, einer geteilten Zeit. Der Mensch ist nicht dem Ganzen unverfügbar erhaben, aber gerade seine Vergänglichkeit generiert seine Unverfügbarkeit.

In jedem Atemzug ist die erfüllte Zeit der Möglichkeit nach gegenwärtig. Der Mensch verfügt weder über seine Geburt noch über seinen Tod, keiner kann dem Tod und der Geburt entrinnen. Im Tod zeigt sich die Vollendung des Menschen in seiner Menschlichkeit. Somit besteht das authentische Leben darin, den Tod anzuerkennen und ihn nicht zu meiden. Die Unverfügbarkeit des Menschen, dass seine Existenz frei ist, bedeutet zugleich, dass sie auch mehr als die Welt ist. Seine Existenz ist wesentlich an die Transzendenz gebunden, denn die Transzendenz als Unbedingtheit und Unverfügbarkeit begründet die Existenz in ihrer Freiheit.

Unverfügbar ist der Mensch, so die entschieden islamische Auffassung, als ein Wesen, welches dem Akt des Werdens verschrieben ist. Wenn die islamische Religion die gelingende Rückkehr des Menschen zu sich selbst aus dem schlechthin Unverfügbaren verspricht, dann derart, dass der Mensch aus diesem schlechthin Unverfügbaren heraus seine eigene Unverfügbarkeit empfängt. So begreift sich der Mensch im Islam als eine Frucht der Freiheit. Diese existentielle Verstricktheit mit der Transzendenz begründet die existentielle Freiheit des Menschen. Denn das Dasein lässt sich im islamischen Verständnis nur als Akt der Freiheit begreifen. Freiheit mag ein unentschiedener Begriff sein, vor allem ist er aber ein fragiler Begriff, aber gerade in dieser Zerbrechlichkeit ist alles versammelt, was Würde besitzt. Freiheit kennt also keine Alternative, und gerade die Flucht ist nicht bloß das negative Moment der Freiheit als Befreiung aus den Fängen der Diktaturen, des Krieges und des Unrechts, sondern im gleichen Atemzug auch und gerade Freiheit zum Leben, zum Gestalten und zum Entwurf des Neuen.

Ohne Namen, ohne Antlitz scheinen Flüchtlinge zu den »Anonymen« der Geschichte zu gehören – als eine homogene, pauschale Masse. Nicht die Erfahrung mit der Flucht erweckt uns zum Guten, denn sie ist nur Maske, leblos und verschwommen, sondern die Begegnung, die Berührung mit dem Fremden, die wir so oft selbst sind. Man begegnet nicht bloß einem Objekt der Barmherzigkeit und des Mitleids, sondern kompromisslos Subjekten der Freiheit. So wird Frömmigkeit im Koran als jener Habitus beschrieben, Gutes zu tun, ohne aber dafür einen Lohn zu erwarten (vgl. Koran

92,17-19). Gutes zu tun, also Barmherzigkeit, wird selbst derart als ein Gut begriffen, dass die gute Tat *erstens* die Haltung des Handelnden bestimmt und *zweitens* den Grund der Güte im Unverfügbaren des Menschen verankert. So ist es aus dem Koran zu entnehmen: »Fern davon ist der Fromme, der sein Vermögen hergibt, um sich zu läutern, ohne zu suchen dafür den Lohn, sondern allein aus dem Streben nach dem Antlitz seines Herrn, des Höchsten. Wahrlich, Er wird zufrieden sein.«

Religion ist eine Atempause ohne ein Gefühl von Triumph. Sie inspiriert zum Verzicht und Rückzug und gibt jenseits von Produktivität dem scheinbar Sinnlosen einen Sinn: dem Leid, dem Scheitern, dem Altern, den Verletzten, den Ausgegrenzten und gar dem Tod. Dieser Habitus ist nicht bloß heute, sondern immer unzeitgemäß, herausfordernd. Denn die Haltung zum Ganzen ist im religiösen Gefüge ver-rückt.

Asfa-Wossen Asserate

Barmherzigkeit

Mit der Öffnung der Heiligen Pforte des Petersdoms hat Papst Franziskus am 8. Dezember 2015 das Heilige Jahr eingeleitet, das Jubiläumsjahr oder Jubeljahr der Barmherzigkeit. »Barmherzigkeit ist der Name Gottes. Sie ist das erste Attribut Gottes. Gott ist die Barmherzigkeit«, predigt Papst Franziskus und betont: »Unsere Epoche ist ein *kairos* für die Barmherzigkeit, eine dafür passende Zeit.«[1] Der erste und einzige Schritt für uns, um die Erfahrung der Barmherzigkeit Gottes selbst zu machen, so fügte der Papst hinzu, sei die Erkenntnis, dass wir selbst der Barmherzigkeit bedürfen.

Der 266. Papst hat ein Wort in den Fokus unserer Zeit gerückt, das für manche vielleicht etwas angestaubt und antiquiert daherkommt. Es scheint irgendwie nicht recht am Platz in unserer aufgeklärten, demokratisierten Welt. Ist es nicht so, dass Barmherzigkeit nur hierarchisch von oben nach unten gewährt werden kann? Der König zeigt damit seinen Großmut gegenüber den Untertanen, der Richter seine Großherzigkeit gegenüber den Verurteilten, der Reiche seine Großzügigkeit gegenüber den Armen. Dies erinnert an die Geschichte

1 Papst Franziskus bei seiner ersten öffentlichen Messe als Papst am 17. März 2013 in der Kirche Sant' Anna.

des Pharisäers, wie sie Jesus im Lukas-Evangelium (Lk 18,9-14) erzählt:

> Zwei Männer gingen zum Tempel hinauf, um zu beten: der eine war ein Pharisäer, der andere ein Zöllner. Der Pharisäer stellte sich hin und sprach leise dieses Gebet: Gott, ich danke dir, dass ich nicht wie die anderen Menschen bin, die Räuber, Betrüger, Ehebrecher oder auch wie dieser Zöllner dort. Ich faste zweimal in der Woche und gebe dem Tempel den zehnten meines ganzen Einkommens. Der Zöllner aber blieb ganz hinten stehen und wagte nicht einmal, seine Augen zum Himmel zu erheben, sondern schlug sich an die Brust und betete: Gott, sei mir Sünder gnädig! Ich sage euch: Dieser kehrt als Gerechter nach Hause zurück, der andere nicht. Denn wer sich selbst erhöht, wird erniedrigt, wer sich aber selbst erniedrigt, wird erhöht werden.

Ist Barmherzigkeit etwas für Pharisäer? Etymologisch bedeutet barmherzig zu sein so viel wie »das Herz für die Not öffnen«. Heißt das nicht, Elend und Leid wahrnehmen und es zum eigenen Anliegen machen? Um die Barmherzigkeit Gottes zu erfahren, so deute ich die Worte von Papst Franziskus, müssen wir zuerst unsere eigene fundamentale Not wahrnehmen. Wir müssen hinter die glitzernden Fassaden sehen, die unser Leid, unser Elend, unsere Angst verbergen, vor anderen und vor uns selbst. Denn egal, wie dicke Mauern aus Vermögen, Titeln oder Wissen wir um uns herum aufschichten, unsere fundamentale Not bricht doch immer wieder hindurch: Wenn ein geliebter Mensch stirbt, die Mutter, der Partner oder gar ein Kind, wenn wir krank sind, wenn etwas unsere Pläne durchkreuzt oder sie platzen lässt, wenn wir bloßgestellt werden in unserer Gier, unserem Hass, unserem Neid, dann hüllt uns die Not in ihr dunkles Gewand, umgibt uns mit Verzweiflung und Furcht.

Jeder ist hier gleich betroffen, ob Präsident oder Obdachloser, Firmenboss oder Flüchtling, Volksheld oder Gefangener. Die innere Not, unsere potentielle Nichtigkeit, verbindet uns alle. Sie gähnt wie ein tiefer Abgrund in unserem Innersten. In der Regel wenden wir unseren Blick davon ab, versuchen zu entfliehen – durch Vergnügen, Arbeit oder chemische Drogen. Doch in diesen Abgrund zu blicken, ihn demütig wahrzunehmen, so verstehe ich Papst Franziskus, ist genau der Schritt, den wir machen müssen, damit sich Gott uns zeigen kann und uns die große Angst nehmen kann. Wir müssen die Barrieren und Hindernisse aus dem Weg räumen, die uns unsere Eitelkeiten in den Weg stellen, und demütig anerkennen, wer wir wirklich sind, um die Barmherzigkeit Gottes zu erfahren. Ist unsere Zeit nicht tatsächlich ein *kairos*, ein günstiger und notwendiger Zeitpunkt für die Barmherzigkeit?

Eine andere Bibelstelle, die der Papst in Zusammenhang mit der Barmherzigkeit immer wieder zitiert, ist eine Stelle aus dem Johannes-Evangelium (Joh 8,1-11), in der die Pharisäer und Schriftgelehrten eine Ehebrecherin vor Jesus zerren, um ihn herauszufordern:

> Sie stellten sie in die Mitte und sagten zu ihm: »Meister, dieses Weib wurde als Ehebrecherin auf

> frischer Tat ertappt. Im Gesetz hat uns Moses befohlen, solche Frauen zu steinigen. Was sagst du dazu?« ... Jesus aber bückte sich und schrieb mit dem Finger auf die Erde. Doch als sie hartnäckig weiterfragten, richtete er sich auf und sprach zu ihnen: »Wer von euch ohne Sünde ist, werfe den ersten Stein auf sie!« Und abermals bückte er sich und schrieb auf die Erde. Als sie aber dies gehört, schlichen sie davon, einer nach dem anderen, die Ältesten voran, bis zu den Letzten. Und er blieb allein zurück mit dem Weib, das in der Mitte stand. Jesus aber richtete sich auf und fragte: »Weib, wo sind sie? Hat dich keiner verurteilt?« »Keiner, Herr«, sagte sie. Da sprach Jesus: »So verurteile auch ich dich nicht. Geh hin und sündige von jetzt an nicht mehr!«

Manche Gelehrte meinen, Jesus habe mit seinem Finger die Sünden der Pharisäer und Schriftgelehrten in den Staub geschrieben. Wir wissen es nicht. Doch ganz sicher lehrt uns diese Geschichte: Wir sind alle Sünder. Wir alle hätten Strafe verdient. Und immer wieder wandeln wir darum im Dunkeln, verwirrt, in Furcht und allein. Barmherzigkeit löscht unsere Sünden nicht aus. Barmherzigkeit steht für Jesus über den Gesetzestexten. In einem Interview mit dem Journalisten Andrea Tornielli sagte Papst Franziskus dazu: »Die Barmherzigkeit ist die Art, in der Gott verzeiht.«[2] Er tut es, indem er »über unsere Sündenwunden streicht, weil die

2 Andrea Tornielli, *Der Name Gottes ist Barmherzigkeit*, München 2016, 17.

Vergebung ihn betrifft, weil unser Heil ihn angeht«, so der Papst.

Nach dem Vorbild Jesu sind auch wir Menschen aufgerufen, unseren Mitmenschen gegenüber barmherzig zu sein: »Selig, die Barmherzigen; denn sie werden Erbarmen finden« (Mt 5,7), sagt uns Jesus in der Bergpredigt. Der jüdische Philosoph Martin Buber drückte es folgendermaßen aus: »Barmherzig sind diejenigen, die das Handwerk Gottes ergriffen haben.«[3] So wie Gott uns gegenüber Erbarmen übt, sollen auch wir anderen gegenüber und auch gegenüber uns selbst barmherzig sein. Es gibt keine Sünde auf dieser Welt, die nicht vergeben werden kann, wenn man sie offen bekennt und Besserung gelobt. Schließlich haben wir Menschen die schlimmste Sünde bereits begangen: Wir haben den Sohn Gottes ans Kreuz genagelt und trotzdem Barmherzigkeit erfahren.

Wie sollen wir also auf diese göttliche Barmherzigkeit in unserem menschlichen Leben antworten? Hierzu möchte ich noch einmal aus dem Gespräch von Andrea Tornielli mit Papst Franziskus zitieren:

> Indem wir Zeugnis ablegen von der Barmherzigkeit, die wir zuerst selbst erlebt haben, ohne aber in Versuchung zu geraten, uns gerecht oder vollkommen zu fühlen. Je lebendiger das Bewusstsein unseres eigenen Elends ist, unserer eigenen Sünde, je mehr wir die Liebe und grenzenlose Barmherzigkeit Gottes an uns erfahren haben, desto eher

3 Vgl.: http://djt2016-viersen.de/jahresleitwort-des-bezirksverbandes-viersen-mitte/ [Stand: 17.3.2016].

sind wir in der Lage, den zahllosen »Verwundeten«, die uns auf unserem Weg entgegenkommen, mit einem Blick der Offenheit und Barmherzigkeit zu begegnen. Und die Haltung dessen zu vermeiden, der von der Höhe seiner Gewissheit herab andere be- und verurteilt, der die Splitter im Auge des anderen erkennt, aber den Balken im eigenen übersieht. Vergessen wir nie, dass unser Gott sich »mehr über den einen Sünder freut, der zur Herde zurückkehrt, als über neunundneunzig Gerechte, die keine Umkehr nötig haben«.[4]

Das Christentum hat auch hier das Erbe der hebräischen Tradition übernommen.

Barmherzigkeit ist Tugend und Gebot in allen abrahimitischen Religionen. Besonders die menschliche Barmherzigkeit gegenüber dem Fremden wird betont.

Im Christentum kommt dies am deutlichsten in der Geschichte vom barmherzigen Samariter zum Ausdruck, wie sie im Lukas-Evangelium erzählt wird (Lk 10, 30-37)

Wer ist mein Nächster? Das ist eine Frage, um die es in dieser Erzählung geht. Meine Nächstenliebe kann doch nicht allen und jedem gelten, so der Einwand des Schriftgelehrten. Wo ist die Grenze? Aktuell würde man vielleicht fragen: Wo ist die Obergrenze? Hört der Kreis meiner Nächsten bei der Familie auf? Bei meinen Freunden? Bei den Landsleuten? Bei den Angehörigen meiner eigenen Religion?

Der Samariter hat diese gesellschaftlich definierten

4 Andrea Tornielle, *Der Name Gottes ist Barmherzigkeit*, 92.

Grenzen überschritten. Er ist seiner Nächstenliebe gefolgt, ohne sich an Regeln zu halten. Der Verletzte stand ihm eigentlich nicht nahe, im Gegenteil. Samariter wurden als nicht rechtgläubige Juden verachtet; man war einander allenfalls in gegenseitiger Abneigung verbunden.

Es zeigt sich: Entscheidend ist ein dem anderen Menschen zugewandtes, mitfühlendes Herz. Daraus schöpft der Samariter die Kraft, den Fremden allen Umständen zum Trotz so zu behandeln, als wäre er ein »Nächster«, ein ihm nahestehender Mensch. Barmherzigkeit ist mehr als Hilfsbereitschaft. Sie steht in großer Nähe zur Humanität, zur Nächstenliebe und zur Menschenliebe. Barmherzigkeit heißt, auch im Fremden, ja sogar im Feind zuallererst den Mitmenschen zu sehen.

Wir erleben momentan eine Zeit, in der die Barmherzigkeit an vielen Stellen in unserem Lebensumfeld erfahrbar ist. Wir müssen allerdings auch erleben, dass unsere Barmherzigkeit Grenzen hat, dass sie immer wieder von Unbarmherzigkeit verdrängt wird. Hier sei nur an die Flüchtlingssituation in unserem Land erinnert. Hier ist ein *kairos*, hier bietet sich eine ausgezeichnete Gelegenheit, unsere Barmherzigkeit zu üben und zu hinterfragen.

»Der Herr der Menschen kommt in Gestalt jedes Menschen, um Dienst von dir zu akzeptieren«,[5] so formuliert es Ânandamayî Mâ, eine der großen weisen Frauen Indiens. In der indischen Tradition wird als

5 *Leben und Weisheit der Glückseligen Mutter Ânandamayî Mâ*, hrsg. und aus dem Engl. übers. von Chandravali D. Schang, Schalksmühle 2011, 180.

Quelle unserer Barmherzigkeit vor allem die Verbundenheit von uns Menschen hervorgehoben: Die Unterscheidung zwischen ›Ich‹ und ›Du‹ aufzuheben, ist der einzige Zweck jedes spirituellen Bestrebens«, betont Anandamayi Ma und erklärt weiter:

> Jeder der fünf Finger an der Hand hat seine Eigentümlichkeit, jeder Teil des Körpers hat seine eigene Funktion, ob wichtig oder weniger wichtig. Die Zähne mögen manchmal wohl auf die Zunge beißen, aber da das Ganze dein eigener Körper ist, akzeptierst du all seine Vorgänge und gibst dir große Mühe, für jeden seiner Teile zu sorgen. In gleicher Weise versuche jede Person, mit der du in Kontakt kommst, als zu dir gehörend zu betrachten. Wenn du dir das angewöhnst, wirst du irgendwann anfangen, zu fühlen, dass jeder im Universum ein Teil deiner selbst ist.

Besonders schön spiegelt sich dieser Respekt vor dem anderen, die grundsätzliche Würde, die man ihm zuschreibt, bereits in der einfachen Geste, wenn ein frommer Hindu sein Gegenüber mit den Worten »Namaste« begrüßt. Einer Überlieferung zufolge soll Mahatma Gandhi auf eine Nachfrage von Albert Einstein, was er denn mit dem bei ihm beobachteten Gruß »Namaste« ausdrücken wolle, dem Wissenschaftler Folgendes geantwortet haben:

> Ich ehre den Platz in dir, in dem das gesamte Universum residiert. Ich ehre den Platz des Lichts, der Liebe, der Wahrheit, des Friedens und der Weis-

heit in dir. Ich ehre den Platz in dir, wo, wenn du dort bist und auch ich dort bin, wir beide nur noch eins sind.

Alle Menschen und alle Kulturen scheinen miteinander durch geheime Fäden verwoben zu sein. In der indischen Tradition wird das mit dem »Netz Indras« beschrieben. Jeder Knoten in diesem Netz ist besetzt mit einem Edelstein und steht für ein Einzelwesen; und jedes dieser Wesen spiegelt die anderen wider. Wenn wir uns in diesem Netz Indras betrachten, sind wir nicht nur das Selbst, das diesen individuellen Körper bewohnt, sondern wir sehen uns verbunden mit allen anderen. Die anderen strahlen auf uns zurück und bereichern uns. Zum großen Erstaunen vieler Menschen sprechen heute auch moderne Physiker in ähnlichen Bildern, wenn sie versuchen, das wahre Wesen unserer Welt zu beschreiben: Alles ist mit allem verbunden und verwoben. Jede Handlung fällt auf uns selbst zurück und hat ungeahnte Auswirkungen auf alles andere. Meinte nicht auch Jesus Ähnliches, als er uns mit auf den Weg gab: »Was ihr für den geringsten meiner Brüder getan habt, das habt ihr mir getan« (Mt 25,40)?

Wenn wir die Welt als eine Einheit sehen lernen, wie das in den Mysterienschulen des Ostens seit Jahrtausenden gelehrt wird, dann gewinnen auch Werte wie Nächstenliebe, Mitgefühl, Empathie und allgemein die Würde des Menschen wieder fundamentale Bedeutung. Für mich sind das die Werte und Tugenden des 21. Jahrhunderts. Sie spiegeln sich in unserer Barmherzigkeit. Was wir konkret tun sollen, summiert die Bibel in den sieben barmherzigen Werken des Leibes: den Hungernden zu essen geben, den Dürstenden zu trinken besorgen, die Nackten kleiden, die Obdachlosen beherbergen, die Kranken pflegen, die Gefangenen besuchen und die Toten begraben. Wir alle sind aufgefordert, diese Tugenden der Barmherzigkeit in unserem Alltag zu beherzigen im Bewusstsein unserer verbindenden Mitmenschlichkeit. Für uns Christen heißt das: Christus erkennen in jedem Menschen, der ausgeschlossen ist, eingesperrt ist, Hunger hat oder auf der Flucht ist. Neben den barmherzigen Werken des Leibes zählt die Bibel auch geistige Werke unserer Barmherzigkeit auf: die Unwissenden belehren, die Sünder mahnen, die Betrübten trösten, Beleidigungen verzeihen, schwierige Menschen geduldig ertragen und zu beten für die Lebenden und die Toten. Für unseren Umgang mit der Barmherzigkeit gilt, was Johannes vom Kreuz für unsere gesamte Existenz formulierte: »Am Abend des Lebens werden wir nach der Liebe gerichtet.«

Jetzt steht die Herz-Jesu-Figur im Mittelpunkt der Geschehnisse

Gespräch mit Karl Willems zu seinem Gemälde »Herz-Jesu« (2014)

Karl Willems, Jahrgang 1949, ist gelernter Winzer. Ab 1974 studierte er an der Staatlichen Akademie der Bildenden Künste in Karlsruhe bei den Professoren Markus Lüpertz und Albrecht von Hancke. 1997 hat er den Beruf des Winzers aufgegeben und arbeitet seitdem als freischaffender Künstler in einem Winzerhaus in Obermennig bei Konz an der Mosel. Seit einigen Jahren hat er sich der Ölmalerei verschrieben. Gegenstand seiner Malerei sind vornehmlich sein Haus und die unterschiedlichsten Dinge, die sich darin befinden.

Ihr 2014 entstandenes, 100 x 80 cm großes Gemälde »Herz-Jesu« wirkt wie aus der Zeit gefallen. Das liegt zum einen daran, dass es in altmeisterlicher Manier gemalt ist. Was fasziniert Sie so sehr an der Malerei mit Ölfarbe?

Weil ich so meine Augenschau, diesen Zaubergarten, am besten darstellen kann. Gute Malerei fällt nie aus der Zeit, sie ist wie Zeit, eben wie das Herz-Jesu-Bild. Ja, es sind die weichen Übergänge, der Schmelz, die Tiefe der Farbe, welche mich wieder zur Ölfarbe führten.

Karl Willems: Herz-Jesu, 2014, 100×80 cm, Öl auf Leinwand (im Besitz des Künstlers). (Foto: Bernhard Matthias Lutz)

Der Titel Ihres Bildes bezieht sich zum anderen auf eine fast vergessene Form römisch-katholischer Frömmigkeit, die Verehrung des Heiligsten Herzens Jesu. Etwas abstrakt formuliert geht es dabei um die Barmherzigkeit, mit der sich Gott durch das Leben, den Tod und die Auferweckung Jesu Christi den Menschen zuwendet. Woher stammt die Herz-Jesu-Figur, und was hat Sie bewogen, sie zum Gegenstand eines Gemäldes zu machen?

Die Herz-Jesu-Figur ist unser Familienbesitz. Die Figur erinnert mich an die Fronleichnamsprozessionen in meiner Jugend, wo sie der Mittelpunkt unseres Hausaltars war. Die Figur ist ein Teil meiner Kindheit. Die überreale Ausstrahlung der Figur, in Gegenüberstellung mit Alltäglichem, wie Stereoanlage und Fernseher, war für mich als Bildfindung ausschlaggebend. Wäre es mir speziell um einen Aufruf zur Barmherzigkeit gegangen, ich hätte sie, die Herz-Jesu-Figur, vor ein neutrales Umfeld gestellt. Aber jetzt steht sie im Mittelpunkt der Geschehnisse, und das ist gut.

In Ihrem Atelier haben Sie ein Arrangement aus Skulptur, Stereoanlage, Blumenvase und Teller mit Apfel und Brot geschaffen. Das von links einfallende Licht wirft einen feinen Glanz auf das rote Herz, den Apfel und die Vase. Wie kommen Sie zu einer solchen Komposition?

Sinnierend vor der Anordnung Herz-Jesu und technischen Dingen, sagte ich mir: Da fehlt etwas, und zwar der Apfel, der in vielen meiner Bilder vorkommt. Er ist für mich mit dem Hinweis verbunden, Adam war hier, und da möchte ich nur das Wort Menschensohn sagen.

Das Brot verweist auf die Eucharistie. Und um die Vase mit der zerzausten Blume noch zu nennen: Hat sie nicht etwas von dem schon genannten Hausaltar?

»Herz-Jesu« ist das Werk eines zeitgenössischen Malers, das die Frömmigkeit einer vergangenen Epoche evoziert. Ist es das Bild eines Verlustes?

Auch ein zeitgenössischer Maler darf in seine Jugendtage zurückschauen.

Ein Verlust? Nein, eine Fundgrube. Frömmigkeit neu bewerten, die Hintergründigkeit, das schelmenhafte der Fantasie begreifen und so in die Zukunft gehen.

Die Fragen stellte Thomas Menges.

»Es bleibt derzeit eigentlich nur die Kunst, die hoffen lässt.«

Ein Gespräch mit Brigitte Maria Mayer über ihren Film Jesus Cries

Das Wort Barmherzigkeit klingt für viele Menschen ziemlich altmodisch und ist in bestimmten Kontexten gar nicht mehr in Gebrauch. Was geht Ihnen durch den Kopf, wenn Sie Barmherzigkeit hören?

Ich bin eher mit einem Begriff wie »Gnade« unterwegs. Bei Gnade fällt mir immer das Gleichnis vom verlorenen Sohn ein, der jederzeit die Chance erhält, zurückzukommen. Bei Barmherzigkeit denke ich aber an extreme Situationen: Würde ich meinem größten Feind in einer Situation helfen, in der er in Not geraten ist? Ich würde mir das jedenfalls von meinem größten Feind wünschen, wenn ich in einer hilflosen Lage wäre. Für einen Freund, der zu meiner Familie, sozusagen zu »meinem Haus« gehört, bräuchte ich das Wort Barmherzigkeit vielleicht gar nicht. Das würde ich schlicht zum Anstand zählen. Barmherzigkeit ist doch was für Fremde – oder?

Für den anderen Menschen, der mir zum Nächsten wird. Wie im Gleichnis vom barmherzigen Samariter. Meist sprechen wir von Barmherzigkeit bei Menschen, die in Not sind. Aber generell wird der Begriff kaum mehr verwendet, auch wenn viele Menschen beim Nachdenken spüren, dass wir Barmherzigkeit immer brauchen.

»Du hast mich aus meiner Mutter Leib gezogen, sei jetzt nicht fern von mir, denn Angst ist nah.«
Filmstill *Jesus Cries*, 2015.

»Du willst der Retter sein, Jesus? Rette dich selbst!«
Filmstill *Jesus Cries*, 2015.

Ja, aber viele Wörter werden nicht mehr genutzt. Denn die christlichen Werte, worunter wir Barmherzigkeit ja auch zählen würden, haben sich stark verändert. Sie sind Teil unserer Rechtsordnung geworden. Wir berufen uns auf die Grund- und Menschenrechte. Fragen Sie mal jemanden auf der Straße, ob er weiß, woher die stammen. So vieles ist institutionalisiert worden. Wir sprechen trotzdem fortwährend über Gerechtigkeit, die vielleicht immer eine Utopie bleiben wird, vergleichbar der Barmherzigkeit. Aber wir sollten stets Gerechtigkeit vergegenwärtigen und auf sie hinarbeiten. Ähnliches gilt auch für vieles andere im Neuen Testament. Die andere Wange hinhalten, das ist auch eine Utopie. All das ist zu sehr in Gesetze gegossen worden und dadurch erstarrt. Ich glaube, dass es den Menschen Angst macht, weil sie glauben, diesen hohen Ansprüchen nicht genügen zu können. Daher denke ich, dass man dieses »Werte« wieder mehr als Utopie formulieren sollte. So war es von Jesus wohl auch gedacht – als Handlungsoption, die man hat. So kann ich in einer bestimmten Situation mit Gewalt antworten, ich kann aber auch eine Spirale der Gewalt beenden. Ich habe eine Chance, in diesem Moment: Ich kann auch die andere Wange hinhalten.

Dennoch zeigen Sie Jesus in Ihrem Film als hart und kompromisslos ...

Ich glaube, dass man Jesus erst zu einem Softie gemacht hat. Und zwar ausschließlich in der westlichen Welt. Ich habe ihn nie als einen solchen empfunden. Wenn jemand wie Jesus für Gerechtigkeit einsteht, muss er ja irgendwann mal eine Wut gegenüber der Ungerechtigkeit verspürt haben. Wut gegen die Umstände. Ich würde nie sagen, dass man von Anfang an aus Liebe handelt. Das glaube ich nicht. Ich glaube, dass alles Handeln am Ende vom Trauma herkommt, von einer Verletzung, einer Wunde. Bei Kafka heißt es sinngemäß: »Ich kam mit nichts anderem als einer schönen Wunde auf die Welt.« Die Schmerzen, die darin stecken, sind die Verletzungen, die wir gesellschaftlich ignorieren. Der Blick auf den Schmerz ist aber jetzt gerade wichtig, weil wir uns in einem System bewegen, das so viele Verlierer und Verletzte produziert. Wir leben in einer zunehmend erbarmungslosen Gesellschaft.

Sie haben zu Beginn der Filmpremiere Ihres Films »Jesus Cries« am Karfreitagabend in der Berliner Volksbühne gesagt: »Wir brauchen eine Synthese von Kommunismus und Katholizismus!« Können Sie das erklären?

Ich glaube, dass dies zumindest eine Möglichkeit ist. Gegenüber dem römischen Staat war das Christentum ein Appell gegen die Ausgrenzung und gegen die Armut und für die Gemeinschaft der Ausgeschlossenen. Und ich denke, dass der Kommunismus nicht so weit davon entfernt ist. Selbst Leute wie Rosa Luxemburg haben Jesus zitiert: Eher geht ein Kamel durch ein Nadelöhr, als dass ein Reicher ins Himmelreich kommt. So ist z. B. Che Guevara so was wie ein moderner Heiliger. Ich glaube, man muss eigentlich erst einmal die Unterschiede wirklich definieren. Mein Satz stammt ja eigentlich von Heiner Müller. Es geht immer um die Ausgrenzung und um die Utopie von Gerechtigkeit, und die gehört auch zum Kommunismus. Ich persönlich glaube, dass die Kirche im 19. Jahrhundert auf die Industrialisierung und die Bevölkerungsexplosion gar nicht vorbereitet war. Stattdessen haben die großen Ideologien die Umbrüche aufgenommen. Als diese dann gescheitert sind und ein Vakuum zurückgelassen haben, erlebte die Religion einen Aufschwung. Eigentlich hätte die Religion eine große Aufgabe, ich sehe sie nur schlecht erfüllt. Daher finde ich, dass beides viel miteinander zu tun hat. Der Kommunismus ist eine Säkularisierung der Bergpredigt.

Wie denken Sie über Papst Franziskus, der versucht, auf die Flüchtlingskrise eine Antwort zu finden und der auch der Politik zu zeigen versucht, wo ihre Aufgaben liegen?

Ich lese von ihm immer gute Zitate. Was Franziskus über den Kapitalismus sagt, klingt natürlich dem ähnlich, was Marx über den Kapitalismus sagt. Ich weiß nicht, inwieweit er sich gegen die vorgegebenen Strukturen durchsetzen kann. Aber es bleibt natürlich zu hoffen. Die ganz großen Änderungen wird es auch mit ihm nicht geben. Aber er kann damit anfangen, die Systemfrage zu stellen. Das wäre ganz wichtig. Es gibt doch kaum noch jemanden, der die Systemfrage zu stellen wagt. Letztendlich sind wir ja alle Götzenanbeter, Anbeter von Geld, Erfolg und Jugend geworden. Franziskus‘ Einsatz für Flüchtlinge ist natürlich ein schönes Zeichen. Man muss aber auch weiter denken. Das ganze Flüchtlingselend ist im Grunde selbst gemacht: viel schlechte westliche Politik, westlicher Imperialismus und natürlich das Interesse an Rohstoffen. Ganz zu schweigen von dieser wahnwitzigen Idee, irgendwo Demokratie zu installieren, wo sie gar nicht funktioniert. Der Untergang des Osmanischen Reiches hat ein großes Vakuum hinterlassen. Die dortige Welt hat sich vom Kolonialismus bis heute nie erholt. Da bestehen eine alte Wut und alte Verletzungen, und diese kriegen wir jetzt nach Jahrzehnten geballt zurück.

Sehen Sie eine Hoffnung in unserer Gesellschaft?

Es muss ja noch etwas anderes geben als das tägliche Leben, also diesen zweiten Raum. Und davon ist nicht viel übrig geblieben: Philosophie und Politik haben sich diskreditiert. Es bleibt derzeit eigentlich nur die Kunst, die hoffen lässt. Aber wo bleibt die Hoffnung in einer globalisierten Welt für alle?

Die Flüchtlinge haben noch eine Hoffnung. Sie hoffen auf ein besseres Leben und stoßen dabei auf eine Gesellschaft, die keine Hoffnung mehr kennt.

Die Gesellschaft ist saturiert. Man möchte nur noch festhalten. Das »System« täuscht vor, paradiesisch zu sein. Verheißung ist in Werbung geronnen. Die Menschen, die zu uns flüchten, werden das natürlich schnell feststellen, auch dass sie in einer Gesellschaft angekommen sind, die nicht religiös und erst recht nicht christlich ist. Man wird sehen, was daraus wird.

Das heißt, wir bräuchten neue Formen, um Jesu Botschaft von der Barmherzigkeit lebendig werden zu lassen.

Ich glaube, wir müssen auch einmal innehalten und über den gegenwärtigen Moment hinausschauen. Wenn man nur im Hier und Jetzt lebt, wird man verrückt. Man braucht also ein Gestern, Heute und Morgen, damit ich auch an andere Generationen denke. Irgendwie ist allerdings diese Geschwindigkeit, die Logik des »Höher, Weiter, Mehr« nicht mehr aufzuhalten. Der Kapitalismus muss immer wachsen und Bedürfnisse produzieren, die nie befriedigt werden können. Davon lebt der Kapitalismus. Der Kapitalismus ist nun einmal die totale Mobilmachung. Das Christliche hat in der Geschichte den Kapitalismus vielleicht ein Stück weit gemildert und den »Fortschritt« verlangsamt. Das ist aber mit dem Fall der Mauer ganz vorbei.

Sie haben die zukunftsweisende Rolle der Kunst betont. Die Kunst kann sicher Zeugnisse setzen, aber kann sie politisch auch wirksam werden?

Wirksamkeit ist eh so eine Frage. Politisch und künstlerisch tätig zu sein, das ist einfach eine Lebenshaltung für mich: beobachtend zu bleiben, bewusst zu bleiben, im Widerstand zu bleiben, zweifelnd zu bleiben. Für mich ist es dabei wichtig, das Christliche, das Neue Testament mit meinem Film noch einmal lebendig werden zu lassen. Letztlich wird keine Politik mehr ganz ohne Theologie auskommen.

Das heißt, man muss doch überlegen, wie man das Politische noch verändern kann oder die Menschen in der Politik?

Ja, man muss das überlegen. Ich frag mich nur, ob so eine Bewegung nicht erst kommt, wenn es apokalyptisch wird und alles zusammenbricht. Gleichzeitig sehen wir die euphorische und empathische Hilfe für Flüchtlinge. Menschen, die in der Hilfe für Andere eine Chance für sich sehen, Sinn zu finden. Das ist ein interessantes Phänomen, das man weiter beobachten muss.

Wie hat denn Ihre Umgebung auf den Film Jesus cries *reagiert?*

Bis jetzt habe ich von alten Bekannten viel Unterstützung und positive Reaktionen erfahren, daneben habe ich aber auch viel Kopfschütteln geerntet. Das hängt wohl auch damit zusammen, dass viele Kinder von 68er- Eltern gegen Religion erzogen wurden. Sie hören so oft: »Gehen Sie mir weg, ich bin nicht bibelfest.« Den Leuten ist das peinlich. Das soll es aber auch. Denn man muss die Bibel kennen. Komischerweise haben viele Menschen, wenn sie »religiös« hören, gleich negative Gedanken. Für den einen wird der Film religiös sein, für den anderen spricht aus dem Film eine Weisheit, die über das Trennende und Enge hinausgeht.

Letztlich ist die Barmherzigkeit im Neuen Testament so wichtig, weil Gott selbst barmherzig ist. Gleichzeitig ist er aber der Gerechte, der auch straft. Gehört beides vielleicht zusammen – die Barmherzigkeit und die Strafe?

Wenn man solche einschlägigen Stellen vor allem im Alten Testament liest, könnte man meinen, Gott sei beleidigt. Vielleicht ist er enttäuscht, weil er so sehr liebt. Dieses Gefühl kennen wir ja auch. Vielleicht ist Gott viel menschlicher, als wir denken.

Wir haben bislang viel über die Barmherzigkeit gegenüber anderen Menschen gesprochen. Brauchen wir auch eine Barmherzig gegenüber der Schöpfung?

Diese Idee gefällt mir. Denn was geschieht, wenn wir alle WLAN haben, aber kein Wasser mehr, das wir trinken können? Wichtig ist, sich zu fragen, was man eigentlich braucht, gleichzeitig aber auch zu schauen, wo ein ungesunder Minimalismus oder eine ungesunde Askese aus Schuld heraus anfängt. In einer neuen Form der Genügsamkeit könnte die Zukunft liegen, dabei muss dieser Lebensstil der neuen Genügsamkeit nicht grau sein. Leben muss attraktiv sein.

Haben Sie selbst schon mal Barmherzigkeit erfahren?

Ich hab immer wieder Glück gehabt. Auch wenn ich es nicht immer so leicht gehabt habe, gab es an entscheidenden Punkt meines Lebens immer wieder Menschen, die mir geholfen haben. Insofern habe ich das Gefühl, dass ich einen kleinen Segen habe.

Vielen Dank, Frau Mayer, für unser Gespräch!

Die Fragen stellten Martin W. Ramb und Holger Zaborowski.

Hanna-Barbara Gerl-Falkovitz

»Nacht der Barmherzigkeit«

Gedanken zu einer neu-alten Form der Anbetung

Seit dem Kölner Weltjugendtag 2005 gibt es eine Anbetung vor dem Allerheiligsten, beginnend abends mit einer kleinen Gruppe, die vor die Kirchentüren geht und die Vorbeischlendernden einlädt, einzutreten ... Und dann beginnt ein Abenteuer, das erst um Mitternacht endet. »Nightfever« heißt es oder »Nacht der Barmherzigkeit« – denn alles ist dort abzuladen: Unruhe, Sorgen, Schuld. Mittlerweile springt diese Nacht über den Atlantik nach Kanada, in die USA. Was ist daran so barmherzig? Warum finden sich vor allem junge Leute ein?

Zwei Großfeste der Christenheit spielen sich im Dunkel ab: Weih-Nacht und Oster-Nacht. Nur das dritte Fest, Pfingsten, findet am hellen Tage statt. Nun wird alle Welt Zeuge des Neuen, das ungehindert einbricht. Lange zuvor hatte es ohne Zeugen begonnen, jetzt wirft der Heilige Geist Licht in diesen verborgenen Anfang des Unerwarteten.

Die »Nacht der Barmherzigkeit« nutzt die Stunden des Dunkels. Eintauchend in die Bergung einer Kirche, deren Wölbung sich im Dunkel auflöst, beginnt der Gang in die Tiefe. Ein Teil der zufälligen Besucher geht nach kurzem, ein anderer Teil wird vorübergehend ahnen, dass es in »Unheimliches« oder doch Ungewohntes führt, ein dritter Teil wird bleiben, länger als gedacht, und sich dem Ungewohnten überlassen. Die Initiatoren selbst trauen dem Dunkel zu, von sich aus zu wirken und in sich hineinzuziehen. Sie haben sich diesem Wirken selbst überlassen, in der betenden Einübung zu Beginn, und gehen anschließend ohne Unruhe, ohne Gezwungenheit, ohne Drängen auf die Straße, um werbend zum Eintreten einzuladen. Es geht nicht um Spaß, sondern um Freude. Freude muss man nicht aufdrängen.

Das Dunkel ist kein Neutrum. Es wartet. Vorne schimmert weißes Brot – ein kleines befriedendes Leuchten. Da das Auge sonst nichts unterscheiden kann, bleibt es erst unwillkürlich, dann auf die Länge darauf haften. Wer ist im Brot anwesend? Es ist noch nicht wichtig, einen Namen zu sagen. Der Name wird im Lauf der Nacht kommen, fremd oder vertraut, aber bevor er genannt wird, hat er sich schon eingeschrieben, eingeleuchtet. Die Stille wird dicht; sie wird warm. Er ist da – das ist sein Name. So hieß er schon in der ägyptischen Wüste, so heißt er in der heutigen europäischen Steppe, im stumpf gewordenen Gedächtnis der Generationen.

Weil er da ist, wird nicht viel geredet. Die Einladenden verzichten auf Belehren, sie vertrauen auf Schauen und (Wieder-)Erkennen. Worte werden gesungen oder mitgesummt, Worte der Anbetung, des Lobes, der Freude, nicht der Erklärung. Sie wiederholen sich, kreisen um das Unerschöpfliche, das vorne leuchtet. Worte werden auch vorgelesen, aber sie bleiben unzerstört durch Kommentar. Keiner weiß mehr als der andere. Keiner führt, alle werden geführt. Das Tempo des Mitgehens ist nicht wichtig, auch Stehenbleiben ist möglich. Vielleicht beginnt etwas zu ziehen. Zwischen den

Worten und Liedern ist Stille. Stille und Singen sind Ausdruck desselben: des Staunens über die Anwesenheit. Ein zögerndes Verlangen breitet sich aus: sich hingeben zu dürfen, nicht ins Leere, sondern an jemand, der ohne Ungeduld wartet. Ein anderer seiner Namen ist: »Du Atemholen«.

Wer eintritt, kann ein Teelicht mitnehmen. Ohne das Dunkel zu stören, stehen Lichter, wie ein Flackern der eigenen Seele, je am gewählten Ort: ganz hinten, in einer Nische, wo es finster ist, irgendwo. Ab und zu steht jemand auf, um sein Licht an einem anderen anzuzünden und sich seinen eigenen Ort zu wählen. Es gibt keine verbotene Stelle, »wo man nicht hindarf«. Im Lauf der Nacht wachsen die Lichter, sie machen den Raum tiefer. Vorne, um das schimmernde weiße Brot, werden es mehr. Mancher holt später sein Licht aus der Ecke und bringt es nach vorne; dabei beginnen auch Tränen zu fließen. Aber niemand will hinschauen, jeder hat mit den eigenen (ungeweinten) Tränen zu tun. Das Dunkel löst und verbirgt Trauer. Vorher wurde sie nicht gespürt; jetzt darf sie wehtun.

Ungeplant und ohne Vorbereitung beginnt der Schmerz; die Nacht wird fiebrig. Im Seitenschiff knien junge Leute und wollen mit einem Priester sprechen. Haben sie gelernt, wie man das macht? Haben sie gelernt, ihre Wunden bloßzulegen? Gleichviel: Sie sprechen leise, von ihrem Leid, von ihrer Gefangenschaft im Bösen. Priester sind bis Mitternacht eingespannt: um zu hören, zu lösen, brennende Schuld zu löschen. Aus dem Fieber entfaltet sich die Nacht der Barmherzigkeit.

Um das Brot wachsen die Lichter. Sofern es eine katholische Kindheit gab, war das Allerheiligste immer oben, entzogen. Jetzt steht es frei, jeder darf nahekommen, sein Licht ganz dicht davor hinstellen. Niemand klagt an, es gibt keine Schranke. Wie tief diese Nähe berührt. Sie entwaffnet, ist so einfach. Aber doch ist es die Nähe des Heiligen, und auch die Ehrfurcht wächst. Heiligkeit füllt den Raum, aber nicht weil es Abstand gäbe, sondern weil die Nähe ergreift.

Um Mitternacht füllt sich der Raum mit Segen. Segen ist das Vermächtnis dieser Nacht, in der sich das Brot schweigend, anziehend zeigt. Es wird weggetragen, aber sein Segen bleibt. Auch ein Wort kann auf einem Zettel mitgenommen werden, als Nachhall des Erlebten. Am Morgen ist es vielleicht nur noch ein Papier, die Anwesenheit des Heiligen schimmert nur blass durch die starken Übermalungen des Alltags und wird dann vergessen. Vielleicht aber auch umgekehrt: Die Sehnsucht lässt fragen, wann und wo der Raum, wo das Heilige wirklich war, wieder geöffnet wird. Wann treffe ich dich wieder? Kann ich Freund und Freundin mitnehmen? Kannst du uns gemeinsam berühren? Oder auch: Eines Abends stehen die Türen wieder offen, und der Magnet zieht von selbst hinein.

Schon das Dunkel ist barmherzig

Aller Anfang ist geschützt vom Dunkel. Noch sieht man nicht das Kommende, aber es keimt, es wächst unbeobachtet. Das Intime braucht keine Zuschauer. Wie tief wissen wir, nicht erst seit der Psychoanalyse, dass der helle Wille in einem dunklen, uns entzogenen Willen wurzelt. Diese Wurzeln bloßzulegen hieße, sie zu zerstören. Bis in unsere Existenz hinein kommen wir aus dem Dunkel. Niemand weiß von seiner Zeugung, von den neun Monaten geheimnisvoller Entstehung, von der Geburt und den ersten Jahren. Leben ist Gabe aus einem nächtlichen Ursprung; wir alle sind »Nocturnen«. Und unser Leben geht am Ende wieder in Schlaf über, in ein unbekanntes Dunkel.

Die zufälligen Besucher so »ungeschützt« der göttlichen Wirklichkeit, ihrem »Übermaß an Barmherzigkeit« zu stellen, bedarf der Kühnheit der leitenden Gruppe. Sie vertraut darauf, dass das, was sich dem Auge so einfach bietet, sich bis ins Herz entfaltet. Mit Augustinus lautet Lebendigsein: *videntem videre* – den ansehen, der mich immer schon ansieht. Solches Gesehenwerden und unersättliche Zurückschauen ist größeres Glück als das Verschmelzen und Untergehen in einem gleichgültigen Eins und Alles eines anonymen »Urgrundes«.

Viele Menschen, vielleicht alle, tragen in sich eine Wüste, die im Lauf des Lebens wächst. Darin liegt die sinnbildliche Bedeutung von Dunkel: vertrocknete Wünsche, gestorbene Hoffnungen, welke Liebe, »die einst wie Rosen roch«, Sandberge des Unbewältigten, das nie mehr abgetragen wird. Unvorstellbar, dass diese Wüste noch einmal zum Blühen kommen könnte, dass die Höhlen vom Unrat geräumt sind, dass Verlorenes jung vor einem steht. Wagt es wirklich jemand, uns zu erlösen? Ist es unvorstellbar, zitternd vor Freude die eigene Wüste aufblühen zu sehen?

Das Dunkel ist der Raum, wo diese Wüste bemerkbar wird und sich der Umschwung vorbereiten kann, wo das Vordergründige zurücktritt, das Inwendige sich äußert. Dafür eignet sich die Nacht, worin die Ablenkungen verstummen. Zeitlos sind die Stunden der Anbetung. Es gibt die bedrohliche Finsternis, wo die Albträume aufstehen und das Gemüt aufjagen. Aber im guten und warmen Dunkel, in dessen Mitte die Barmherzigkeit wartet, muss sich die Einsicht in die eigenen Abgründe nicht zur Verzweiflung verkrümmen. Dort kann sich alles Leiden »in stürzende Tränen ausschütten«, ohne dass dies beobachtet würde. Dann bleibt das Intime geschützt und wird nicht prostituiert. Daher sind in der Nacht der Barmherzigkeit die Bekenntnisse des eigenen Versagens möglich – ob lautlos oder in das Ohr eines geduldig Zuhörenden gesprochen, ob mit der Absolution sakramental gelöst oder mit Segen und Trost begleitet. Im Dunkel lässt sich abladen und neu aufrichten.

Uferloses Erbarmen

Über die unerschöpfliche Gestalt Jesu, wie sie durch die Augenzeugen umkreist wird, fällt das Wort: »Gott ist Licht und keine Finsternis ist in ihm« (1 Joh 1,5). Damit ist alles Unsagbare zusammengefasst. Es gibt kein donnerndes Gericht, keinen rasenden Götterzorn. Nur das Licht bricht ein, auf seine leise Art zwingend. Es wird nicht gerichtet, es wird nur ans Licht geholt. Es wird nicht angeklagt, es wird gelöst: Leid, das sonst unterdrückt wird. Dann lässt sich die eigene Scham vergessen und nach Hause gehen. Und vor niemandem, auch vor sich selbst nicht mehr, Angst haben. In diese Erfahrung des Vertrauen-Könnens will die Nacht der Barmherzigkeit führen: dass der Heilige heilt, wirklich, lösend und in unausdenklicher Güte.

So ist die Osternacht zur Nacht uferloser Barmherzigkeit geworden. Und Pfingsten zeigt die Vollendung dieser Bewegung: Was am Anfang noch unsichtbar war, wird ans Tageslicht geholt. Was man in der Kammer flüsterte, wird nun von den Dächern gerufen. Die göttliche Liebe selbst ist damals, heute, »abgestiegen« in unsere nächtlichen Gassen, um uns zu holen. Ja, rätselhafte Liebe. Die einzige Furcht, die bleibt, ist die Furcht, ihr wieder wehzutun.

Dank an alle, die an dieses uferloses Erbarmen heranführen. »Herzklopfend heimgekehrt« kann man diese Stunde nennen: in das lang Vergessene, an das Herz der Welt.

Eckhard Nordhofen

Barmherzigkeit anarchisch

Wovon ist da überhaupt die Rede? Es ist ein Gefühl, also etwas Körperliches. Also Vorsicht! Gefühle sind bekanntlich riskant. Wir müssen sie kontrollieren. Man kann sich ihnen nicht einfach überlassen. Barmherzigkeit, allezeit gegenüber jedermann – wo kämen wir da hin? Wahrscheinlich in eine Heil- und Pflegeanstalt.

Aber dann und wann lockern sich die Bremsen, und wir haben die Lizenz zum Fühlen. Wo kämen wir da sonst hin! Dann wird dir warm ums Herz, oder es steigt da etwas auf aus der Magengegend, der Puls geht schneller, und es geschieht: Eine seltsame Sache, fast eine Verwechslung von Ich und Du. Da habe ich mich, wie man so sagt, »in den Anderen hineinversetzt«. Was ihm abgeht, das schmerzt jetzt auch mich. »Er tut mir leid« heißt: Er fügt mir ein Leid zu. Die »goldene Regel« gibt so etwas wie eine Langfassung im moralisierenden Imperativ, *»Was du nicht willst, das man dir tu …«*. Sie wird noch goldener, wenn ich die Negationen umdrehe, dann fordert sie dazu auf, genau dieses Gedankenexperiment zu machen. Sich so zu verhalten, als sei Ich auf der anderen Seite, nicht ich bin Ich, sondern das Gegenüber. Erst wenn es ihm besser geht, bin auch ich schmerzfrei.

Zur körperlichen Seite der Barmherzigkeit gehört der Blicktausch. Dem Anderen in die Augen sehen: »*Schau mir in die Augen, Kleines*«, und schon ist der Kurzschluss hergestellt. Wenn diese Leitung steht, ist eigentlich alles andere egal. In solchen Momenten kann das große Gefühl eine anarchische Qualität gewinnen. Zur Liebe, das lernen wir bei Humphrey Bogart, hat Barmherzigkeit eine offene Grenze.

Apropos Anarchie – Arché, das bedeutet Herrschaft, das, was herrscht, das, was gilt. Das verneinende *Alpha privativum* verneint, das, was gilt. Wo nichts mehr gilt, herrscht Anarchie. Und was gilt nicht alles! Seit es Menschen gibt, bringen sie ihren Kindern bei, was gelten soll: sie lernen, sich zu benehmen. Und was den Regeln nicht entspricht, das »gehört sich nicht« – was für ein interessanter Ausdruck!

Was sich nicht gehört, das ist fremdbestimmt. Es darf nicht auf sich hören, sondern es muss der Regel folgen. Die Regel kommt von außen. In allen Gesellschaften muss es dieses Regelwerk geben, denn es ist einfach praktisch. Wir können die Steuerung unser Schritte nicht in jeder Sekunde neu erfinden. Dafür brauchen wir Trampelpfade, gebahnte Wege, Geländer, an denen wir uns festhalten, Wegweiser, die uns sagen, wo es langgeht. Da stehen wir auf den Schultern von Riesen. Daran sollten wir denken, wenn wir sie um einige Zentimeter überragen.

Das Regelwerk von Herkommen und Brauch hat etwas Organisches. Meist gibt es keinen Erfinder, der das Patent darauf hält, dass man die Gabel in die linke und das Messer in die rechte Hand nimmt.

Neben den eingefahrenen Lebensregeln gibt es die gesetzten Gesetze, über die der Staat wacht. Sie werden polizeilich gesichert. Wer den Strukturfunktionalismus, um den es hier geht, in seiner ganzen Ausdehnung inspizieren möchte, der muss auch von Naturgesetzen reden, von den Gesetzen der Ökonomie, von den Gesetzen, deren wir uns kaum bewusst sind, weil sie in den Tiefen unserer Psyche darauf warten, dass sie einer entdeckt.

Gibt es auch für die Barmherzigkeit Strukturen? Dieser Ansicht ist gewiss der Caritasverband und das Bundessozialgericht. Das lässt mich zögern. Aber es gibt sie doch! Sogar, wo die Anarchie zum Gesetz wird.

Ich will auf eine wirklich interessante Frage hinaus, die mir gekommen ist, als ich einige der Gleichnisse Jesu nebeneinanderhielt. Dabei ist mir diese seltsame und bemerkenswerte Strukturgleichheit aufgefallen, das Personal ist nie dasselbe, aber dennoch gibt es diese auffälligen Entsprechungen und Ähnlichkeiten.

Nehmen wir nur einmal das »Gleichnis von den Arbeitern im Weinberg«, die für nur eine Stunde Arbeit denselben einen Denar bekommen wie diejenigen, die die »Last und Hitze des Tages getragen haben«, und daneben das »Gleichnis vom barmherzigen Vater und dem verlorenen Sohn«. Die spät gekommenen, eigentlich zu spät gekommenen Arbeiter bekommen mehr, als ihnen eigentlich zusteht. Sie bekommen also etwas geschenkt. Dasselbe kann man vom verlorenen Sohn sagen, denn das, was ihm zusteht, hatte er ja schon bekommen und verprasst.

In beiden Gleichnissen gibt es den bzw. die Beschwerdeführer, die sich über die Ungleichbehandlung aufregen und sich benachteiligt fühlen. Sucht man einen Vergleichspunkt, so bietet sich der Äquivalententausch, das sogenannte Tauschprinzip an. Die innere Waagschale, die alle im Kopf haben, hatte festgelegt, wie viel die Arbeit wert ist. Das ist der Tausch »Arbeit gegen Lohn«. Äquivalenz herrscht dann, wenn das, was auf der einen, und das, was auf der anderen Waagschale liegt, gleichviel wert ist. Das folgt den ökonomischen Gesetzen vom knappen Gut und von Angebot und Nachfrage. Der Tarif für einen Tag beträgt einen Denar. Ob das genug oder nicht genug ist, steht hier nicht zur Debatte. Der Tarif wird nicht bezweifelt oder angegriffen. Angegriffen wird nur die übertarifliche Bezahlung, also das Geschenk, das die zu spät Gekommenen erhalten. Auch beim barmherzigen Vater könnte man eine Art Tauschprinzip in Anschlag bringen. Beide Söhne erhalten ihr Erbe, beiden steht gleich viel zu. Nur, der eine hatte es verprasst, ihm steht dann nichts mehr zu, und dennoch wird ihm das Mastkalb geschlachtet.

Man könnte den Strukturvergleich auch personalisieren, so dass dem verlorenen Sohn die zu spät gekommenen Arbeiter entsprechen. Diejenigen, die die »Last und Hitze des Tages getragen haben«, entsprechen dem braven Bruder des verlorenen Sohnes, der sich über das

Fest, das für den Heimgekehrten gefeiert wird, und über das Mastkalb, das ihm geschlachtet wurde, beschwert, ganz so, wie sich die Ganztagsarbeiter beschwert haben. Diese Geschichten erzählt Jesus, um das Funktionsprinzip dessen, was er »Königtum Gottes« nennt, deutlich zu machen. Den Ausdruck kennt man auch in der Fassung »Reich Gottes«. Da denkt man im Deutschen an ein Gebiet mit Grenzen. Das wäre abwegig. *Basileia tou theou* fängt an, wo das geschieht, was Gott will. Übersetzungsvorschlag: »Das Wahr-Werden des Willens Gottes«.

Nicht nur in den Gleichnissen, die Jesus selbst erzählt, auch in den Geschichten, welche die Evangelisten über Jesus erzählen, ist dieselbe Isomorphie der Barmherzigkeit wiederzuerkennen. Er beschenkt nicht diejenigen, die von sich meinen, sie hätten es verdient, mit der Einkehr in ihr Haus, sondern lässt dem zu kurz geratenen Zachäus, dem Sünder und Zöllner, die Ehre zuteilwerden, ihn bewirten zu können. »Bei einem Sünder ist er eingekehrt.« Wieder treffen wir auf Beschwerdeführer. Immer gut, wenn ein Prediger auch das tut, was er anderen vorschlägt. Na ja, es ist Jesus. Wer, wenn nicht er!

Immer geht es um die Aufhebung des Tauschprinzips, das ja auch das Denken und Trachten der Schriftgelehrten und Pharisäer steuert. Es ist das, was die Alttestamentler den Tun-Ergehen-Zusammenhang nennen: Wohlverhalten gegen Wohlergehen. Nicht umsonst wird derjenige, der nach der klassischen Formel des Buches Deuteronomium »tut, was dem Herrn gefällt«, der »Gerechte« genannt. Seine Gerechtigkeit besteht darin, die Regeln und Gesetze zu befolgen.

Der Streit geht darum, ob derjenige, der alle Gesetze pünktlich befolgt, damit auch gemäß dem Tauschprinzip ein Anrecht auf Belohnung, das Heil Gottes, den Himmel erworben hat. Ein Protestant würde formulieren: ob er »gerechtfertigt ist«.

Man könnte Leben und Lehre Jesu, die sich so eindrucksvoll entsprechen, in der allerdings sehr abstrakten Formulierung zusammenfassen: Jesus ist derjenige, der lehrt, die Schemata des Lebens, auch die Schemata der mosaischen Gesetze, zu transzendieren in Richtung auf das »Wahr-Werden des Willens Gottes«. Der Kompass, der die Richtung anzeigt, in der dieses Reich Gottes zu erreichen ist, hat sehr viel mit Barmherzigkeit zu tun. Die Transgressionen, die sich Jesus gegenüber einzelnen Gesetzen herausnimmt, greifen diese nicht an. Kein Jota soll von ihnen weggenommen werden (Mt 5,18). Der darauffolgende Satz (Mt 5,20) aber ist der Entscheidende: »Wenn eure Gerechtigkeit nicht weit größer ist, als die der Schriftgelehrten und Pharisäer, werdet ihr nicht in das Himmelreich kommen.« Weit entfernt davon, den heiligen Sabbat aufzukündigen, lässt er die Jünger Ähren rupfen am Sabbat, und er heilt an diesem Tag auch Kranke. Der Ehebrecherin, die nach dem Gesetz hätte gesteinigt werden sollen, und die er mit seinem zu Recht berühmten Satz: »Wer ohne Sünde ist, werfe als erster einen Stein auf sie«, gerettet hat, schärft er am Ende ein: »Geh und sündige von jetzt an nicht mehr.« Das Gesetz, das die eheliche Treue schützt, wird nicht angetastet (Joh 8,3-11).

Wer Jesus als Gesetzesnovellierer versteht, der überholte Gesetze à jour bringt, hätte ihn gründlich missverstanden. Die »Ich aber sage euch«-Sätze in der Bergpredigt wären falsch interpretiert, wenn sie so gedeutet würden. »Ihr sollt also vollkommen sein, wie euer Vater im Himmel.« (Mt 5,48) Dieses Gesetz soll einmal einer befolgen …

Wie das Gute, der Wille Gottes, das, was richtig ist, ermittelt wird, das ist die Frage aller Fragen. Sie muss jeden Tag neu beantwortet werden. Deswegen heißt die vierte, die zentrale Bitte des Vaterunsers auch, richtig übersetzt: »Unser himmlisches Brot gib uns heute.« Wir brauchen es täglich, denn keiner kann sicher sein, den Willen des Vaters ein für alle Mal zu kennen, auch wenn er wie die Schriftgelehrten meint, ihn einfach aus der Tora herauslesen zu können. Jesus, das Fleisch gewordene »Wort« (Joh 1,14), vertritt ein anderes, ein neues Konzept. Unter dem unbarmherzigen Gesetz der verrinnenden Zeit ist das, was Gott gestern wollte, vielleicht heute schon nicht mehr gültig. So wie das himmlische Brot der Wüste, das Manna, schnell verdarb und jeden Tag neu gesammelt werden musste, so muss das himmlische Brot des Vaterunsers jeden Tag neu gegessen werden. Das himmlische Brot des barmherzigen Vaters, das brauchen wir jeden Tag.

Das hat etwas Anarchisches. Und ist es nicht verrückt: Barmherzigkeit, ein Gefühl, überwindet die Schemata, Regeln und Strukturen. Die Spuren, die sie dabei hinterlässt, erkennen wir als Meta-Struktur …

Jochen Hörisch

Das Heil und die Heilung

Theologisch-ökonomische Überlegungen zum Gleichnis vom barmherzigen Samariter (Lk 10,25-37)

Theologie und Ökonomie haben mehr gemeinsam, als beiden Systemen jeweils lieb ist. Ökonomen reagieren zumeist gereizt, wenn man darauf hinweist, wie theologisch gesättigt ihre Grundbegrifflichkeit ist (Kredit, Schuld/en, Gläubiger, unsichtbare Hand, Messe, Offenbarungseid etc.) und wie stark und unerschütterlich ihre Bereitschaft ist, unplausible Konstrukte wie die des *Homo oeconomicus* oder der unsichtbaren Hand zu beglaubigen. Und Theologen gilt die Sphäre der Ökonomie häufig als zu profan. Die Vorstellung, Gott sei klamm und habe Finanzprobleme, ist per se ein Sakrileg. Dennoch ist unübersehbar, wie eng ökonomisch-finanzielle und religiös-theologische Probleme und Motive miteinander verwandt sind. Nicht umsonst sind die meisten der wenigen biblischen Spitzengeschichten, die noch im kollektiven Gedächtnis selbst der kirchenfernen Bevölkerung verankert sind, Geschichten aus der theologisch-ökonomischen Wechselwirtschaft: die Geschichten von Jakobs und Josephs Wirtschaftsgenie, vom Rauswurf der Geldhändler aus dem Tempel oder von der wundersamen Brotvermehrung. Ökonomische Motive, Ideen und Themen grundieren bei genauerer Lektüre aber auch viele weitere biblische Passagen. Das gilt paradigmatisch auch für eine der meistzitierten und meistkommentierten Gleichnisreden Jesu, der Geschichte vom barmherzigen Samariter.

»Wie hast du's mit der Religion?«, fragt Gretchen den geliebten klugen Mann, der sie (was nicht für seinen Takt spricht) durch ein maßlos übertriebenes, ungemein wertvolles Geschenk für sich gewinnen will. Die Frage ist klar, bündig und unmissverständlich. Faust aber windet sich unendlich, weicht aus, redet gelehrt und weigert sich doch, auf die wunderbar direkte und klare Frage eine ebenso direkte und klare Antwort zu geben. Nun haben Gretchenfragen einen zweifelhaften Ruf. Denn sie gelten als ein wenig zu direkt, und sie kommen aus dem Mund einer jungen Frau, die nicht »mit heißem Bemühn Philosophie, Juristerei und Medizin und leider auch Theologie« studiert hat. Im berühmten Gleichnis vom barmherzigen Samariter aus dem Lukas-Evangelium wird unüberbietbar klar eine, ja die religiös-theologische Gretchenfrage an Jesus Christus gestellt: »Meister, was muss ich tun, daß ich das ewige Leben ererbe?«, heißt es in Luthers Übersetzung. »Lehrer, mit welchem Tun bekomme ich Anteil am unvergänglichen Leben?«, heißt es ein wenig umständlicher in der nicht unbedingt für Gretchen verfassten, aber ebenso sorgfältigen wie um Korrektheit bemühten Übersetzung, die kluge und gelehrte Köpfe für den evangelischen Kirchentag 2009 in Bremen erarbeitet haben.

Die Gretchenfrage aber stellt im Lukas-Evangelium nicht etwa eine junge, in theologischen Dingen laienhafte Frau, die sich Sorgen um das Seelenheil ihres reifen Geliebten macht – die Frage stellt vielmehr ein

»Schriftgelehrter« (Luther) bzw. ein »Toragelehrter« (Übersetzung zum Kirchentag in Bremen 2009). Und es entfaltet sich ein offenes Gespräch unter Gleichen, an dem nicht nur Habermas und Habermas-Schüler mit ihrer Hochschätzung eines an Konsens orientierten, herrschaftsfreien Gesprächs, das dem zwanglosen Zwang des besseren Arguments vertraut, ihre helle Freude haben können: ein Gespräch auf hohem Niveau, von wechselseitigem Respekt getragen, das offenbar nicht vom Willen getrieben wird, Jesus in Verlegenheit zu bringen. Hier will ein *nomikos*, wie es im Griechisch des Lukas-Evangelium heißt, hier will also ein Kenner der (Tora-)Gesetze von Jesus, den er als »Lehrer« und Kenner der Schrift schätzt und anspricht, Antwort auf die zentrale Frage jedes Transzendenz-Gläubigen erhalten. Jesus verhält sich nun erst einmal erstaunlich konventionell, man ist versucht zu sagen, in einer für ihn unkonventionellen Weise konventionell. Er antwortet mit der Gegenfrage, was in der Tora geschrieben stehe und wie der Fragesteller das dort Geschriebene lese. Der Toragelehrte braucht nicht lange nachzuschlagen. Er kann die einschlägigen Zentralworte sofort auswendig aufsagen, also den Vers Dt 6,5 bzw. Lev 19,18 herbeizitieren: »Du sollst Gott, deinen HERRN, lieben von ganzem Herzen, von ganzer Seele, von allen Kräften und von ganzem Gemüte und deinen Nächsten als dich selbst.«

Die Kirchentagsübersetzung ist hier seltsamerweise weniger entschieden. Sie bringt zwar politisch korrekt die feminine wie die maskuline Form (»deine Nächste, deinen Nächsten«), doch sie formuliert »wie dich selbst« statt in der lutherischen Tradition »als dich selbst« – eine Übersetzung, die der griechische Urtext durchaus nahelegt. Das macht nun einen Unterschied: den Nächsten so zu lieben, wie man sich selbst liebt, oder aber den Nächsten als denjenigen zu lieben, der man selbst ist – was nichts anderes heißt, als zu akzeptieren, dass das Tun des einen das Tun des anderen ist, dass verschiedene Subjekte so rein und klar voneinander nicht unterschieden sind, dass das Ich ein Anderer, ein Nächster ist, dass, um es im philosophischen Jargon zu sagen, Intersubjektivität Subjektivität prägt und ihr vorausgeht. Damit hat die berühmte Gleichnisrede vom barmherzigen Samariter noch, bevor sie eigentlich beginnt, ihr exzentrisches Zentrum erreicht. Christus weiß, wovon er spricht, wenn er den Nächsten »als« Ich und das Ich »als« einen Anderen begreift. Denn er ist ja Menschensohn und Gottessohn zugleich und will deutlich machen, dass eben dies von allen irdischen Kindern Gottes gilt.

So entfaltet der ungemein dichte Text gleich anfangs eine starke Dynamik. Ein endlicher, irdischer, sterblicher Mensch, der aber als Gottesgelehrter nach dem Unendlichen und Absoluten fragt, will wissen, wie es ihm gelingen kann, das ewige, himmlische Leben zu erlangen. Und die von Jesus vorbehaltlos gebilligte, im allerbesten Sinne traditionelle Antwort, die gerade eben keinen Unterschied zwischen Altem Testament bzw. Gesetz einerseits und Neuem Testament bzw. Froher Botschaft macht, lautet: indem man Gott liebt und den Nächsten.

Bemerkenswert ist nun allerdings, dass die Gottesliebe, die transzendente Dimension der Antwort im Folgenden ausgeblendet, die Nächstenliebe, also die weltlichimmanente Dimension, aber ausführlich problematisiert wird. Die Antwort Jesu »Du hast richtig geantwortet. Tu das! Und du wirst leben« lässt sich zwar noch auf beide Größen, auf Gott und auf den Nächsten, beziehen. Sie setzt die starke Akzentuierung von Einigkeit, Entsprechung und Konsens fort, die den Text anfänglich kennzeichnet. Es herrscht Einigkeit zwischen dem zentralen Gebot des Alten und des Neuen Testaments, zwischen Liebe zu Gott und Liebe zum Nächsten, zwischen Sprechen, Bekennen und Handeln. Ein Motiv, das der Jakobus-Brief eindringlich entfaltet, in dem es heißt (Jak 1,22-25, nach der Luther-Bibel von 1912):

> Seid aber Täter des Worts und nicht Hörer allein, wodurch ihr euch selbst betrügt. Denn so jemand ist ein Hörer des Worts und nicht ein Täter, der ist gleich einem Mann, der sein leiblich Angesicht im Spiegel beschaut. Denn nachdem er sich beschaut hat, geht er davon und vergisst von Stund an, wie er gestaltet war. Wer aber durchschaut in das vollkommene Gesetz der Freiheit und darin beharrt und ist nicht ein vergesslicher Hörer, sondern ein Täter, der wird selig sein in seiner Tat.

Wer mag da widersprechen? Wir schätzen aus evidenten Gründen diejenigen, die nicht nur bekunden, ihrem Nächsten Gutes tun zu wollen, sondern dies auch tatsächlich praktizieren. Weil dies so strahlend klar und zustimmungspflichtig ist, fällt kaum mehr auf, wie entschieden das nun folgende Gleichnis vom barmherzigen Samariter die übermächtige Eingangsfrage nach der ewigen Sphäre ausblendet und ganz im Innerweltlichen verbleibt. Was quasi automatisch auch heißt, dass die Gleichnisrede von sakralen auf profane bzw. von theologischen auf ökonomische Themen und Problemstellungen umschaltet. Der berühmte, gewissermaßen allzu bekannte Text – er ist so bekannt, dass ihn selbst heute in Zeiten zweifelhafter Bibelvertrautheit fast alle so sicher nacherzählen können, wie der Gottesgelehrte die goldene Regel von der Gottes- und Nächstenliebe zitieren kann – verschiebt die Aufmerksamkeit vom ewigen Heil zur hier und jetzt fälligen Heilung eines ausgeraubten Schwerverwundeten, der am Wegesrand liegt. Zu verstehen ist der folgende Gleichnistext als Antwort auf die zweite Frage des Schriftgelehrten, dem offenbar an begrifflich-definitorischer Klarheit liegt: »Wer ist mein Nächster?« Seltsam: Die Antwort auf die erste, übergroß dimensionierte Frage nach den Zugangsbedingungen zum ewigen Leben findet eine schnelle, bündige, an der Tradition orientierte und bewusst nicht originelle Antwort. Die Antwort auf die zweite Frage »Wer ist mein Nächster?« aber erfordert den Umweg über eine Gleichnisrede – eine Gleichnisrede, die auf Metaphysik und Theologie völlig verzichtet, die rein innerweltlich bleibt, die von Heilung und nicht von Heil, die von Ökonomie und Finanzierbarkeit und nicht von transökonomischer Unendlichkeit handelt.

Heil und Heilung – das ist ein nicht nur sprachlich eng verwandtes Begriffspaar.[1] Jesus, den der Tora-

1 Vgl. aus der überreichen Literatur Elisabeth Hurth, *Mythos Arzt?*, Taunusstein 2008 bzw. die »Meditation für Mediziner« von Cornelius Petrus Mayer OSA »Christus Medicus«

gelehrte mit seiner Frage nach den letzten Dingen anspricht, hat sich als Heilender ebenso einen Namen gemacht wie als Heiland, der ein ungeheures Heilsversprechen gegeben hat und – aus der Zeitperspektive seiner Gleichnisrede – in seinem Opfertod am Kreuz eingelöst haben wird. Die enge Verwandtschaft zwischen Seelen-Heil und Körper-Heilung liegt vor Augen. Es wäre aus christlich-theologischer Sicht leicht, Reden über Halbgötter in Weiß, parareligiöse Phänomene wie den Fitnesswahn, literarische Motive wie die Suche nach dem Gral, der Amfortas von Wunden wie Sünden gleichermaßen befreit, oder die Wellness-Esoterik zu ironisieren, wenn nicht Jesus Christus selbst immer wieder als Wunderheiler aufgetreten wäre. Gerade der Evangelist Lukas, der als Arzt tätig war,[2] stellt die irdische Heilungskompetenz Christi gerne und deutlich heraus. So heißt es im siebten Kapitel des Lukas-Evangeliums (Lk 7,21-23, nach der Luther-Bibel von 1545):

> Zu derselbigen stunde aber machte er viel gesund von Seuchen vnd Plagen vnd bösen Geisten / vnd viel Blinden schencket er das gesichte. Vnd Jhesus antwortet / vnd sprach zu jnen / Gehet hin vnd verkündiget Johanni / was jr gesehen vnd gehöret habt / Die Blinden sehen / die Lamen gehen / die Aussetzigen werden rein / die Tauben hören / die Tödten stehen auff / den Armen wird das Euange-

(www.khg-wuerzburg.de/bwo/dcms/sites/bistum/extern/zfa/texteueber/vortragbeitrag/christusmedicus.html).

2 Vgl. Hans Jörg Sellner, *Das Heil Gottes – Studien zur Soteriologie des lukanischen Doppelwerkes*, Berlin / New York 2007, Kap. IV: Heil und Heilung.

lium geprediget / *Vnd selig ist / der sich nicht ergert an mir.*

Heil und Heilung setzt auch das Gleichnis vom barmherzigen Samariter in eine enge Beziehung. Heil und Heilung bilden ein Ganzes. Wortgeschichtlich bedeutet »Heil« nichts anderes als das Ganze, das wieder ganz gemachte, die geheilte Wunde. Im Englischen ist dieser Zusammenhang noch ersichtlich – »whole« (das Ganze), »holy« (heilig) und »hole« (Loch) sind aufeinander verweisende Wörter. Am Gleichnis vom barmherzigen Samariter fällt nun auf, dass die professionellen Theologen und Priester Aug in Aug mit dem Schwerverwundeten versagen, weil sie nicht erste Hilfe leisten und schon gar nicht heilen, wohingegen der Mann aus Samaria, derjenige also, der nicht berufsreligiös ist, derjenige also, der nicht aus der Gottesstadt Jerusalem, sondern aus der Gegend westlich des Jordans kommt und einer Sonderkonfession angehört, zu heilen vermag. Ihn unterscheidet vom Leviten und vom Priester, der, da er von Jerusalem nach Jericho hinabzieht, wohl gerade vom Tempeldienst kommt und sich nicht verunreinigen will, dass er wirklich den schwer verwundeten, halbtoten Nächsten am Straßenrand so sehr »als« sich selbst erkennt, dass er buchstäblich mit ihm leidet: »Da kam ein Reisender, einer aus Samaria, dorthin, sah ihn und es ging ihm durch und durch« (v. 33, Kirchentagsübersetzung; »und es jammerte ihn seiner«, übersetzt Luther).

Empathie lautet der sachliche psychologische Ausdruck für diese Reaktion; Mitleid, *compassion*, Mit-Leiden im starken Sinne des Wortes nennt diese Reaktion, die im Anderen, im Nächsten, das eigene Selbst erkennt, die Alltagssprache. Die beiden frommen Passanten, die sich dem Sakralen nahe fühlen, versagen im Profanen. Der Samariter aber lässt sich ganz und gar auf die Profanität dieses Lebens ein, über dessen Verwundbarkeit er sich keine Illusionen macht. Lukas liegt daran, dies so deutlich wie möglich herauszustellen. Vergisst er doch nicht zu erwähnen, dass der Reisende aus Samaria, nachdem er erste Hilfe geleistet hat, den Verwundeten in ein Gasthaus bringt und dem Wirt zwei Denare mit dem Hinweis gibt: »Kümmere dich um ihn! Und falls du mehr ausgibst, will ich es dir bei meiner Rückkehr bezahlen.« (v. 35) Mit diesem Vers vollzieht der Text eine kaum je kommentierte Wende zur Finanz-Ökonomie. Sie ist der Inbegriff des Profanen. Undenkbar, dass der göttliche Schöpfer bei einer Bank einen Kredit aufnehmen musste, um seine Schöpfung zu finanzieren. Gott kann nicht als Schuldner gedacht werden. Sein Medium ist die schöpferische Sprache (Gott sprach, es werde xyz, und es ward xyz), nicht das Geld, das für ihn arbeitet.

Der barmherzige Samariter aber leistet nicht nur erste Hilfe. Er hat und gibt auch Geld. Er investiert regelrecht in die Zukunft dessen, dem er da Nothilfe geleistet hat. Der Text lässt keinen Zweifel daran zu, dass dieser Reisende, der einem Gastwirt Geld anvertraut und verspricht, nachzuzahlen, wenn der überlassene Geldbetrag zur Pflege des Verletzten nicht ausreichen sollte, sein Wort halten wird. Er hat Kredit, ihm ist zu glauben, er verdient volles Vertrauen, seine Zahlungszusage ist gedeckt, er ist in jeder Weise glaubwürdig. Wäre er, der Mitleidende, Helfende und Glaubwürdige, der repräsentative Typus der Wirtschafts- und Finanzsphäre, so gäbe es heute keine Banken- und Finanzkrisen.

An diesem äußerst profanen Punkt, an dem eine Zahlungsgarantie abgegeben wird, hat das Gleichnis sein Ende gefunden. Der kommentierende Schluss ist, anders als dieses eigentümlich auf Geld und Kredit bezogene Ende der Gleichnisrede, nicht irritierend. Der fragende Gottesgelehrte stimmt, wie sollte es anders sein, mit Jesus Christus überein, wenn es darum geht zu klären, wer das Gebot der Nächstenliebe am besten erfüllt hat. Der barmherzige Samariter hat weitaus überzeugender als die theologischen Profis verstanden, was das Gebot der Nächstenliebe meint und wer unter »mein Nächster« zu verstehen ist. Es kommt darauf an, dem Nächsten »durch sein Tun Barmherzigkeit zu erweisen«. Auch die abschließende Wiederholung der Aufforderung Jesu »Geh und handle du entsprechend!« (v. 37), die Vers 28 bzw. Lev 18,5 aufgreift, wird nicht überraschen.

Ein prominenter, runder, auf allgemeine Zustimmung hin angelegter Text. Dennoch oder gerade deshalb hat er mindestens drei Widerhaken bzw. Stolpersteine. Der erste birgt theologisch-konfessionellen Sprengstoff. In Vers 29, in dem der Gottesgelehrte auf Jesu erste Aufforderung »Tu das! Und du wirst leben« reagiert, heißt es in Luthers Übersetzung: »ER aber wolt sich selbs rechtfertigen / vnd sprach zu Jhesu / Wer ist denn mein Nehester?« Bekanntlich markiert die paulinisch-augustinisch-lutherische Rechtfertigungslehre mehr noch als die Differenzen im Verständnis der Sakramente und des Priesteramtes die Differenz, die Katholiken und Protestanten scheidet. Nicht durch Werkgerechtigkeit oder kirchliche Gnadenmittel, sondern allein durch den Glauben und Gottes Gnade (*sola fide et sola gratia*) sind, so die protestantische Grundüberzeugung, sündige Menschen gerechtfertigt, ist doch jeder von uns nach Luthers bündiger Formel »simul justus et peccator«, zugleich gerechtfertigt und Sünder.

Nun ist unverkennbar, dass das Gleichnis vom barmherzigen Samariter kaum anders denn als Illustration von Werkgerechtigkeit verstanden werden kann: »Tu das! Und du wirst leben!« (v. 28) Oder: »Geh und handle du entsprechend!« (v. 37) Die Übersetzung für den Bremer Kirchentag 2009 hat das Problem erkannt und deshalb formuliert: »Der (Toragelehrte) wollte seinerseits dem gerecht werden«, was Jesus gesagt bzw. zitiert hat. Es bleibt eine Spannung zwischen der Rechtfertigungslehre, wie sie der Römerbrief und mit ihm Augustinus und Luther entfalten, und der auf mitleidendes Handeln zielenden Gleichnisrede vom barmherzigen Samariter.

Nun ist dies eine produktive Spannung, die dem christlichen Glauben innewohnen muss. Ist der Heiland, der Messias, der Erlöser, ist der Gottessohn Christus doch zugleich der Mensch Jesus aus Nazareth. Womit wir beim zweiten Widerhaken dieses Textes sind. Denn er behandelt das Gebot der Gottesliebe auffallend bündig, das der Liebe zum Nächsten aber ausführlich. Man muss sich vergegenwärtigen, was die Alternative wäre, um zu erkennen, dass in diesem Text mehr als das ethisch nur allzu Selbstverständliche steckt. Die Alternative wäre eben, die Gottesliebe stärker zu betonen als die Nächstenliebe. *Amor Dei* meint Liebe Gottes im doppelten Sinne als die Liebe, die Gott für seine Geschöpfe empfindet, und als die Liebe, die Gottes Geschöpfe ihrem Schöpfer gegenüber fühlen. Das

Gleichnis vom barmherzigen Samariter akzentuiert unüberhörbar eine Theologie, die die Menschwerdung Gottes in Jesus Christus wirklich ernst nimmt. Im hilfsbedürftigen Nächsten ist Gott gegenwärtig. Gott selbst wird in seinem Sohn als hilfsbedürftiger, menschlicher Gott erfahrbar, als ein Gott, der sich nicht in Frage gestellt, sondern verstanden fühlt, wenn er die Heilung irdischer Nöte stärker betont als die Fixierung auf ewiges Seelenheil. Unter den Offenbarungs- und Buchreligionen ist das Christentum diejenige, die Weltimmanenz am entschiedensten zulässt, weil sie die Figur des leidenden Gottes kennt, der die Erfahrung des Sterbens und des Todes gemacht hat. Eine *theologia crucis*, eine Tod-Gottes-Theologie, ist keine frivole Herausforderung christlichen Glaubens, sie nimmt vielmehr den Kern der Christologie ernst: »Nah ist und schwer zu fassen der Gott«, heißt es in einer berühmten und gar nicht so dunklen Hölderlinzeile.

Gott ist Mensch geworden. Dieses grundstürzende Heils- bzw. Heilungsereignis hat – dritter Widerhaken des so stimmig scheinenden Textes – innerweltliche Auswirkungen. Das Gleichnis vom barmherzigen Samariter plädiert für irdische Nächstenliebe. Auch hier lohnt es sich, die vermiedene Alternative zu bedenken: Fernstenliebe. Wer das Gleichnis so liest – und aufmerksame Lektüre legt diese Lesart nahe, ja macht sie verbindlich –, merkt sogleich, dass dieser populäre Text nicht freundlich-trivial ist, sondern durchaus das Zeug hat, handfeste Debatten zu entbinden. Um dies sogleich einzuräumen: Der Forderung nach Fernstenliebe (sehr konkret: nach Brot und Medikamenten für die, die in dieser einen Welt sehr fern von uns leben) widerspricht der Gleichnistext nicht. Aber er versteht den Nächsten doch sehr konkret – nämlich nicht als den allernächsten (etwa das geliebte Familienmitglied) und auch nicht als den unbekannten bzw. die vielen unbekannten Erdenbürger, sondern als den, der rettungs- und heilungsbedürftig am Rande meines Weges, meines Lebensweges liegt. Diesen Nächsten, der mir auf meinem Lebensweg begegnet, als mich selbst zu lieben – das ist die ethisch wie theologisch tiefe Forderung, die wir erfüllt haben sollten, bevor wir die ganz lange Reise antreten, von der wir nicht wissen können, ob sie uns zum ewigen Heil führen wird. Nach einem großen Wort von Walter Benjamin gilt: Nur um der Hoffnungslosen willen ist uns die Hoffnung gegeben. Die Hoffnung des Schwerverletzten auf Heilung ist erfüllt worden – schon in diesem Leben.

Dazu trägt die finanzökonomische Dimension des Gleichnisses vom barmherzigen Samariter entschieden bei. Der Hilfsbereite ist offenbar kein Geldkritiker; er verwirft Geld nicht als ein satanisches Medium. Er setzt es vielmehr als Medium eines innerweltlichen Zeitmanagements ein. Er rechnet mit den knappen Fristen und knappen Ressourcen, die das irdische Leben nun einmal charakterisieren. Was konkret heißt: er gibt dem Wirt einen Vorschuss auf die anfallenden Kosten für die Pflege des Verwundeten und bittet um Kredit, wenn die überlassene Geldsumme nicht reichen sollte. Also gewährt und nimmt er ohne Scheu Kredit. Schwer vorzustellen, dass Jesus den barmherzigen Samariter mit seinem entspannten Verhältnis zum Medium Geld zusammen mit den Geldwechslern aus dem Tempel werfen würde. Geld ist auch unter theologischen Gesichtspunkten ein reizvolles Medium. Sorgt es doch als ein Medium der zweiten, künstlichen, von Menschen erfundenen Knappheit dafür, dass wir der ersten natürlichen, vom Schöpfergott verantworteten Knappheit an Gütern und Dienstleistungen ein wenig angstfreier begegnen können als ohne Geld. Die Zeit zwischen der Schöpfungsgeschichte und dem Leben im Paradies kennt keine Knappheiten und also auch kein Geld; die nachparadiesische Zeit des Menschen steht hingegen im Zeichen der Mangelhaftigkeit und des universalen Mangels. Dieser Mangel wird sein Ende erst dann finden, wenn der Messias diese Welt erlöst. Für die Zwischenzeit sind wir auf Erlöse angewiesen, die den Mangel erträglich machen.

Knappes Geld sorgt dafür, dass Knappheit – nun eben knapp wird. Das gilt noch im Hinblick auf pflegerische Dienstleistungen. Der Samariter hat viel zu tun, er kann nicht dauerhaft bei dem Verletzten bleiben. Sein Verhältnis zu dem Verletzten, den er ja zuvor nicht kannte, ist nah – aber so nah nun auch wieder nicht. Der Verletzte ist sein Nächster in einem fast schon kalauerhaften Sinn: er liegt am Wegrand. Das Paradox ist unübersehbar: Über das Distanzmedium Geld bleibt der Samariter dem Verletzten auch dann nah, wenn er weiterzieht. Die bekannteste Gleichnisrede Jesu impliziert auch eine theologische Rechtfertigung des Mediums Geld für die Zwischenzeit, die das messianische Erlösungsversprechen von seiner Einlösung trennt.

Gerd Neuhaus

Ein Plädoyer für den richtenden Gott – in der Hoffnung auf seine Barmherzigkeit

Sowohl in der Gemeindepastoral und in der Predigt als auch in der Religionspädagogik ist es in den letzten Jahrzehnten üblich geworden, den Gott der Liebe und der Barmherzigkeit gegen den Gott des Gerichts auszuspielen. Im Bereich der Religionspädagogik geschah dies beispielhaft durch Georg Baudlers *Erlösung vom Stiergott*,[1] und in der Gemeindepastoral hat längst die »Frohbotschaft« die »Drohbotschaft« verdrängt. Bei einer geläufigen christlichen Sozialisation – sofern eine solche überhaupt noch die Regel ist – wird kaum noch jemand mit den Gerichtsworten Jesu konfrontiert. Umso mehr begegnet dem heutigen Christen Gott in der Gestalt des barmherzigen Vaters, der seinem verlorenen Sohn nicht dessen Schuld aufrechnet, sondern ihn sehnsüchtig erwartet (vgl. Lk 15,11-32). Gleiches gilt für den Weinbergbesitzer, der diejenigen Arbeiter, die erst mit der elften Stunde ihre Arbeit aufnehmen, genauso entlohnt wie die, welche zur ersten Stunde mit der Arbeit begonnen haben (vgl. Mt 20, 1-16). Indessen enthalten beide Gleichnisse eine stille Pointe, die in

1 Georg Baudler, *Erlösung vom Stiergott. Christliche Gotteserfahrung im Dialog mit Mythen und Religionen*, München 1989.

Verkündigung und Unterricht gerne unterschlagen wird.

So trifft im genannten Gleichnis die Barmherzigkeit des Vaters auf einen Sohn, der von sich sagt: »Vater, ich habe mich gegen den Himmel und dich versündigt; ich bin nicht mehr wert, dein Sohn zu heißen.« (Lk 15,21) Dieser Sohn weiß nämlich noch nicht um die Barmherzigkeit und die Vergebung, die ihm dann vollkommen unverdient zuteilwerden. Anders verhielte es sich, wenn ihm die Barmherzigkeit seines Vaters vorher verkündigt worden wäre. Sein genanntes Schuldbekenntnis wäre dann möglicherweise kein Akt der Aufrichtigkeit, sondern einer der strategischen Berechnung.

Noch deutlicher wird dieses Problem im Gleichnis von den Arbeitern im Weinberg. Hier wird nämlich gerne übersehen, dass der Gutsbesitzer diejenigen Arbeiter, die er erst zur elften Stunde einstellt, fragt: »Was steht ihr hier den ganzen Tag untätig herum?« (Mt 20,6). Diese Arbeiter haben offensichtlich schon zur ersten Stunde wartend auf dem Markt gestanden. So gilt auch hier, dass sie nicht um die Barmherzigkeit eines Weinbergbesitzers gewusst haben, der sie so behandelt, als hätten sie schon mit der ersten Stunde ihre Arbeit aufgenommen. Entsprechend dürfte kaum einer von den Arbeitern zur ersten Stunde sich auf dem Markt aufgehalten haben, wenn ihm die Barmherzigkeit des Weinbergbesitzers im Vorhinein verkündigt worden wäre.

Ob jemand in Wirklichkeit barmherzig ist, hängt also nicht von ihm allein ab. Die Gabe der Barmherzigkeit setzt von Seiten dessen, dem sie zuteilwird, voraus, dass er in dem Moment, wo er schuldig wird, sie nicht in sein Kalkül einbezogen hat. Das ist allerdings schwer, wenn diese Barmherzigkeit ihm ständig gepredigt worden ist.

Ich erlebe dieses Problem regelmäßig in meiner Funktion als Lehrer. Hier finde ich immer wieder triftige Gründe, in Beurteilungen oder Entscheidungen, die ich treffen muss, »Gnade vor Recht« ergehen zu lassen und in diesem Sinne Barmherzigkeit zu üben. Aber ich muss vermeiden, dass dies allzu sehr bekannt wird. Sobald nämlich meine Schüler im Voraus schon wissen – oder zu wissen meinen –, dass »der Neuhaus« im Zweifelsfall immer Gnade vor Recht ergehen lässt, wird ein bestimmter Schülertyp im ersten Schulhalbjahr keine nennenswerte Arbeitshaltung entwickeln und in Erwartung meiner Barmherzigkeit erst im letzten Moment Arbeitswillen und Einsicht simulieren. Auf diese Weise wird meine Barmherzigkeit über die ihr vorauseilende Verkündung moralisch mitschuldig an derjenigen Arbeitshaltung, auf die sie vermeintlich nur reagiert. Eine solche »Barmherzigkeit« verdient jedoch ihren Namen nicht.

Dies führt in eine paradox anmutende Situation: Eine Barmherzigkeit, die weit im Voraus schon verkündet wird, muss sich davor hüten, um ihre eigene Möglichkeit gebracht zu werden. Dies ist dann der Fall, wenn der »Empfänger« nicht nur um die Barmherzigkeit des »Gebers« im Voraus schon weiß, sondern diese – wie im dargestellten Beispiel – von vorneherein zum Gegenstand einer kalten Berechnung macht, die da meint: »Mir wird schon nichts passieren.«

Dies hat weitreichende Folgen für das Verhältnis einer barmherzigen Gesinnung zu ihrer jeweiligen Realisationsgestalt. Einerseits ist es ein Ergebnis meiner eigenen Entscheidung, ob ich barmherzig sein will. Andererseits ist die Realisation meines barmherzigen Wollens auf ein Gegenüber bezogen, dem ich sie schenke. Ob das, was von mir aus Barmherzigkeit sein will, in ihrer Realisationsgestalt auch diesen Namen verdient, hängt jedoch von meinem Gegenüber ab. Wo die genannte Einstellung kühler Berechnung von Anfang an gegeben ist, kann mein Wollen mit gleichem Recht auch als ahnungslose Trotteligkeit kritisiert werden – als nützliche Idiotie, welche die Verhältnisse zuallererst produziert, von denen sie sich einbildet, dass sie nur darauf reagiert. Insofern muss eine Haltung der Barmherzigkeit sich davor hüten, dass ihre Verkündigung ihr so weit vorauseilt, dass sie in das Handlungskalkül ihres Gegenübers von Anfang an eingeht. Gerade wenn ich prinzipiell geneigt bin, Gnade vor Recht ergehen zu lassen, darf ich aus moralischen Gründen nicht mehr barmherzig handeln. Mein Gegenüber lässt mir unter diesen Umständen keine andere Wahl, als Recht vor Gnade ergehen zu lassen und – um beim angesprochenen Beispiel zu bleiben – im »Gericht« der Versetzungskonferenz das »Verdammungsurteil« der Nichtversetzung auszusprechen.

Angewandt auf die Botschaft vom barmherzigen Gott heißt das: Ob Gott, wenn er barmherzig sein *will*, auch barmherzig sein *kann*, hängt nicht allein von ihm, sondern auch von seinem Gegenüber ab. Denn es kommt darauf an, wie der schuldig gewordene Mensch dieser Botschaft begegnet: ob er seine Schuld aufrichtig bereut oder ob er bereits in der vorwegnehmenden Gewissheit dessen, dass Gott ihm seine Vergebung schenkt, schuldig geworden ist. Im zuletzt genannten Fall nimmt er Gott die Möglichkeit, ihm seine Barmherzigkeit zu schenken. Das Gericht Gottes über den Menschen wäre dann als das Selbstgericht dessen zu denken, der auf die genannte Weise Gott die Möglichkeit nimmt, ihm seine Barmherzigkeit zu schenken. In diesem Fall kann Gott nicht, was er will, weil der betreffende Mensch das Bewusstsein göttlicher Barmherzigkeit vorwegnehmend in sein von Schuld und Verfehlungen geprägtes Lebenskonzept einbaut.

Darum gilt auch für die Religionspädagogik und die Pastoral: Sie dürfen nicht die besagte Einstellung vorauseilender Berechnung produzieren. Sie würden dann mitverantwortlich dafür, dass Menschen sich in der genannten Gestalt des Selbstgerichtes dem Gericht Gottes ausliefern und dort möglicherweise gerade nicht die Barmherzigkeit erfahren, die ihnen gepredigt worden ist. Schon Paulus kannte diese Gefahr, wenn er vor dem Missverständnis warnte, im Bewusstsein der göttlichen Gnade nun umso mehr sündigen zu dürfen, weil damit die Gnade wachse (vgl. Röm 6,1).

Ohne die aufrichtige Reue des Schuldiggewordenen hat die Barmherzigkeit keine Chance. Reue setzt aber zuallererst die Anerkennung moralischer Wertsetzungen voraus, deren Verfehlung dann Schuld bedeutet. Dieses Problem wurde im Jahr 2015 besonders deutlich, als die mediale Berichterstattung über die römische »Familiensynode« unter den Bischöfen zwischen den »Dogmatikern« und den »Barmherzigen« unterschied. Sosehr diese Unterscheidung auch begründet sein mag, so sehr muss man aber auch zugestehen, dass das Anliegen der Letzteren dem der Ersteren nicht einfach kontraditorisch entgegensteht, sondern es ermöglichend voraussetzt: Denn wenn die »Barmherzigen« nicht denjenigen das Wort reden wollen, die in der Ehe ohnehin nur ein jederzeit widerrufbares Lebensabschnittsmodell sehen, dann bedeutet Barmherzigkeit zuallererst die Anerkennung eines »dogmatischen« Anliegens. Diesem gilt die eheliche Treue als sakramentale Vergegenwärtigung derjenigen Liebe und Treue, mit der Gott den Menschen – übrigens in seiner Barmherzigkeit – nicht aufgibt. Anderenfalls würde – wie Martin Mosebach in der *Frankfurter Allgemeinen Zeitung* vom 24. Dezember 2015 feststellte, »die feuchtwarme Barmherzigkeitsdecke schon übergestülpt, bevor das Unfallopfer […] überhaupt festgestellt hat, dass es verwundet ist«.

Holger Zaborowski

Jenseits der Ironie *oder:* Dialog der Barmherzigkeit

I. Ironie. Diesseits der Wahrheit

Man kennt Ironie als rhetorisches Stilmittel. Wer ironisch sagt: »Das war eine wirklich großartige Leistung!«, bringt eigentlich seine Kritik oder seinen Zweifel an einer »Leistung« zum Ausdruck. Was man meint, ist etwas anderes als jenes, das man dem Wortsinn nach sagt. Der Ton macht die Musik. Berühmt geworden ist die sokratische Ironie. Wenn Sokrates von sich selbst sagt, er wisse, dass er nichts wisse, macht er sich seinen Gesprächspartnern gegenüber klein – um gerade dadurch auf seine wirkliche Größe und das begrenzte Wissen seiner Gesprächspartner hinzuweisen. Der antike Philosoph ist ein Meister der Selbstironie. Diese kann nicht nur auf die eigene Bedeutung verweisen. Sie erleichtert auch die Last einer großen Aufgabe, eröffnet Dimensionen des Menschlichen, wo ansonsten starre Regeln herrschen, und schenkt einem manchmal notwendigen Ernst ein freundliches Antlitz.

Das griechische *eironeia*, auf welches das Wort »Ironie« zurückgeht, bedeutet: Vortäuschung, Verstellung. Wer ironisch spricht, verstellt sich und täuscht etwas vor. Ironie entfernt daher einerseits von der Wirklichkeit. Das gilt in besonderem Maße für jene Formen der Ironie, die sich weniger fein als vielmehr bloß spöttisch geben. Im Schein oder in der Illusion insbesondere der sorgsam dosierten Ironie zeigt sich aber auf indirektem Wege immer auch etwas Unverstelltes – jenes, was man eigentlich sagen will oder was wirklich der Fall ist.

Manchmal ist Ironie sogar notwendig, wenn nämlich das nicht ironisch gebrochene Sprechen als begrenzt erfahren wird. Oft würde die direkte Rede gar nicht verstanden; ein anderes Mal wäre sie zu hart. Häufig zeigt sich in der Ironie auch ein Mehr an Bedeutung, das andernfalls gar nicht oder nur mit vielen Worten zum Ausdruck gebracht werden könnte. Wer eine nur mittelmäßige Leistung als »großartig« lobt, verleiht auch seinem Spott, seiner Überlegenheit oder seiner Enttäuschung Ausdruck. So kann Sokrates' Ironie nicht ohne sein Bewusstsein darum, ja, sein Leiden daran verstanden werden, dass seine Mitbürger immer wieder die Wahrheit verfehlen oder erst gar nicht über sie nachdenken.

Ironie kann daher tiefer zur Wahrheit führen und ein Moment der Wahrheit selbst sein. Die »Ironie der Geschichte« deutet jenes an, was wirklich auf dem Spiel steht. Und auch Gott schreibt man manchmal Ironie zu: Er verstellt sich, um Wahrheit zu offenbaren. Im Kleinen erweist er sich als groß; in der Ohnmacht als mächtig.

II. Überironie. Jenseits der Wirklichkeit

Nicht selten aber findet sich auch die Ironie als existentielle Grundhaltung, als Weltanschauung: Was auch immer man sieht, wie auch immer man handelt, was auch immer man sagt, zeigt sich im gleißenden Schein der Ironie – oder besser: wird in das Licht ironischer Distanz gestellt. Einen unverstellten Zugang zur Wirklichkeit gibt es dann gar nicht mehr. Man lässt nichts mehr so, wie es wirklich ist, nahe an sich heran. Alles bleibt einem fern. Bedeutung löst sich auf im spielerischen Geflecht ironischer Abstandnahme

Eine solche Ironie, die nichts bestehen lässt, ist nicht selten die Frucht enttäuschter Hoffnung. Idealismus und Ironie können nämlich in einer seltsamen Weise miteinander verknüpft sein. Wer einmal, ganz unironisch, zu viel von sich, den anderen, der Welt erwartet hat, zu hohen Idealen gefolgt ist und in zu großer Sehnsucht sich nach Glück und Größe verzehrt hat, wird, wenn einmal all seine Hoffnungen enttäuscht sind, häufiger ins gegenteilige Extrem fallen, als die Wirklichkeit mit einem nüchternen, aber sachlichen Blick anzuschauen. Zynisch wird er sich von allem, was ihm begegnet, distanzieren. Auf nichts kann er mehr etwas setzen. Nur die Ironie bleibt seine Freundin: jener kalte Spott, der ihn sich über alles erheben lässt: Ach Welt, wie schlimm, dass du nicht bist, was ich mir wünsche! Diese Ironie zeigt sich nahezu immer in tragischem Gewande; gelegentlich tritt sie im Kostüm des Komikers auf. Doch bleibt im einen wie im anderen Falle nichts mehr unter der Sonne, was Schatten spendete.

Wenn sich die Postmoderne als Zeitalter der Ironie zu fassen versucht, so lässt sich dies im Kontext der beschriebenen Dialektik deuten: Dem Überernst der Moderne musste nahezu zwangsläufig die Gebrochenheit des Ironischen folgen. Auf den Entwurf der Weltgeschichte als eines säkularen Heilsgeschehens konnte nur die bunte, spielerische Vielfalt der kleinen Geschichten, der Episoden und Anekdoten folgen. Und die Idee der Würde des Menschen und seiner Freiheit musste dem oft zynischen, manchmal verzweifelten Nachruf auf den Mythos des Menschen Platz machen. Seine Spuren vergehen ... Übrig bleibt ein form- und orientierungsloser Wille zur Macht, der mal hierhin, mal dorthin strebt. So fragte Nietzsches toller Mensch in der *Fröhlichen Wissenschaft* (§ 125): »Wohin bewegen wir uns? Fort von allen Sonnen? Stürzen wir nicht fortwährend? Und rückwärts, seitwärts, vorwärts, nach allen Seiten? Gibt es noch ein Oben und ein Unten? Irren wir nicht durch ein unendliches Nichts? Haucht uns nicht der leere Raum an? Ist es nicht kälter geworden? Kommt nicht immerfort die Nacht und mehr Nacht?«

Diese Fragen sind ganz unironisch. Anders als die anderen, dem Zeitgeist verpflichteten Menschen um ihn herum hat der tolle Mensch verstanden, was der Tod Gottes, der Tod der Wahrheit bedeutet. Am Ende steht verlassen der Mensch ganz alleine da, auf sich und seine Perspektive bezogen, dem Credo eines neuen Ironismus verpflichtet: Ich verstelle mich, also bin ich. Doch wer könnte ich überhaupt noch sein? Nichts Äußeres, nichts Inneres kann mehr Identität verleihen. Für alles muss der überironische Mensch daher selbst sorgen, alles muss er selbst in die Hand nehmen und sich gefügig machen, und so kann er sich – freundlich unterstützt von Werbung, Konsum und Massenkultur – letztlich nur unendlich selbst lieben. War Prometheus, der tatenkräftige Befreier des Menschen, der Held der Moderne, ist Narziss, der selbstverliebte Jüngling, der Held der Postmoderne. Während Prometheus noch an andere

Menschen dachte, wies Narziss alle, die ihn liebten, grob zurück. Man solle sich hüten, die traute Liebe zum eigenen Spiegelbild – nicht einmal zum eigenen Selbst, sondern nur zu einem verzerrten Abbild – zu ironisieren oder gar verhalten auf die Unerfüllbarkeit dieser Liebe aufmerksam zu machen. Das hat man nicht gerne. Dann geht's plötzlich ganz ernst zu. Man darf die neue Trinität von Überironie, Zynismus und Narzissmus nicht lästern. Opfer will sie, keine Kritik; Schärfe gebietet sie, keine Sentimentalität.

Doch ist dies nur ein Moment, ein Teil des Ganzen. Denn so vieles, fast alles ist gleichzeitig geworden. Wie blind wäre es doch, der heutigen Welt die grenzenlose Herrschaft einer solch scharfen Ironie zu attestieren. Fast schon wäre es ironisch. Denn hat sich nicht längst schon das postironische Zeitalter eingestellt? Und war die überironische Spielerei nicht immer schon eher angsterfüllte Ausflucht als überlegte Reaktion? Ein Tanz auf dem Vulkan weit eher als ein Weg, auf dem man gehen und leben könnte? Wäre die Geschichte tatsächlich irgendwann in den 1990er Jahren an ein Ende gekommen – man hätte sich, vielleicht, ein wenig mehr Ironie leisten können. Doch Pustekuchen. Kein Ende der Geschichte, sondern neue Herausforderungen, Krisen und Konflikte allerorten. Vieles, was bis vor kurzem noch undenkbar schien, ist heute nicht nur denkbar geworden. Manche, deren Zungenschlag oder Pinselführung eine Spur zu ironisch ist, müssen um ihr Leben fürchten (oder haben es schon verloren). Wo aber Gefahr ist, versiegt die Ironie. Man sehnt sich nach Rettendem.

Und doch gibt es dies zugleich auch: die Ironie in allerhöchster Gefahr. An die Stelle der Ironie aus Stärke und Übermut tritt nämlich oft die Ironie aus Verlegenheit und Angst, die Option einer schwachen Ironie. Auch sie kann sich auf alles legen, alles durchdringen, alles verzehren. Ironie nicht mehr als Herrschaft, als Überhebung über die Wirklichkeit, sondern als panische Flucht vor ihr. Ironie von unten. Der Spott der Gefallenen, ganz wider Willen, ein allerletzter Ausweg vor dem unvermeidbaren Untergang. Der Mensch will getäuscht werden. Dann wird die Ironie flugs zum Galgenhumor. Dieser ist freilich nicht zu verwechseln mit jener feinen, den Tod scheu grüßenden Ironie, mit der manche Menschen sterben. Er ist ein Akt der Verzweiflung. Als ließe sich mit dem Tod noch ein Handel treiben; als sei alles in Wirklichkeit ganz anders. Nur angesichts des Schafotts kann man ihn sich leisten. Aber kann man ihn sich dann noch leisten?

Ironie und Wahrheit, so hat sich gezeigt, sind eng aufeinander bezogen. Denn in der Ironie wird ja nicht nur etwas – nämlich jenes, was wahr ist – verstellt; sie kann auch tiefer in die Wahrheit hineinführen. Doch kann sich die Ironie, wo sie ihr Maß verliert, ob von oben oder von unten, auch gänzlich von der Wahrheit lösen. Nichts wird mehr als gültig oder bedeutsam anerkannt. Jedem Anspruch auf Wahrheit wird nicht nur ein gegenteiliger Anspruch entgegengehalten, sondern überhaupt die Tatsache vorgeworfen, dass man einen Anspruch zu stellen wagt. Alles versinkt in einem hämischen Nichts. Spielerisch wird alles destruiert. Kein Ernst mehr, nirgends.

Und doch ist alles todernst. Denn die Ironie bedarf des Anderen, des Lebensernstes, um selbst verspielt sein zu dürfen. Wahrheit einzuklammern ist nur sinnvoll, wenn es etwas jenseits der Klammer gibt. Ist das nicht mehr der Fall, ist alles nur noch ironisch gebrochen zu verstehen, gibt es nur noch, was in der Klammer steht. Es gibt dann nichts mehr, was verstellt oder vorgetäuscht werden könnte. Ironie wird selbst zur letzten Wahrheit. Überironie als Nihilismus. Der Spott ist beißend, höhnisch, ohne Gnade und Erbarmen. Gewissheiten zerbrechen. Bedeutungen werden fraglich. Kein Verlass mehr. Kein Wort, das einem zu leben erlaubte. Kein Gruß, kein Lächeln, keine freundliche Geste ist mehr denkbar, ohne immer schon hinterfragt zu sein. Keine Handlung, die einen, wenn auch nur scheu und demütig, stolz sein ließe oder die als Vorbild dienen könnte. Kein Mensch, dem man dankbar sein könnte. Keine Wahrheit, auf die man setzen, kein Gott, auf den man hoffen könnte.

III. Menschlichkeit. Jenseits der Ironie

Wie könnte man so denn noch denken? Wie könnte man so noch handeln? Was könnte man so noch erfahren? Theoretisch ist die Haltung des Überironischen kaum konsistent. Wer alles einklammert, klammert letztlich nichts ein, weil es nichts mehr jenseits der Klammer, jenseits der Ironie gibt. Wer alles verstellt, erhebt das Verstellte, die Täuschung zur neuen Wahrheit. Wer aber wollte hier Konsistenz einfordern? Wie könnte man diesen Anspruch durchsetzen, ja ihn überhaupt artikulieren? Selten sind Überironiker um eine Antwort – und vor allem um eine Frage – verlegen. Kann man also wirklich grenzenlos ironisch sein? Gibt es nirgendwo Grenzen der Ironie?

Solche Grenzen gibt es. Sie sind einerseits ganz fein und unaufdringlich und andererseits sehr mächtig. Sie liegen letztlich nicht dort, wo sich ein orientalischer Neo-Potentat auf den Turban getreten fühlt. Sie zeigen sich woanders: in der Herausforderung durch den konkreten leidenden Menschen. Dieser ruft mich in seiner Verletzlichkeit und Verletztheit an und bittet um Hilfe. Er fordert dazu heraus, ihn – kein abstraktes Prinzip, keine Moralregel – anzuerkennen. »Anerkennung« – das bedeutet, einen Menschen als jenen wahrzunehmen, der er wirklich ist, als endlich, als verwundbar und verwundet, als der Hilfe und des anderen Menschen bedürftig. Wie könnte man auf diese Herausforderung, diesen Anspruch ironisch reagieren? Wie könnte man sich, wenn man zum Beistand herausgefordert ist, verstellen? Man *darf* es nicht; man *soll* auf den Anspruch des Anderen antworten. Dies ist ein Imperativ der Menschlichkeit.

Und doch kann man sich verstellen. Man kann, wie das Gleichnis vom barmherzigen Samariter am Beispiel des Priesters und des Leviten mit exemplarischer Deutlichkeit zeigt, an einem halbtoten Menschen einfach vorbeigehen, so, als habe man nichts gesehen, so, als gäbe es gar nichts zu sehen, so, als sei man gar nicht gemeint. Dieses Verhalten ist alles andere als selten. Wie oft geht man nicht selbst an leidenden, um Hilfe bittenden Menschen vorbei und fragt sich: Muss ich nicht bald anderswo sein? Könnte ich mich nicht beschmutzen oder etwas falsch machen? Wird nicht gleich jemand anders helfen? Und auch dies geht einem oft durch den Kopf: Können die denn nicht selbst für sich sorgen? Die sind doch selber schuld an ihrem Leid. Ist nicht der Staat oder jemand anders eigentlich verantwortlich? Was kann ich für ihre Not?

Man spricht in diesem Zusammenhang normalerweise nicht von Ironie. Aber wäre dies gänzlich falsch? Man tut nämlich, wenn man sich diese Fragen stellt, so, als interessiere man sich für andere Menschen, für ihr Leid, ihre Arbeit oder die staatliche Unterstützung, die sie empfangen könnten. Doch verstellt man sich dabei. Man täuscht etwas – Menschlichkeit – vor. Denn eigentlich will man nur in Ruhe gelassen und nicht in seinen Alltagsgeschäften gestört werden. Es gibt daher auch die Ironie der Indifferenz. Wer einem anderen Menschen gegenüber gleichgültig ist, bedient sich ihrer, um sich ihn vom Halse zu halten. Dies verstärkt sich noch, wo die Haltung der Überironie alles und jeden auf Distanz bringt und keinerlei Nähe zulassen kann. Die einfache Bitte eines anderen Menschen um Anerkennung muss dann als ein Angriff auf das so unendlich selbstgeliebte Ich verstanden werden. Wie sollte man anders denn mit bitterem Spott darauf reagieren?

Man kann aber auch anders reagieren, ganz unverstellt, ohne Vortäuschung falscher Tatsachen. Auch dies zeigt das Gleichnis vom barmherzigen Samariter. Denn der Samariter antwortet auf den konkreten Anspruch, der an ihn ergangen ist. Er nimmt den verwundeten Menschen wahr und kommt ihm nahe. Er setzt sich ihm aus. Und er setzt sich für ihn ein. Beides ist nicht ohne Risiko. Er könnte in einen Hinterhalt geraten sein, oder seine Hilfe könnte missbraucht werden. Doch ohne dieses Risiko gibt es keine Nähe zwischen Menschen, keine wahre, aus dem Herzen kommende, von Herz zu Herzen gehende Menschlichkeit. Diese

Menschlichkeit führt nicht einfach zum Handeln füreinander; sie zeigt sich unmittelbar als ein solches Handeln. Hier macht – anders als bei der Ironie – die Tat die Musik. Der Name für diese schlichte Menschlichkeit ist Barmherzigkeit.

IV. Dialog. Diesseits der Barmherzigkeit

Wenn alles zerbricht, wenn die Angst zupackt und man so auf sich selbst zurückgeworfen wird, dass man nicht mehr weiß, wer, wo, was man ist, weil alle Koordinaten, jeder Horizont zerbrochen ist, kann die Ironie eine kleine Zuflucht bieten. Ach, wir letzten Menschen, mag man dann denken, wie schön ist es doch, und in eine sich immer gewaltiger auftuende Kluft schauen. Verloren im Abgrund der Ironie. Selbstverliebt und doch ganz alleine. Weit entfernt andere, denen es ähnlich geht. Und noch weiter entfernt wieder andere, die noch nicht einmal mehr ihre Ironie bemerken. Ihre Wirklichkeitsverweigerung ist zum Habitus geworden. Sie können gar nicht mehr anders und verlieren sich in der Ironie der Ironie der Ironie.

Doch manchmal hören auch sie noch einen fernen Ruf und spüren, wenn noch nicht alles Menschliche in ihnen abgestorben ist, eine Sehnsucht: nach Wahrheit und wirklicher Nähe, nach Anerkennung und Erfüllung, nach Ernst und Hoffnung. Dann mögen gerade auch jene, die am fernsten voneinander stehen, sich einander wieder zuwenden, einander wahrnehmen und sich umeinander sorgen und kümmern. Dann schmilzt von Antlitz zu Antlitz das Eis einer alles verzehrenden

Ironie, erst ganz schwach, dann immer stärker. In diesem neuen und doch so alten, so vertrauten Raum zwischen Ich und Du, dem Selbst und dem Anderen ereignet sich etwas Neues. Es zeigt sich jenes, das man Sinn nennt (und in dessen Rahmen wahre, menschliche Ironie ihren Ort hat): eine Richtung, die das Leben nehmen kann, seine Bedeutung, die Wahrheit menschlicher Existenz.

Sinn heißt griechisch *logos* (ein nahezu unerschöpfliches Wort). Ganz alleine findet man ihn nicht. Weder für Staaten noch für Einzelne gibt es eine *splendid isolation*. Sinn zeigt sich nur im Dialog mit anderen Menschen. Dieser »Dialog« beschränkt sich nicht auf ein bloßes Miteinander-Sprechen. Wenn er gelingen soll, setzt er ein geteiltes Leben, den Horizont gemeinsamen Menschseins, die Einheit von Wort und Tat, die Sorge füreinander voraus. Wo immer barmherzig gehandelt wird, stehen Menschen miteinander in einem solchen Dialog, in der Offenheit geteilten Sinns. Und wo immer sie wirklich in einem solchen Dialog stehen, wo immer sie Nähe zueinander zulassen, den Anderen anerkennen und sich für ihn und seine Situation – seine Sorgen, Nöte und Leiden – wirklich, von Herz zu Herz öffnen, ereignet sich Barmherzigkeit.

Ein kurzer Gruß kann, wenn er wirklich ernst und nicht ironisch gemeint ist, ein Werk der Barmherzigkeit sein. Manchmal reicht es, einen anderen Menschen grüßend anzuerkennen. Man kann nicht jedem Bettler Geld geben; aber man kann jeden Bettler als Menschen anerkennen, sich ihm zuwenden und ihn grüßen. Manchmal ist mehr notwendig. Das weiß man nur, wenn man auf den anderen Menschen, dem man hier und jetzt begegnet, hört – weil man ihm, in jener dialogischen Verstrickung, in der alle Menschen miteinander verbunden sind, immer schon zugehörig ist.

Verzeichnis der Mitwirkenden

Dr. *Asfa-Wossen Asserate* ist ein Mitglied des ehem. äthiopischen Kaiserhauses, Unternehmensberater, Bestsellerautor und politischer Analyst. Als Angehöriger der äthiopisch-orthodoxen Kirche bemüht er sich seit vielen Jahren um das friedliche Zusammenleben der drei monotheistischen Religionen in Afrika. Er ist der Begründer des »Pactum Africanum – Verein zur Förderung des Dialogs zwischen den Abrahamitischen Religionen in Afrika e.V.«.

Professor Dr. *Babette Babich* ist seit 1999 Professorin für Philosophie an der Fordham Universität in New York City. Seit 1996 Mitherausgeberin des *New Nietzsche Studies*. Veröffentlichungen u.a.: *Un politique brisé* (2016); *The Halleluah Effect Philosophical Reflections on Music, Performance Practice and Technology* (2013); *La fin de la pensée? Philosophie analytique contre philosophie continentale* (2012); *Nietzsches Wissenschaftsphilosophie* (2010); *Words in Blood, Like Flowers* (2006).

Dr. *Petra Bahr* ist Theologin und Philosophin. Sie war von 2006 bis 2014 Kulturbeauftragte des Rates der EKD und leitet seit 2014 die Hauptabteilung Politik und Beratung der Adenauerstiftung. Seit sechs Jahren hat sie eine Kolumne in der ZEIT-Beilage *Christ und Welt*;

zuletzt publiziert: *Haltung zeigen. Ein Knigge nicht nur für Christen* (2012).

Dr. *Thomas Brose*, geb. 1962, studierte Katholische Theologie, Geschichte und Philosophie in Erfurt, Berlin und Oxford; aktiv in der Friedlichen Revolution 1989; Begründer der Guardini-Lectures; Mitglied der Europäischen Akademie der Wissenschaften und Künste; Projektleiter am Lehrstuhl für Fundamentaltheologie in Erfurt; zuletzt publiziert: *Kein Himmel über Berlin? Glauben in der Metropole* (2014); *Umstrittene Religionsfreiheit. Zur Diskussion um ein Menschenrecht* (2016).

Dr. *Alfred Denker* ist Philosoph und arbeitet an einer mehrbändigen Biographie Martin Heideggers. Als Stipendiat der Deutschen Forschungsgemeinschaft ist er an der Philosophisch-Theologischen-Hochschule-Vallendar tätig. Er ist Mitherausgeber des *Heidegger-Jahrbuches* und der *Martin-Heidegger-Briefausgabe*. Seine Veröffentlichungen sind u.a.: *Unterwegs in Sein und Zeit. Einführung in Leben und Denken von Martin Heidegger* (2011) und mit Holger Zaborowski *Gelassenheit. Zum 125. Geburtstag von Martin Heidegger. Die Meßkircher Rede von 1955* (2014).

Dr. *Martin Gak*, geb. 1974 im Buenos Aires, Argentinien; studierte Philosophie an der New School for Social Research in New York. Er ist Experte für religiöse Angelegenheiten beim Deutsche Welle Fernsehen.

Dr. *Bruno Galasek-Hul* studierte bis 2013 in Bonn und Oxford (England) klassische Indologie, Tibetologie und

Indische Kunstgeschichte. Zurzeit lebt er in Berkeley, Kalifornien, wo er am Institute of Buddhist Studies (Shin-IBS) Einführungskurse zum Buddhismus unterrichtet. Außerdem ist er als freiberuflicher Übersetzer aus dem klassischen Tibetischen für das Großprojekt »84.000 – Translating the Words of the Buddha« tätig, das es sich zur Aufgabe gesetzt hat, den gesamten Tibetisch-buddhistischen Kanon von Buddhas überlieferten Lehrreden ins Englische zu übersetzen (http://84000.co/).

Prof. Dr. *Hanna-Barbara Gerl-Falkovitz*, geb. 1945, ist seit 2011 Vorstand des Europäischen Instituts für Philosophie und Religion (EUPHRat) an der Philosophisch-Theologischen Hochschule Benedikt XVI. in Heiligenkreuz/Wienerwald, Österreich. Nach dem Studium der Philosophie, Germanistik und Politikwissenschaft an der LMU München und der Universität Heidelberg Promotion in Philosophie 1971 an der LMU München, Habilitation 1979 ebenda; 1993-2011 Inhaberin des Lehrstuhls für Religionsphilosophie u. vergl. Religionswissenschaft an der TU Dresden. 1996 Dr. theol. h.c. der Philosophisch-Theologischen Hochschule Vallendar; 2007 Gastprofessur auf dem Rosmini-Lehrstuhl der Universität Trient, Italien. Forschungsschwerpunkte sind: Religionsphilosophie der Moderne; zeitgenössische Phänomenologie; Anthropologie der Geschlechter; zahlreiche Veröffentlichungen.

Beate Glinski-Krause, geb. 1954 in Frankfurt a.M., hat Germanistik, Philosophie und Kunstgeschichte studiert. Als Journalistin arbeitete sie u.a. beim ZDF und im Deutschen Fachverlag. Als Freiberuflerin leitet sie seit 1994 das Netzwerkbüro des Frankfurter Forums für Altenpflege. Es handelt sich um den Kommunikationsverbund der Frankfurter Leiterinnen und Leiter von Pflegeheimen. 2003 bewarb sie mit den Pflegeheimleitenden zusammen die gemeinsam erarbeitete Kampagne »Die Würde des Alters ist antastbar«. Diese wurde im gleichen Jahr mit dem Deutschen PR-Preis prämiert und erzielte eine bundesweit bahnbrechende Wirkung für das Thema Demenz.

Prof. Dr. *Alfred Grosser*, geb. 1925, lebt seit 1933 in Frankreich; Franzose seit 1937. Nach 36 Jahren Tätigkeit am Pariser Institut d'études politiques emeritiert. Friedenspreis des Deutschen Buchhandels (1975). Veröffentlichungen u.a.: *Mein Deutschland* (1993); *Die Früchte ihres Baumes. Ein atheistischer Blick auf die Christen* (2005); *Von Auschwitz nach Jerusalem. Über Deutschland und Israel* (2009); *Die Freude und der Tod. Eine Lebensbilanz* (2011).

Prof. *Monika Grütters* MdB, in Münster geboren, studierte Germanistik, Kunstgeschichte und Politikwissenschaft an den Universitäten Münster und Bonn. Ihre beruflichen Erfahrungen sammelte sie an der Oper, im Verlagswesen und im Museumsbereich, bevor sie in großen Unternehmen für Kunst- und Kulturprogramme verantwortlich war. Von 1998 bis 2013 war sie Vorstand der Stiftung »Brandenburger Tor«. Seit 1999 ist sie Honorarprofessorin für Kulturmanagement an der Freien Universität Berlin. Monika Grütters war von 1995 bis 2005 Mitglied im Abgeordnetenhaus von Berlin. Seit 2005 ist sie Mitglied des Deutschen Bundestages und seit Dezember 2013 Staatsministerin und die Beauftragte der Bundesregierung für Kultur und Medien.

Dr. *Ulla Hahn*, geb. 1945, aufgewachsen in einer katholischen Arbeiterfamilie in Monheim am Rhein. Bürolehre, Abitur auf dem zweiten Bildungsweg. Studium der Germanistik, Geschichte und Soziologie. Promotion. Lehraufträge in Hamburg, Bremen und Oldenburg. Bis 1989 Redakteurin in der Literaturabteilung bei Radio Bremen. Seither freie Schriftstellerin. Verfasserin von Gedichten, Romanen und Essays. Lebt in Hamburg. Nach einer umfassenden Neugestaltung und Erweiterung wird das Elternhaus der Autorin als Literaturhaus, vorwiegend für Kinder und Jugendliche genutzt. Auszeichnungen u.a.: Leonce und Lena Preis (1981), Hölderlin Preis (1985), Deutscher Bücher Preis (2002); Dr. h.c. der Universität Heidelberg (2011).

Prof. Dr. *Markus Hilgert* ist Altorientalist und Direktor des Vorderasiatischen Museums der Staatlichen Museen zu Berlin – Stiftung Preußischer Kulturbesitz. Veröffentlichungen: »Materializing Culture – Culturizing Material. On the Status, Responsibilities and Function of Cultural Property Repositories within the Framework of a ›Transformative Scholarship‹«, in: *Middle East Topics and Arguments* 3 (2014), 30-39; »Warum Dinge zeigen? Zum Verhältnis von Grundlagenforschung und musealer Praxis«, in: *Material Text Culture Blog* 2015.1; »›Auf jeden Fall geklaut?‹ – Warum Provenienzforschung in archäologischen Museen alternativlos ist«, in: *Museumskunde* 2015/2, 31-36; »From collecting to protecting. The role of the archaeological museum in safeguarding heritage«, in: *The ICOM Magazine*, Vol. 68 No. 3-4 (12/2015), 22-23 (gemeinsam mit France Desmarais); »Materiale Textkulturen. Textbasierte historische Kulturwissenschaften nach dem ›material culture turn‹«, in: H. Kalthoff u.a. (Hrsg.), *Materialität. Herausforderungen für die Sozial- und Kulturwissenschaften* (2016), 255-267.

Dr. *Annette Hilt* ist wissenschaftliche Mitarbeiterin am Philosophischen Seminar der Johannes Gutenberg-Universität in Mainz. Ihre Forschungsschwerpunkte liegen in der Philosophischen Anthropologie und der Sozialphilosophie. Veröffentlichungen: *Ousia – Psyche – Nous. Aristoteles' Philosophie der Lebendigkeit* (2005); *Endlichkeit und Unsterblichkeit in der Medizin* (2010).

Prof. Dr. *Jochen Hörisch* ist seit 1988 Professor für Neuere Germanistik und Medienanalyse an der Universität Mannheim. Gastprofessuren u.a. in Princeton, Charlottesville, Bloomington (Indiana) und Paris. Veröffentlichungen u.a.: *Bedeutsamkeit – Über den Zusammenhang von Sinn, Zeit und Medien* (2009); *Man muss dran glauben – Die Theologie der Märkte* (2014); *Weibes Wonne und Wert – Richard Wagners Theorie-Theater* (2015).

Prof. Dr. *Hermann Jung*, geb. 1943, Professor em. für Musikwissenschaft an der Staatlichen Hochschule für Musik und Darstellende Kunst Mannheim. Zahlreiche Publikationen zu Zeichen- und Symbolforschung in den Künsten, zu Musik und Sprache, zu Musik und Kultur des 17. bis 20. Jahrhunderts, insbesondere zur

Mannheimer Hofkapelle, zur Musikgeschichte Osteuropas und zur Rezeptionsforschung (antike Mythen und Musik). Hrsg. (zus. mit Peter Eschweiler) der *Bibliographie zur Symbolik, Ikonographie und Mythologie. Internationales Referateorgan* (BSIM), Baden-Baden, seit 1982; Hrsg. der *Mannheimer Hochschulschriften* (acht Bände), seit 1995; Hrsg. des Jahrbuchs SYMBOLON. Jüngste Publikationen (Auswahl): »Leib und seelische Befindlichkeit in Dieterich Buxtehudes Kantatenzyklus ›Membra Jesu nostri‹ (1680)«, in: *Leib und Leiblichkeit als Krisenfeld in Psychopathologie, Philosophie, Theologie und Kunst*, hrsg. von Hermes Andreas Kick und Wolfram Schmitt, Berlin 2015, 189-210; »Von der Sehnsucht nach Freiheit. Die Gefangenenchöre in Beethovens Fidelio und Verdis Nabucco«, in: *Beethoven 6. Studien und Interpretationen*, hrsg. von Mieczysław Tomaszewski und Magdalena Chrenkoff, Kraków 2015, 413-427.

Prof. Dr. *Milad Karimi*, geb. 1979, studierte Philosophie und Islamwissenschaft in Freiburg im Breisgau und Delhi; 2009 legte er eine ästhetische Neuübersetzung des Korans vor; seit WS 2012/2013 Vertretungsprofessor für Kalām, islamische Philosophie und Mystik in Münster; zuletzt publiziert: *Hingabe. Grundfragen der systematisch-islamischen Theologie* (2015).

Prof. Dr. *Hermes Andreas Kick* ist Professor der Psychiatrie an der Universität Heidelberg und leitet als Direktor das *Institut für medizinische Ethik, Grundlagen und Methoden der Psychotherapie und Gesundheitskultur (IEPG)* in Mannheim. Er hat zahlreiche wissenschaftliche Arbeiten zum Problemkreis der Depressionstherapie und Rehabilitation von Psychosen veröffentlicht. Er ist Mitglied zahlreicher wissenschaftlicher Institutionen, u.a. Mitglied der Europäischen Akademie der Wissenschaften und Künste. Mit der renommierten Komponistin Violeta Dinescu hat er im Rahmen der Mannheimer Ethiksymposien, die regelmäßig im Mannheimer Schloss stattfinden, eine Reihe von Produktionen u.a. zu Texten von Karl Jaspers (2009) und zur Tauromaquia (2012) realisiert.

Maria Basina Kloos FBMVA, Mitglied der Waldbreitbacher Franziskanerinnen; 1976-1988 Generalvikarin und 1988-1994 und 2000-2012 Generaloberin ihres Ordens; 1995-1998 Generalsekretärin der Vereinigung der Ordensoberinnen Deutschlands (VOD); bis 2015 Vorsitzende des Vorstandes der Marienhaus Stiftung, einem der größten christlichen Träger sozialer Einrichtungen in Deutschland. Zahlreiche Preise und Auszeichnungen, u.a. Johanna-Loewenherz-Ehrenpreis (2005); Peter-Wust-Preis (2009); Bundesverdienstkreuz 1. Klasse (2011); Saarländischer Verdienstorden (2012); Ehrendoktorat der Philosophisch-Theologischen Hochschule Vallendar (2015). Publikationen u.a.: *Kann man Nächstenliebe managen?*, Merzig 2010.

Dr. *Arnd Küppers*, geb. 1973, ist Stellvertretender Direktor der Katholischen Sozialwissenschaftlichen Zentralstelle in Mönchengladbach. Studium der Katholischen Theologie, der Philosophie und der Rechtswissenschaften in Bonn, Bielefeld und Freiburg im Breisgau. Veröffentlichungen u.a.: *Gerechtigkeit in der modernen Ar-*

beitsgesellschaft und Tarifautonomie (2008); Heinrich Hahn, *Die christliche Liebe in der katholischen Kirche* (2014) (gemeinsam hrsg. mit Johannes Bündgens); *Christliche Friedensethik vor den Herausforderungen des 21. Jahrhunderts* (2015) (gemeinsam hrsg. mit Veronika Bock, Johannes Frühbauer und Cornelius Sturm); *Flucht, Migration, Integration. Versuch einer sozialethischen Einordnung* (2016) (gemeinsam mit Peter Schallenberg).

Brigitte Maria Mayer, geb. 1965 in Regensburg, ist eine deutsche Fotografin, Filmemacherin und Produzentin. Studium der Fotografie und Performance an der Hochschule für Visuelle Kommunikation in Kassel. In ihren Werken setzt sie sich insbesondere mit religiösen, mythologischen, psychologischen und historischen Stoffen auseinander. Sie lebt und arbeitet in Berlin. Wichtige Veröffentlichungen: Heiner Müller, *Der Tod ist ein Irrtum. Bilder, Texte, Autographen*, hrsg. von Brigitte Maria Mayer (2005); *Anatomic Titus / Fall of Rome. Katalog zur filmischen Installation* (2009); *Passionsspiele 2010 Oberammergau* (2010).

Herbert Meier, geb. 1928, ist nach Frisch und Dürrenmatt einer der wichtigsten Schweizer Dramatiker, mit Uraufführungen am Schauspielhaus Zürich (*Bräker*), an deutsche Bühnen (*Elisabeth*), in Ankara (*Bei Manesse*), Los Angeles (*Die Göttlichen*). Auch hat er Romane geschrieben wie *Stiefelchen*, *Der Winterball*, *Denk an Siena*. In den letzten Jahren sind von ihm Gesammelte Gedichte sowie *Das Erhoffte will seine Zeit. Gedichte und Prosa I* und *Im Anhauch des Windes. Gedichte und*

Prosa II erschienen. Herbert Meier ist Träger zahlreicher Preise und Auszeichnungen: Bremer Literaturpreis (1955); Preis der Schweizer Schillerstiftung (1964); C.F.Meyer-Preis (1964); Welt-Preis für das Drama (1970); Solothurner Kunstpreis (1975); Gottfried-Keller-Förderpreis (1975); Schillerpreis der Zürcher Kantonalbank (1997).

Thomas Menges arbeitete als Religions- und Politiklehrer in Frankfurt a.M., war Dozent für Religionspädagogik am Katechetischen Institut in Aachen und Grundsatzreferent im Dezernat »Schule und Bildung« im Bischöflichen Ordinariat Limburg. Redakteur des *Eulenfisch. Limburger Magazin für Religion und Bildung*. Mitarbeit an Lehrplänen. Veröffentlichungen zu Themen der Religionspädagogik und der Kunst.

Prof. Dr. Dr. *Doris Nauer* ist seit 2007 Professorin für Diakonische Theologie und Pastoraltheologie an der Philosophisch-Theologischen Hochschule Vallendar. Studium der Katholischen Theologie in Bamberg und Tübingen (promoviert und habilitiert im Fach Pastoraltheologie) sowie Humanmedizin in Berlin und Erlangen (promoviert im Fach Psychiatrie). Schriftleiterin der Internationalen Zeitschrift *Diakonia*. Jüngste Veröffentlichung: *Spiritual Care statt Seelsorge?* (2015). Ende 2016 erscheint: *GOTT. Woran glauben Christen? Verständliche Annäherungen für Neugierige.*

Dr. *Rupert Neudeck* (1939-2016) gründete 1979 das Komitee »Ein Schiff für Vietnam e.V.« (seit 1982 Komitee »Cap Anamur/Deutsche Not-Ärzte e.V.«), das seitdem als humanitäre »Feuerwehr« auf der ganzen Welt im Einsatz ist. 2003 gründete er gemeinsam mit Ayman Mazyek die Hilfsorganisation »Grünhelme«, die als eine der ersten in Syrien humanitäre Hilfe leistete. Im April 2016 erhielten Christel und Rupert Neudeck den Erich-Fromm-Preis für ihr Leben für Flüchtlinge; demnächst erscheint: *In uns allen steckt ein Flüchtling. Ein Vermächtnis* (2016).

Prof. Dr. *Gerd Neuhaus*, geb. 1952, ist Studiendirektor im Kirchendienst am Abtei-Gymnasium in Duisburg-Hamborn und unterrichtet dort die Fächer Katholische Religion und Deutsch. An der Katholisch-Theologischen Fakultät der Ruhr-Universität Bochum vertritt er als apl. Professor das Fach Fundamentaltheologie. Wichtige Veröffentlichungen: *Frömmigkeit der Theologie. Zur Logik der offenen Theodizeefrage* (2003); *Glaube im Gespräch mit der Gegenwart* (2005); *Fundamentaltheologie. Zwischen Rationalitäts- und Offenbarungsanspruch* (2013).

Dr. *Ulrike-Rebekka Nieten* studierte Musik (Diplom), Musikwissenschaft/Ägyptologie (MA) und Semitistik (Promotion). Wissenschaftliche Mitarbeiterin am Seminar für Semitistik und Arabistik der Freien Universität Berlin. Von 2011-2013 Vertretung des Lehrstuhls für Semitistik, seit 2014 Gastprofessur am Higher Institute of Coptic Studies in Kairo und seit 2016 Leitung des Projektes *Rezitation Heiliger Texte* gefördert durch die Deutsche Forschungsgesellschaft. Schwerpunkt der Lehre auf dem Gebiet der Hebraistik. Wichtige Publikation: *Struktur und Metrum in den syrisch-aramäischen Psalmen und Hymnen* (2013).

Prof. Dr. *Eckhard Nordhofen*, geb. 1945, studierte Theologie, Germanistik und Philosophie in Frankfurt a.M. und wurde 1974 mit einer philosophischen Arbeit über das Bereichsdenken im kritischen Rationalismus promoviert. 1997-2005 Leiter der »Zentralstelle Bildung« der Deutschen Bischofskonferenz; 2006-2010 Leiter des Dezernates »Bildung und Kultur« im Bistum Limburg. Wichtige Veröffentlichungen: *Das Bereichsdenken im kritischen Rationalismus. Zur finitistischen Tradition der Popperschule* (1976); *Der Engel der Bestreitung. Über das Verhältnis von Kunst und Negativer Theologie*, Würzburg (1993); *Die Mädchen, der Lehrer und der liebe Gott. Roman* (1998); »Idolatrie und Grapholatrie. Eine Medienkonkurrenz der monotheistischen Religionen und Konfessionen«, in: *Merkur 791* 4/2015, 6-18.

Prof. Dr. *Michael Pawlik*, geb. 1965, studierte Rechtswissenschaft in Bonn, Cambridge und am Europäischen Hochschulinstitut Florenz und wurde 1992 mit einer rechtstheoretischen Arbeit promoviert. 1998 erfolgte die Habilitation über ein strafrechtliches Thema. 2000-2003 Professor für Strafrecht und Rechtsphilosophie in Rostock, 2003-2013 in Regensburg, seit 2013 in Freiburg. Inhaber mehrerer Ehrendoktorate und Mitglied der Nordrhein-Westfälischen Akademie der Wissenschaften und Künste. Wichtige Veröffentlichungen: *Die Reine Rechtslehre und die Rechtstheorie H.L.A. Harts* (1993); *Das unerlaubte Verhalten beim Betrug* (1999); *Der rechtfertigende Notstand* (2002); *Person, Subjekt, Bürger* (2004); *Das Unrecht des Bürgers* (2012).

PD Dr. *Ekaterina Poljakova* ist Privatdozentin am Institut für Philosophie der Universität Greifswald und Mitarbeiterin am Institut für Philosophie der Russischen Akademie der Wissenschaften (Moskau). Ihre Forschungsschwerpunkte liegen im Bereich der Kant- und Nietzscheforschung und der Moral- und Religionskritik. Veröffentlichungen: *Poetik des Dramas und Ästhetik des Theaters im Roman: Der Idiot und Anna Karenina* (2002); *Differente Plausibilitäten: Kant und Nietzsche, Tolstoi und Dostojewski über Vernunft, Moral und Kunst* (2013).

Peter Daniell Porsche, in Stuttgart geboren, aufgewachsen in Salzburg, Besuch des dortigen Waldorfkindergartens und der Rudolf Steiner Schule bis zur 12. Klasse, Abitur in Stuttgart an der Freien Waldorfschule Uhlandshöhe; Ausbildung zum Waldorfpädagogen und Musiktherapeuten in der Schweiz (Dornach) und in Deutschland (Berlin); Tätigkeit als Rettungssanitäter beim Österreichischen Roten Kreuz in Salzburg; Begleitung, Aufbau und Finanzierung zahlreicher sozialer und kultureller Projekte. Peter Daniell Porsche ist verheiratet und Vater von vier Kindern.

Dr. *Ilma Rakusa*, geb. 1946, studierte Slawistik und Romanistik und lebt als Schriftstellerin, Übersetzerin und Publizistin in Zürich. Für ihr vielfältiges literarisches Schaffen erhielt sie u.a. den Adelbert-von-Chamisso-Preis, den Schweizer Buchpreis und 2015 den Manès-Sperber-Preis. Sie ist Mitglied der Deutschen Akademie für Sprache und Dichtung. Website: www.ilmarakusa.info.

Martin W. Ramb, geb. 1969, studierte Philosophie, Andragogik und Theologie in Vallendar und Bonn. Als Schulamtsdirektor im Kirchendienst leitet er die Abteilung »Religionspädagogik, Medien und Kultur« im Bischöflichen Ordinariat Limburg und ist Chefredakteur des Bildungsmagazins *Eulenfisch*. Veröffentlichungen: *Das Verhältnis von Kirche und Staat nach der deutschen Wiedervereinigung in der Krise?* (1998); *Natürlich Kultur: Postsäkulare Positionierungen* (2010; Hrsg.); *Helden und Legenden oder: Ob sie uns heute noch etwas zu sagen haben* (2015; Hrsg.).

Patrick Roth, geb. 1953 in Freiburg im Breisgau, lebt als freier Autor in Los Angeles und Mannheim. Auf filmische und dramatische Arbeiten der achtziger Jahre folgte 1991 das Prosadebut *Riverside*, dem sich *Johnny Shines* und *Corpus Christi* anschlossen. Er erhielt u.a. den Rauriser Literaturpreis, den Preis der Stiftung Bibel und Kultur, den Hugo-Ball-Preis und den Literaturpreis der Konrad-Adenauer-Stiftung. Ehrendoktorat der Universität Luzern. Sein 2012 erschienener Roman *SUNRISE – Das Buch Joseph* wurde für den Deutschen Buchpreis nominiert. Zuletzt erschien: *Die amerikanische Fahrt – Stories eines Filmbesessenen*.

Volker Schlecht, geb. 1968 in Radeberg, studierte Kommunikationsdesign an der Burg Giebichenstein Halle. Er lehrt an der Berliner Technischen Kunsthochschule als Professor für sequentielle Illustration. Zusammen mit Alexandra Kardinar gründete er 2002 das Illustratorenkollektiv Drushba Pankow. Auswahl an illustrierten Veröffentlichungen: *Das Wissen dieser Welt – der ZEIT-*

Bildungskanon (2008); *The Soul of Motown* (2009); *Das Fräulein von Scuderi* (2011). Auswahl animierter Kurzfilme: *Germania Wurst* (2008); *Kyrie eleison* (2014); *Kaputt* (2016).

Dr. *Arnold Stadler*, geb. 1954 in Meßkirch, studierte zunächst von 1973 bis 1979 Katholische Theologie in München, Rom und Freiburg. Anschließend setzte er seine Studien der vergleichenden Literaturwissenschaft, mittelalterlichen Geschichte und Theologie in Bonn und Köln fort. Er wurde 1984 mit einer Arbeit zum Buch der Psalmen in der Lyrik von Bertolt Brecht und Paul Celan promoviert. Neben zahlreichen Literaturpreisen erhielt Stadler den Johann-Peter-Hebelpreis, den Preis der Stiftung Bibel und Kultur, den Kleistpreis und den Georg-Büchner-Preis, sowie einen Dr. h.c. der Freien Universität Berlin.

Clara-Elisabeth Vasseur, geb. 1969 in Saint-Germain-en-Laye (Frankreich), studierte Philosophie (Schwerpunkt Phänomenologie) an den Universitäten Poitiers, Paris-Sorbonne und Dresden. Sie lebte 1995-2016 in der Benediktinerinnen-Abtei Mariendonk im Bistum Aachen. Zur Zeit lebt sie als freie Buchautorin und Philosophin in Dietfurt an der Altmühl. Wichtigste Veröffentlichung: *Spiritualität der Wahrnehmung. Einführung und Einübung* (2015).

Dr. *Martin Walser*, geb. 1927 in Wasserburg, lebt in Überlingen am Bodensee. Für sein literarisches Werk erhielt er zahlreiche Preise, darunter 1981 den Georg-Büchner-Preis und 1998 den Friedenspreis des deutschen Buchhandels. Außerdem wurde er mit dem Orden »Pour le Mérite« ausgezeichnet und zum »Officier de l'Ordre des Arts et des Lettres« ernannt.

Karl Willems, geb. 1949 in Trier, studierte ab 1974 an der Staatlichen Akademie der Bildenden Künste Karlsruhe. 1979 wurde er Meisterschüler bei Professor Albrecht von Hancke. 1991 Robert Schuman-Kunstpreis. 2000 erhielt er ein Stipendium des Künstlerhauses Schloss Balmoral, Bad Ems; 2003 Stipendium von Schloss Wiepersdorf, Brandenburg. Er lebt und arbeitet in Konz-Obermennig bei Trier.

Dr. *Barbara von Wulffen*, geb. 1936 in München, studierte Zoologie und Germanistik in München. Seit 1967 u.a. freie Mitarbeiterin bei der *Süddeutschen Zeitung*, dem *Merkur*, der *Scheidewege* und des Bayrischen Rundfunks. Veröffentlichungen u.a.: *Zwischen Glück und Getto. Familie im Widerspruch zum Zeitgeist?* (1980); *Lichtwende. Vorsorglicher Nachruf auf die Natur* (1985); *Urnen voll Honig. Böhmen – Aufbruch in eine verlorene Zeit* (1989); *Maureen. Irische Geschichten* (1993); *Von Nachtigallen und Grasmücken. Über das irdische Vergnügen an Vogelkunde und Biologie* (2001). Seit 1995 Mitglied der Bayrischen Akademie der Schönen Künste. Sudetendeutscher Kulturpreis (1990); Günter Klinge Preis (1990); Eichendorffpreis (1999).

Prof. Dr. Dr. *Holger Zaborowski* ist seit 2012 Professor für Philosophie an der Philosophisch-Theologischen Hochschule Vallendar. Studium der Philosophie, Theologie und klassischen Philologie in Freiburg, Basel und

Cambridge; Promotionen in Oxford und Siegen. Mitglied der Europäischen Akademie der Wissenschaften und Künste. Mitherausgeber des *Heidegger-Jahrbuchs* und des *Jahrbuchs für Religionsphilosophie*. Veröffentlichungen u.a.: *»Eine Frage von Irre und Schuld?« Martin Heidegger und der Nationalsozialismus* (2010); *Andächtig Leben. Denkanstöße für den Alltag* (2015); *Tragik und Transzendenz. Spuren in der Gegenwartsliteratur* (2016); *Menschlich sein. Philosophische Essays* (2016).

Mit freundlicher Unterstützung:

Hilfswerk für den Glauben
bonifatius werk

DENK BARES
Begegnungen mit Menschen und Büchern

Bibliografische Information der Deutschen Nationalbibliothek

Die Deutsche Nationalbibliothek verzeichnet diese Publikation in der Deutschen Nationalbibliografie; detaillierte bibliografische Daten sind im Internet über http://dnb.d-nb.de abrufbar.

www.wallstein-verlag.de
Vom Verlag gesetzt aus der Garamond
Umschlaggestaltung: Volker Schlecht, Drushba Pankow
Druck und Verarbeitung: Pustet, Regensburg
ISBN 978-3-8353-1907-3